学前教育专业"十三五"规划教材

幼儿教师口语

主　编　曲晓东

副主编　张祖良

西安电子科技大学出版社

内 容 简 介

"幼儿教师口语"旨在通过普通话训练、一般交际口语技能训练和幼儿教师职业口语训练,使学前教育专业学生在掌握幼儿教师口语基础知识和表达技巧的基础上,进一步强化综合能力。

本书主要内容包括:幼儿教师口语涉及的基本知识、基本理论,从普通话训练、一般交际口语技能训练到幼儿教师职业口语训练(包括教学口语、教育口语和社会交际口语),以及学龄前儿童语言能力培养等。

图书在版编目(CIP)数据

幼儿教师口语/曲晓东主编. —西安:西安电子科技大学出版社,2013.9(2018.10 重印)
学前教育专业"十三五"规划教材
ISBN 978 - 7 - 5606 - 3189 - 9

Ⅰ. ① 幼…　Ⅱ. ① 曲…　Ⅲ. ① 汉语—口语—中等专业学校—教材　Ⅳ. ① H193.2

中国版本图书馆 CIP 数据核字(2013)第 204559 号

策　划　高　樱
责任编辑　杨丕勇　高　樱
出版发行　西安电子科技大学出版社(西安市太白南路 2 号)
电　话　(029)88242885　88201467　　邮　编　710071
网　址　www.xduph.com　　电子邮箱　xdupfxb001@163.com
经　销　新华书店
印刷单位　陕西天意印务有限责任公司
版　次　2013 年 9 月第 1 版　2018 年 10 月第 3 次印刷
开　本　787 毫米×1092 毫米　1/16　印张 15
字　数　356 千字
印　数　6001~9000 册
定　价　33.00 元
ISBN 978 - 7 - 5606 - 3189 - 9/H

XDUP　3481001 - 3

* * * 如有印装问题可调换 * * *

前　　言

教育家苏霍姆林斯基说："老师的语言修养决定了学生在课堂上脑力劳动的效率。"教师口语艺术的高低，直接影响着教书育人质量的优劣。尤其对于学龄前儿童，各方面知识的学习及个性品质的养成在很大程度上来自于教师的语言表达，幼儿教师的职业口语应符合幼儿的思维方式和接受能力。幼儿思维方式以形象思维为主，他们需要亲自看、听、尝、闻、摸、动，需要依赖视觉形象、听觉形象以及其他感知形象来认识事物。所以，给幼儿传授知识的话语要有鲜明性，就是语言表达要有视听效果、动态美感、情感趣味，能唤起幼儿对具体事物的真切感知，调动他们的各种感官去思维、联想、想象、回忆、行动，从而有助于对他们进行教育和熏陶。与此同时，幼儿学习语言的基本方法是模仿，这就要求幼儿园教师能够提供正确的言语范例，而正确的言语范例也应该注意"口语清楚明确，文理通顺、有文学修养"，富于表现力；在表达方法上要适于幼儿的接受水平。这里的"表现力"是指语言要具有鲜明性。可见，幼儿的思维方式与习得语言的途径决定了幼儿教师的职业口语表达应该具体、生动、形象，使幼儿感到如见其人、如闻其声、如临其境。所以，对幼儿教师进行科学、系统、严格的口语训练具有重要的意义。然而在学前教育专业职业口语训练中已有的训练方法却很难达到良好的效果。因此，有必要探索更加有效的学前教育专业职业口语训练模式。为此我们编写了本套教材。

本书从学前教育专业的角度出发，针对幼儿教育对象的特殊性，融基础理论知识和基本技能训练为一体，系统阐述幼儿教师口语的基本理论、基础知识和训练方法，结合幼儿园教育教学的实际，通过范例分析、训练材料、思考和练习，力求做到理论与实践相结合，讲解和训练相结合。突出针对性和实用性，以提高未来的幼儿教师的口语表达能力。

本书在编写时力求全面、准确地体现《学前教育专业教学大纲》和《师范院校"教师口语"课程标准》的精神和要求，依据科学性、实用性和师范性的编写原则，建立起以提高幼儿教师职业口语运用能力为主线的训练体系。

本书力求体现以下特点：

（1）突出实用性。从理论的阐释到练习材料的选择，尽量考虑学前教育专业学生的年龄、性别、职业特点，并结合幼儿园的教育教学实际，使其具有针对性和实用性。

（2）力求创新性。在基础理论和基本知识的传授方面，坚持以应用语言学、现代汉语知识、国家语言文字政策为基础，吸收国内外语言学、学前教育学、心理学等学科的前沿性研究成果，力求在教育理念、内容上有所创新。

（3）体现新颖性。新世纪开放性经济、多元性文化带来了当代社会语境的迅速扩大以及语料的丰富多样，本书尽可能体现当代语言的变化和语境的拓展，帮助学前教育专业学生处理好规范与创新的关系。在"吸收新鲜空气"的同时自觉抵制语言垃圾。

（4）注重趣味性和可操作性。本书深入浅出的基础理论知识阐述，理论和实践相结合的训练原则，生动有趣的训练素材和内容，行之有效的训练方法等，使其具有一定的趣味性和可操作性。

本书共分三篇十一章，上篇为普通话训练，中篇为一般交际口语技能训练，下篇为幼儿教师职业口语训练。普通话是教师的职业语言，是教师口语的前提，贯穿本课程的始终；一般交际口语是社会人际交往中基本的口头语言活动，是教师职业口语训练的基础；职业口语是用标准或比较标准的普通话表达的符合教育教学要求的专业用语，通过教学和专业训练，培养学生从事教育教学职业的基本技能。

本书结合学前教育专业教育教学的实际，设计了有针对性的练习。训练体现开放性的特点，减少虚拟场景，增加实际操作；重训练过程，重评价创新，努力实现训练的真实效果；尝试配套数字化教学资源，以便促使教师口语课程的教学质量迈上新台阶。

本书由曲晓东担任主编，张祖良担任副主编。其中，导言、第一章至第八章由曲晓东编写；第九章至第十一章、附录由张祖良编写。全书由曲晓东统稿。

由于时间仓促，书中难免有不当之处，恳请读者批评指正。

编　者

2013 年 6 月

目　　录

导言 ·· 1

上篇　普通话训练

第一章　语音常识与发声技能训练 ·· 4
第一节　语音是怎样发出来的 ··· 4
第二节　发声技能训练 ·· 5
思考与练习 ··· 9

第二章　普通话语音训练 ··· 11
第一节　普通话与方言 ·· 11
第二节　普通话语音训练 ··· 12
思考与练习 ·· 23

第三章　普通话水平测试与训练 ·· 26
第一节　普通话水平测试概述 ··· 26
第二节　普通话水平测试训练指导 ·· 27
思考与练习 ·· 32

中篇　一般交际口语技能训练

第四章　一般交际口语概述 ·· 65
第一节　一般交际口语的特点 ··· 65
第二节　一般交际口语使用中应注意的几个问题 ······················ 66
思考与练习 ·· 67

第五章　一般交际口语技能训练 ·· 69
第一节　听话技能训练 ·· 69
第二节　说话技能训练 ·· 71
第三节　朗读技能训练 ·· 79
思考与练习 ·· 85

第六章　态势语训练 ·· 88
第一节　态势语概述 ··· 88
第二节　态势语训练 ··· 90
思考与练习 ·· 91

下篇　幼儿教师职业口语训练

第七章　幼儿教师职业口语概述 ·· 93

  第一节 幼儿教师口语的基本要求 ······ 93
  第二节 幼儿教师口语能力的潜质 ······ 95
  第三节 幼儿教师禁忌语 ······ 98
  思考与练习 ······ 102

第八章 教学口语训练 ······ 103
  第一节 教学口语的使用原则 ······ 103
  第二节 教学口语分类训练 ······ 111
  思考与练习 ······ 118

第九章 教育口语训练 ······ 120
  第一节 教育口语的使用原则及特点 ······ 120
  第二节 幼儿教师的语言素养及其思考 ······ 126
  第三节 教育口语分类训练 ······ 129
  第四节 适应不同幼儿的教育口语训练 ······ 142
  思考与练习 ······ 143

第十章 幼儿教师其他工作用语 ······ 148
  第一节 幼儿教师其他工作用语的使用原则 ······ 148
  第二节 对不同工作对象的口语交际艺术 ······ 150
  思考与练习 ······ 153

第十一章 学龄前儿童语言能力培养 ······ 154
  第一节 学龄前儿童正常语言发展概述 ······ 154
  第二节 学龄前儿童语言能力的培养 ······ 156
  思考与练习 ······ 179

附录 ······ 186
  附录一 普通话异读词审音表 ······ 186
  附录二 普通话水平测试常用平翘舌词语表 ······ 201
  附录三 普通话水平测试常用轻声词表 ······ 213
  附录四 难读易错词语一览表 ······ 218
  附录五 3500 个常用汉字 ······ 227
  附录六 幼儿教师专业用语 100 句 ······ 231

参考文献 ······ 234

导　言

教师口语是教师"传道、授业、解惑"的主要工具，是各级各类学校教师、师范类院校学生必备的职业能力。在幼儿园这个相对特殊的环境里，作为教育教学工具的幼儿教师口语，其特点及分类等问题的研究都取决于教师的角色定位。因此，我们对幼儿教师口语的认识，首先就要从幼儿教师的角色定位开始。

一、幼儿园课程改革中的幼儿教师角色

在日常生活中，常常可以听到这样一些关于教师的隐喻"教师是蜡烛"、"教师是园丁"、"教师是人类灵魂的工程师"。姑且不论这些隐喻的合理性，至少它们在一定程度上反映了特定社会背景下人们对教师行为的某种预期，也从一个侧面体现出了人们对教师角色的直觉感知。在传统幼儿教育中，我们常常听到这样的话："一二三，快坐好!""请你们跟我这样做!"如此等等，彰显出教师是教育方案的设计者、执行者，是知识、技能的传递者，是幼儿行动的指挥者。针对这种现象，国家教育部颁布了《幼儿园教育指导纲要（试行）》。该纲要在以人为本思想的指导下，对幼儿教师在新课程中的角色定位提出了全新的、更高的要求，明确将其定位为"幼儿学习活动的支持者、合作者、引导者。"幼儿教师应该成为课程开发的全程参与者和研究者，由传统知识的传授者转变为为幼儿提供舞台，指出方向，并在关键时刻给予幼儿指导和支持的良师益友。

幼儿教师作为幼儿学习与发展的"支持者、合作者、引导者"的角色是不可替代的，同时这一角色的成功扮演也是教师过硬的教育教学技术和良好的专业能力与素质的充分体现。教师每天与幼儿一起学习、互动，他们的语言不仅要符合一般的语言规律，而且要符合幼儿教育的特别要求，适应幼儿心理特征。教师只有掌握了这种职业语言，并自觉地在幼儿教育教学中运用，才能产生预想的教育效果。因此，掌握和运用语言艺术是幼儿教师的一种基本素质。

幼儿正处于身心发展的敏感期，教师的语言如果能够在活动过程中化深奥为浅显，化抽象为具体，化平淡为神奇，便能激发幼儿的学习兴趣，引起幼儿的注意力和求知欲望。现代幼儿园教育过程已不再是一种从教师向幼儿单向的传递有关知识的过程，而是通过交流和对话让幼儿主动进行"社会的、认知的知识建构和与他人进行意义协商的动态过程。"因此，作为对话一方的教师，其语言对幼儿的发展将产生深刻的影响，可以帮助幼儿学会交际、学习语言，帮助幼儿社会化。

二、幼儿教师口语的基本特征

教师口语作为一种职业语言，有其特定的要求和规范，符合一定的标准。对幼儿教师来说，其口语在其他类型教师语言的规范性、逻辑性、启发性、激励性的基础上，还应具有以下特征。

(一）形象生动

幼儿阶段思维的特点是具体、形象，他们容易接受直观、生动、具体的事物，对概念的感知和理解更需要借助于形象。因此，幼儿教师要善于运用语言创造直观形象，来帮助幼儿了解各种抽象的事物、词语、概念。如创作于上世纪50年代，影响了几代人的童话故事《小蝌蚪找妈妈》的开头："暖和的春天来了，池塘里的冰融化了，柳树上长出了绿色的叶子，青蛙妈妈在泥洞里睡了一个冬天，也醒来了……"形象生动的语言将读者引入到一个生机盎然、令人神往的童话世界，激起了听众的兴趣和想象。之后用小蝌蚪一次次找错妈妈的情节把青蛙成长的过程描绘得诗情画意，使人终生难忘。

（二）生活化

语言的生活化，是指幼儿教师在组织幼儿活动时应当较多使用常用的非概念化的日常生活交际语言。语言的生活化是由幼儿教育内容的生活化所决定的。幼儿在幼儿园学习的内容既包括认识周围世界和发展心智的认知经验和方法，也包括一些基本的生活和"做人"所需要的态度和能力，这些内容都与他们的生活直接相关，他们需要在生活中学习如何生活、在生活中学习与人交往、在生活中学会做人，脱离幼儿已有生活经验和幼儿生活实际的抽象概念和语言是幼儿无法理解和掌握的。虽然幼儿教师可以偶尔使用一些书面语言形式的词语和专门化的科技语言，但这些语言必须是幼儿生活中常见的和符合幼儿认知水平的。例如，教师要求幼儿给桌上的不同形状的插塑分类时，使用"下面请小朋友送三角形的插塑回家(画有三角形的小篮子)，送正方形的插塑回家"远比使用"下面请小朋友按形状给这些插塑分类"效果好。"送……回家"是幼儿经常可以听到的生活语言，而"形状"、"分类"是比较抽象的概念，而且日常交际中，幼儿很少接触到，所以幼儿理解起来比较困难。

（三）结构简化

幼儿年龄小，理解能力弱，这就决定了教师在使用语言时应当避繁求简。教师在与幼儿交谈时，其语言中的词汇和语言结构应当有所调整：句子不宜过长，复合句和并列句不宜过多，多用动词、形容词，少用抽象的名词和副词，语法和语义关系也应限定在一定的范围之内。如《小猪盖房子》的开头："猪妈妈有三只小猪，一只是小黑猪，一只是小白猪，还有一只是小花猪。"这一段故事共用了四个单句，后三句结构相似，都是由主谓宾句子主干成分构成的简单句式，"一只是……"，"一只是……"，"还有一只是……"的重复，看似啰嗦，却与上句的"猪妈妈有三只小猪"相照应，符合幼儿的认知特点。

三、幼儿教师口语的教与学

幼儿教师口语是一门技能性特别强的课程。获得这一技能的途径可能因人而异，概括起来看，大致有三种：一是直接从实践中获得，通过自身刻苦地训练和利用一切场合进行口语表达的训练，从而提高自己的口语水平；二是借鉴别人成功的经验或失败的教训，使自己少走弯路，实现水平提高；三是认真学习有关的理论，如语言学、教育学、心理学等，使自己站得更高，训练更有针对性，做到不仅知其然，更能知其所以然。理论指导下的口语技能训练，往往能取得事半功倍的效果，但理论不能代替实践。所以，不要理论，或者盲目迷信理论，都是不足取的。

既然幼儿教师口语是一门技能性课程，那么学好这门课，掌握这一技能，就必须在基本理论的指导下进行刻苦的训练。实践训练可分为两类：一是正规的课堂训练。把学习内容分为几个阶段，有计划、按步骤地进行规范的课堂训练。二是个体的自我训练。教师口语的学习是一项长期工程，每个学前教育专业的学生在教育教学的实践中都要不断地进行自我训练，事实上，成功的教师口语往往是通过反复的自我实践获得的。例如，特级教师于漪，她为了规范教学用语，把在课堂上要说的话写成语言规范的详细的教案，下课以后，再写出详细的教学心得，找缺点，挖不足，以激励自己不断改进。她把这种训练方法称为"以死求活"。总之，口语表达能力的提高是一个长期渐进的过程，不能一蹴而就，必须加强实践训练，才能水到渠成，运用自如。

上 篇

普 通 话 训 练

第一章　语音常识与发声技能训练

第一节　语音是怎样发出来的

一、发音器官

人的发音器官包括肺、气管、喉（包括声带）、咽、鼻和口。从作用上看，这些发音器官可以分为三个部分。

（1）呼吸器官：肺和气管。

肺是发音器官的动力站，气管是气流的通道。发音时肺部收缩，挤出气流由气管、喉头和声门进入口腔或鼻腔，通过某些部位的调节作用，就发出了各种不同的声音。

（2）发声器官：声带和喉头。

喉头由多块起支架作用的软骨和调整其运动的肌肉构成，声带是两条富有弹性的纤维质薄膜。作为人类发音的主要颤动体，声带的长短、厚薄不同，发出的声音就会有音高、音色等方面的差别。

（3）共鸣器官：口腔和鼻腔。

口腔是形成各种音素的主要器官。口腔的上部是上腭，包括上唇、上齿、上齿龈、硬腭、软腭和小舌；下部是下腭，包括下唇、下齿、舌头。舌头又分为舌尖、舌面、舌根。其中唇、舌、软腭和小舌是活跃分子，叫主动器官，其余不能活动的部分叫被动器官。鼻腔和口腔靠软腭和小舌隔开。软腭和小舌上升时鼻腔闭塞，口腔畅通，这时发出的音在口腔中共鸣，叫做口音。软腭和小舌下垂，口腔某部位闭塞，气流只能从鼻腔呼出，这时发出的音主要在鼻腔中共鸣，叫做鼻音。

普通话语音绝大部分是口音，少数是鼻音。

图1-1所示的发音器官图，有助于我们了解发音器官的各个部位，便于掌握普通话每个音的特点。

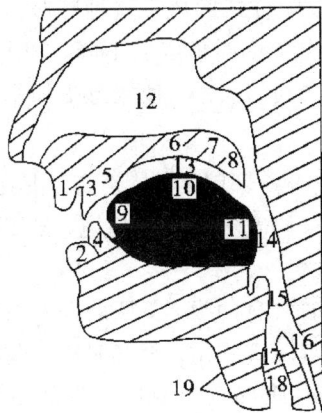

1.上唇 2.下唇 3.上齿 4.下齿

5.齿龈 6.硬腭 7.软腭 8.小舌

9.舌尖 10.舌面 11.舌根 12.鼻腔

13.口腔 14.咽头 15.会厌 16.食道

17.气管 18.声带 19.喉头

图1-1 发音器官图

二、发音原理

人体发音器官在大脑的相关指令下进行活动，就产生了语音。

肺部产生的气流通过支气管、气管到喉，在喉部引起声带振动，产生基音。基音经过咽腔、口腔、鼻腔时产生共鸣，使声音得以扩大和美化。声音和气流在口腔中受到唇、齿、舌、腭等的调节，形成了负载信息的语言符号——语音。

第二节 发声技能训练

对教师而言，口头表达能力是最基本最重要的职业技能。要想使自己的语音准确、清晰、响亮、圆润，并具有一定的魅力，就需要掌握一些发声技能。科学的发声方法是，在气息的推动下，经过各共鸣腔体扩大音量、美化音色后，传出体外。

一、用气发声

气息是人体发声的动力。声音的强弱、高低、长短以及共鸣状况，与呼出气息的速度、流量、压力大小都有直接关系。气流的变化关系到声音的响亮度、清晰度，音色的优美圆润、嗓音的持久性及情绪的饱满充沛。声音的收放自如依赖于气息的收放自如。表演艺术家李默然曾说："练声先练气，气足声才亮。"气息控制是吐字发声、形成语音语调魅力的根基。

（一）呼吸方式

生活中人们的呼吸方式大致有三种：胸式呼吸、腹式呼吸、胸腹联合式呼吸。

胸式呼吸又称浅呼吸，人们站姿、坐姿自主呼吸时常用这种呼吸方式。这种呼吸方式的特点是进气量小，持久力差，难以控制。

腹式呼吸又称深呼吸，人们卧姿自主呼吸时常用这种呼吸方式。这种呼吸方式进气量较大，但缺乏胸肌的参与，形成的声音闷、暗，难以调节。

胸式呼吸、腹式呼吸都属于自然呼吸法，不能满足艺术口语表达的需要。在艺术口语表达中，常采用一种优化了的呼吸方法——胸腹联合式呼吸。这种呼吸方式的优势在于：吸气时，借助胸腔肌肉群的力量使肋骨提高、扩展，同时横膈肌下降，增大了胸腔的容量，使气息的呼吸量更大、更强；建立了胸、膈、腹之间的关系，使气息更加稳健，便于控制。

（二）调整气息训练

进行胸腹联合式呼吸训练，可以采用站姿或坐姿。上身保持正直，头放正，肩放松。站姿时，双脚可呈丁字步站立，也可立正姿势站立，脚宽不要超过肩宽；坐姿时，要坐在凳子的前半部分，双脚平放地面。

吸气时，小腹向内微收，尽可能多吸气，随着气息的吸入，两肋向左右扩张，感觉腰带渐紧。用鼻子深吸气，控制气息一两秒钟后，将气缓缓呼出。吸气时有"闻花香"的感觉。呼气时要保持吸气时的状态，小腹始终要收住，胸、腹部有控制地将肺部储气慢慢放出。吸气要用嘴，做到均、缓、稳。

1. 调息操

（1）起立，胸自然挺起，两肩下垂，小腹微收；从容的如闻花香般吸气，觉两肋渐开，后腰发硬，至八成满。控制1、2秒钟，再缓缓呼出，可撮口吹或发si音。反复练习时，呼气时间逐渐延长，达25～30秒为合格。体会"兴奋从容两肋开"的感觉。

（2）起立，两臂向两侧自然平伸，与肩平；缓缓的深吸气，觉两肩胛骨向左右两侧移动，臂膀有伸长感。缓缓呼气，两肩胛骨逐渐恢复原状。

（3）快吸慢呼练习：像准备突然喊远方走来的人似的急吸气，两肋一下子扩起，然后缓慢平稳的呼出。

（4）数数练习：吸足一口气，然后均匀、低声的从1数到100。

2. 气息弱控制训练

（1）缓慢、持续地发出6个单韵母：a——、o——、e——、i——、u——、ü——

（2）夸大声调，延长发音，控制气息：

花团锦簇　　山清水秀　　风调雨顺　　光明磊落　　兵强马壮
异口同声　　万古长青　　刻骨铭心　　妙手回春　　热火朝天

（3）夸大连续，扩展音域：

床前明月光，疑是地上霜。举头望明月，低头思故乡。（《静夜思》李白）

春眠不觉晓，处处闻啼鸟。夜来风雨声，花落知多少。（《春晓》孟浩然）

3. 气息强控制训练

（1）用京剧老生笑的感觉，吸气后发：ha——ha——ha——ha——，体会气沉的感觉。

（2）反复发hei——ha——hou——，体会隔肌和腹肌的运动。

（3）高声诵读色彩浓烈的诗词，既要注意用声的明亮、结实，又要注意气息的冲击或漏气。

西风烈，长空雁叫霜晨月。霜晨月，马蹄声碎，喇叭声咽。雄关漫道真如铁，而今迈步从头越。从头越，苍山如海，残阳如血。（《忆秦娥·娄山关》毛泽东）

任脚下响着沉重的铁镣，任你把皮鞭举得高高，我不需要什么自由，哪怕胸口对着带血的刺刀！人，不能低下高贵的头，只有怕死鬼才乞求"自由"；毒刑拷打算得了什么？死亡也无法叫我开口！对着死亡我放声大笑，魔鬼的宫殿在笑声中动摇；这就是我——一个共产党员的自白，高唱凯歌埋葬蒋家王朝！（《我的"自白"书》陈然）

二、共鸣控制

气息是发声的动力，也是共鸣的基础。声带本身发出的声音是很微弱的，必须借助于共鸣器官，才能扩大音量，美化音色。共鸣，也叫共振，是指一个发音体引起另一个发音体发出频率相同的音响的现象。直接引起语音共鸣的是声带上方的喉、咽、口、鼻，此外，胸腔、前额、两颧部分也有共鸣作用。

（一）共鸣腔

（1）鼻腔。鼻腔是固定的容积较大的不可调节的共鸣腔体。它的共鸣作用是由于腔内空气振动和骨骼的传导产生的，它对于高音的共鸣作用很大。

（2）口腔。口腔是语音的制造场，也是人体最主要且灵活多变的共鸣腔体。口腔的开合，舌头的伸缩，软腭的升降等都可以改变口腔的形状。口腔对共鸣有重要的影响。

（3）咽腔。咽腔是人类发声的重要共鸣腔。它的容积较大，对于扩大音量和美化音色起着重要的作用。

（4）喉腔。喉腔是人体的第一个共鸣腔。如果它被挤扁，声音就会"横"着出来；如果喉部束紧，声音就会"拔高"、"单薄"。因此，它的形状变化对于声音质量有着较大影响。

（5）胸腔。胸腔指喉部下面连着气管、支气管的部位，它们与能张能缩的胸部构成胸腔共鸣。胸腔共鸣可以使音量扩大，声音浑厚有力。

（二）共鸣控制训练

1. 口腔共鸣训练

控制口腔共鸣的要领在于扩大口腔，方法是：提颧肌，打牙关，挺软腭，松下巴。

提颧肌——面部作微笑状，颧肌上提，口腔前部有展宽的感觉。

打牙关——打开后牙槽，牙关反复开合；发韵母 ai、ei、ao、ou，发音时感觉声束沿上腭中线前滑，仿佛"挂"在硬腭上。

挺软腭——口腔做"半打哈欠"状，有意识地将软腭向上抬起。用这种状态进行发音练习。

松下巴——发音时，下巴自然内收，放松下巴。也可用"牙痛时说话"来体会。

练习口腔共鸣，主要以开口元音为主，可用阴平调发 ba、da、ga、pa、ta、ka、pu、pai 等音节体会声音和气息。

2. 鼻腔共鸣训练

鼻腔共鸣是通过软腭来实现的。鼻腔共鸣显得声音有厚度，但是过多的鼻音会影响声音的清晰度。

（1）体会非鼻音和鼻音共鸣的不同，发口音 ba、pa、da、ta，再发 ma、mi、an、eng，会感到鼻子的振动明显不同。

（2）软腭灵活有力，是口腔、鼻腔共鸣的保证，发口音 a 和鼻化音 ã，交替进行。

需要注意的是，在练习中，不可出现非鼻音的鼻化现象。验证方法是，发非鼻音音节，如"学校"、"口语"等，如果音节发闷，就证明带有鼻音色彩，主要原因是软腭下降无力。纠正时，可发"好"音，使软腭挺起。

3. 胸腔共鸣训练

胸腔的空间及共鸣能量大，发出的声音有深度和宽度，声音更浑厚、宽广。

（1）以自己感觉最舒适的音高和降低声音以后的音高，交替发 a、i、u、e、o 五个音来，体会胸腔共鸣的加强。

（2）加强胸腔响点训练。当人们发出某一声音时，放松的胸部会感到有一个较为集中的"响点"。随着声音的高低变化，响点沿着前胸中线上下滑动。可用夸张后的阳平字训练，如"停—留"、"滑—翔"等。

4. 综合训练

灵活运用三腔共鸣，学会进行控制调节，使声音富于变化。

（1）读"阳—光—明—媚"、"乘—风—破—浪"……

（2）大声呼唤。以 50～80 米远的一个目标为假设呼唤对象，向对方呼告一件事或一句话，蓄气要有力，声音要洪亮。

三、吐字归音

吐字归音是我国古典唱法中对吐字法的概括，它是根据汉字字音特点，提出在吐字过程中各环节的发音要领。吐字归音技巧可以帮助我们克服发音中的方言色彩、吃字现象，做到字正腔圆，提高语言的纯正度和艺术性。

（一）吐字归音的要求

吐字归音要求咬准字头（声母＋韵头），吐清字腹（韵腹，即主要元音），收住字尾（韵尾）。如"diàn"（电），咬字头时舌尖抵住上齿龈，吐字腹时口腔打开，收字尾时舌尖回抵上齿龈。

（二）吐字归音训练

进行吐字归音训练，离不开声母、韵母的发音练习。声母训练时要严格掌握正确的发音部位和发音方法，找准着力点，使发出的音有弹力；韵母训练时要严格控制口腔的开合、唇形的圆展和舌位的前后。平时要多进行正音练习，即按照普通话的语音标准，矫正自己的方音、难点音。

初步练习吐字归音时，音节要呈"枣核形"。这就要求一个音节的发音过程有头有尾，声母、韵头为一端，韵尾为一端，韵腹为核心。字的中间发音动程大，时间长；字的两头发音动程小，口腔开合占的时间也短。语言是流动的，实际表达时音节疏密相间、轻重缓急错落有致，做到字字如核也是不现实的。较长较重的音节"枣核形"可以表现得充分一些，较短较轻的音节就不必追求"枣核形"；昂扬庄重的内容往往吐字要饱满、收音干脆利落，柔和抒情的内容可以把"枣核形"拉长抻扁。

思 考 与 练 习

思考题

1. 科学的发声方法是怎样的？

2. "三腔共鸣"指的是哪三腔？

3. "吐字归音"的要求有哪些？

练习题

1. 慢慢地吸足一口气，缓缓地呼出；又快速地吸一口气，慢慢地呼出。两种方法交替进行。要求呼吸平稳、均匀。

2. 很自然地吸足一口长气，然后快速读出下面一段话，要求补气时做到无声，听起来是一气呵成。

出东门，过石桥，石桥底下一树梨儿，拿根竿子去敲梨。怕伤皮，架木梯，摘了一个梨儿，两个梨儿，三个梨儿，四个梨儿，五个梨儿，六个梨儿，七个梨儿，八个梨儿，九个梨儿，十个梨儿；十个梨儿，九个梨儿，八个梨儿，七个梨儿，六个梨儿，五个梨儿，四个梨儿，三个梨儿，两个梨儿，一个梨儿。

3. 有感情地朗读下面的诗歌，速度可以稍慢一些，尽量找出每个音节的最佳共鸣状态。

满 江 红

岳 飞

怒发冲冠，凭栏处、潇潇雨歇。抬望眼、仰天长啸，壮怀激烈。三十功名尘与土，八千里路云和月。莫等闲、白了少年头，空悲切。

靖康耻，犹未雪；臣子恨，何时灭。驾长车踏破、贺兰山缺。壮志饥餐胡虏肉，笑谈渴饮匈奴血。待从头、收拾旧山河，朝天阙。

水 调 歌 头

丙辰中秋，欢饮达旦，作此篇兼怀子由。

苏 轼

明月几时有，把酒问青天。不知天上宫阙，今夕是何年。我欲乘风归去，又恐琼楼玉宇，高处不胜寒。起舞弄清影，何似在人间。

转朱阁，低绮户，照无眠。不应有恨，何事长向别时圆？人有悲欢离合，月有阴晴圆缺，此事古难全。但愿人长久，千里共婵娟。

4. 朗读《心田上的百合花》，仔细体会用气发声、共鸣控制、吐字归音三种发音技巧。

心田上的百合花

林清玄

在一个偏僻遥远的山谷里，有一个高达数千尺的断崖。不知道什么时候，断崖边上长出了一株小小的百合。百合刚刚诞生的时候，长得和杂草一模一样。但是，它心里知道自己并不是一株野草。它的内心深处，有一个内在的纯洁的念头："我是一株百合，不是一株野草。惟一能证明我是百合的方法，就是开出美丽的花朵。"有了这个念头，百合努力地吸收水分和阳光，深深地扎根，直立地挺着胸膛。终于在一个春天的清晨，百合的顶部结出了第一个花苞。

百合心里很高兴，附近的杂草却很不屑，它们在私底下嘲笑着百合："这家伙明明是一株草，偏偏说自己是一株花，还真以为自己是一株花，我看它顶上结的不是花苞，而是头脑长瘤了。"公开场合，它们则讥讽百合："你不要做梦了，即使你真的会开花，在这荒郊野外，你的价值还不是跟我们一样？"

百合说："我要开花，是因为我知道自己有美丽的花；我要开花，是为了完成作为一株花的庄严使命；我要开花，是由于自己喜欢以花来证明自己的存在。不管有没有人欣赏，不管你们怎么看我，我都要开花！"

在野草的鄙夷下，野百合努力地释放内心的能量。有一天，它终于开花了。它那灵性的洁白和秀挺的风姿，成为断崖上最美丽的颜色。这时候，野草再也不敢嘲笑它了。

百合花一朵一朵地盛开着，花朵上每天都有晶莹的水珠，野草们以为那是昨夜的露水，只有百合自己知道，那是极深沉的欢喜所结的泪滴。年年春天，野百合努力地开花、结籽。它的种子随着风，落在山谷、草原和悬崖边上，到处都开满洁白的野百合。

几十年后，远在百里外的人，从城市，从乡村，千里迢迢赶来欣赏百合开花。许多孩童跪下来，闻嗅百合花的芬芳；许多情侣互相拥抱，许下了"百年好合"的誓言；无数的人看到这从未见过的美，感动得落泪，触动内心那纯净温柔的一角。

不管别人怎么欣赏，满山的百合花都谨记着第一株百合的教导：

"我们要全心全意默默地开花，以花来证明自己的存在。"

第二章　普通话语音训练

第一节　普通话与方言

一、什么是普通话

　　普通话是现代汉民族的共同语，是《中华人民共和国国家通用语言文字法》规定的国家通用语言，也是联合国六种工作语言之一。普通话的"普通"是"普遍、共通"的意思，民族共同语则是一个民族全体成员通用的语言。普通话在台湾被称为"国语"，在新加坡、马来西亚被称为"华语"。普通话是以北京语音为标准音，以北方话为基础方言，以典范的现代白话文作为语法规范。

　　同世界上其他民族共同语一样，普通话也是在同一民族内部经过长期的互相交流，在一种方言的基础上形成的。自1153年金迁都燕京（今北京）至今八百多年以来，北京一直是全国政治、文化、经济的中心。在北方方言的基础上，北京话的影响逐渐扩大，地位日益重要，从而成为言语交际中的"官话"。新中国建立以来，国家的统一和社会的安定为民族共同语的推广、普及提供了条件，1956年2月国务院发出《关于推广普通话的指示》，明确了普通话的地位及标准，"普通话"一词开始以明确的内涵被广泛应用，并于1982年写进《中华人民共和国宪法》。2001年1月1日实施的《国家通用语言文字法》作为我国第一部语言文字专项法律，明确规定："国家通用语言文字是普通话和规范汉字。""国家推广普通话，推行规范汉字。"推广普通话、推行规范汉字，被提到比以往任何历史时期都更为重要的地位。

二、汉民族方言

　　汉民族方言是现代汉民族共同语（普通话）的地域分支。根据各地方言的特点，汉民族方言可分为七大方言区。

　　1. 北方方言区

　　北方方言区以北京话为代表，是现代汉民族共同语的基础。北方方言分布地域最广，包括长江以北汉族居住的地区，长江以南镇江至九江的沿江地带，以及湖北（东南部一带除外）、四川、贵州、云南大部分和广西、湖南的西北部。使用人口占汉族总人数的70%以上。

2. 吴方言区

吴方言区以上海话为代表，分布地区在江苏省长江以南镇江以东（不包括镇江）和浙江省大部分。使用人口约占汉族总人口的 8.4％。

3. 湘方言区

湘方言区以长沙话为代表，分布在湖南省大部分地区。使用人口约占汉族总人口数的 5％。

4. 赣方言区

赣方言区以南昌话为代表，分布在江西省大部分地区（东北沿江地带和南部除外）。使用人口约占汉族总人口数的 2.4％。

5. 客家方言区

客家方言区以广东梅县话为代表，分布在广东、福建、台湾、江西、广西、湖南、四川等省。使用人口约占汉族总人口数的 4％。

6. 闽方言区

闽方言区以福州话为代表，分布在福建、海南和台湾的大部分地区及广东、浙江和广西的一小部分地区。使用人口约占汉族总人口数的 4.2％。

7. 粤方言区

粤方言区以广州话为代表，分布在广东广西两省。使用人口约占汉族总人口数的 5％。

"七大方言区"是国内较普遍的一种分法，现在也有"八大方言区"、"十大方言区"的说法。

三、辽宁方言简介

辽宁地处北方方言区，语音接近普通话，但辽宁的声韵调与普通话的声韵调仍有很大差异。辽宁省内方言并不一致：辽西地区的方言接近河北，辽南地区的方言近似山东，自北向南与普通话的差异越来越大。辽宁方言的分区历来很不一致，《辽宁语音说略》根据 1957 年辽宁方言普查组对 47 个方言点的调查，将全省分成 4 个小方言区。近年来，人们都倾向将辽宁方言划分为三个小方言区：辽西方言区，以朝阳为代表；辽北方言区，以沈阳为代表；辽南方言区，以大连及丹东为代表。

本书进行的方音辨正训练，主要以辽宁各地方音的主要特点与普通话的声韵调进行辨正，改方音为普通话标准音。

第二节 普通话语音训练

一、语音的基本知识

（一）语音的性质

语音是由人的发音器官发出来的具有表达意义的声音。作为语言的载体，语音具有物理属性、生理属性和社会属性。

1. 语音的物理属性

声音具有音高、音强、音长和音色四个要素，语音是声音的一种，当然也不例外。音高指的是声音的高低，它取决于发音体振动频率的快慢，音高是汉语形成声调的基础。音强指的是声音的强弱，它取决于发音体振动幅度的大小，音强是汉语形成轻声的基础。音长指的是声音的长短，它取决于发音体振动时间的长短。音色指的是声音的特色，音色的不同主要是由于发音体、发音方法和发音时共鸣器形状的不同造成的。语音中不同音素的差异或不同人的声音差异，就是音色上的区别。

2. 语音的生理属性

语音的生理属性主要指人类发音器官的基本构造和发音原理，发音器官的活动部位和活动方式不同，发出的语音就不同。

3. 语音的社会属性

语音的社会属性是语音的本质属性。首先，语音和意义的结合是社会约定俗成的，一样的声音可以表示不同的意义，同一个意义也可以用不同的声音来表示。就像"书"这个意思在汉语里用"shū"这样的语音来表示，而在英语里用"book"这个语音来表示。虽然大家的语音都有同样的生理属性和物理属性，但由于不同的社会背景，不同的民族习惯，从而产生了不同的语言。

其次，语音是有系统性的。不同的民族，甚至是同一个国家的不同区域都有自己的语音系统。比如，在以北京语音为标准音的普通话中，n 和 l 是具有区别意义的两个音素，n 是鼻音，l 是边音，但在南京话中很多人将这两个读音混淆，互相变读。从这些现象中可以看出普通话和南京话的语音系统是不一样的。

(二) 语音的基本概念

1. 音素

音素是最小的语音单位，它是从音色的角度划分出来的。一个音节如果按音色的不同去进一步划分，就会得到一个个最小的各有特色的单位，这就是音素。例如"书"(shū)可以分析出 sh、u 两个音素。

普通话的音素共有 32 个，根据不同的发音情况和发音特点，可以把音素分为元音、辅音两大类。

元音：气流振动声带，在口腔、咽头不受阻碍而形成的音。普通话有 10 个元音音素：a、o、e、ê、i、u、ü、−i(前)、−i(后)、er。

辅音：气流在口腔或咽头受到阻碍而形成的音。普通话有 22 个辅音音素：b、p、m、f、d、t、n、l、g、k、h、j、q、x、zh、ch、sh、r、z、c、s、−ng。辅音一般不单用，要跟元音拼合，才能构成音节。

元音和辅音的区别主要有四点：

(1) 发元音时，气流通过咽头、口腔时不受阻碍；发辅音时，气流通过咽头、口腔时一般要受到某部位的阻碍。

(2) 发元音时，发音器官各部位保持均衡的紧张状态；发辅音时，发音器官成阻的部位特别紧张。

(3) 发元音时，气流较弱；发辅音时，气流较强。

（4）发元音时，声带振动，声音比辅音响亮；发辅音时，声带不一定振动，声音一般不响亮。

2. 音节

音节是语音结构的基本单位，也是自然感到的最小的语音片段。一般说来，一个汉字就表示一个音节。现代汉语的基本音节有 400 多个（包括零声母音节），学习和运用普通话必须熟练掌握这些基本音节。

3. 声母、韵母、声调

按照汉语音韵学的传统分析方法，可以把音节分成声母、韵母、声调三部分。声母是指音节开头的辅音；韵母是指音节中声母后面的部分；声调指的是音节中具有区别意义作用的音高变化。

（三）语音的记录符号

人们为了记录和研究语音，设计了各种记音符号，便于把口头的语音记录在书面上。不同的语言可以采用不同的记录符号。

1. 国际音标

国际音标是国际语音学会制定的一套记音符号，是用来记录各民族语言语音的。国际音标符合"一个音素一个符号，一个符号一个音素"的原则，现有 100 多个符号。

2. 汉语拼音方案

《汉语拼音方案》是 1958 年 2 月 11 日经第一届全国人民代表大会第五次会议批准公布，是一部用拉丁字母拼写现代汉语普通话语音的方案，它对推广普通话，纠正方音具有十分重要的作用，同时又是人们日常生活中使用计算机中文录入及手机短信输入的重要工具之一。1982 年国际标准化组织承认其为拼写汉语的国际标准。

《汉语拼音方案》包括五个部分：字母表、声母表、韵母表、声调符号、隔音符号。

二、普通话声母训练

声母指汉语音节开头的辅音。普通话有 21 个声母，都是由辅音音素构成的。如果音节开头没有辅音，则称为"零声母"音节，如"安"ān、"爱"ài、"雨"yǔ、"烟"yān 等。

（一）声母的分类

普通话的 21 个辅音声母可以从发音部位和发音方法两个角度进行分类。发音部位是指发音时气流受到阻碍的位置。发音方法是指形成和消除阻碍的方式、气流的强弱及声带是否颤动等。普通话声母按发音部位可分为七类：双唇音（b p m）、唇齿音（f）、舌尖前音（z c s）、舌尖中音（d t n l）、舌尖后音（zh ch sh r）、舌面音（j q x）、舌根音（g k h）。按发音方法可分为五类：塞音（b p d t g k）、擦音（f h x sh r）、塞擦音（j q zh ch z c）、鼻音（m n）、边音（l）。需要注意的是，在五种发音方法中，还有"清音"（不颤动声带，气流较强）"浊音"（颤动声带，气流较弱）的区别和"送气音"（气流较强，要送出一口气）"不送气音"（气流较弱，自然流出）的区别（普通话中只有塞音和塞擦音区别送气与否）。

（二）声母的发音

普通话 21 个声母都有两套读音，一套是本音，一套是呼读音。本音即声母本来的读音，在声母和韵母拼合成一个音节时用本音；因为普通话声母发音时声带大多不颤动，因此，声母本音大多不响亮，为了便于称说和教学，《汉语拼音方案》根据注音字母传统的读音在声母的后面加上一个响亮的元音来呼读，这就是声母的呼读音。

把声母的发音部位和发音方法综合起来，叫做声母的发音描写，普通话21个声母的发音描写如下：

b 双唇、不送气、清、塞音（双唇音、不送气音、清音、塞音的简称，下列声母描写同此）。发音时，双唇闭合，软腭上升，堵塞鼻腔通路，声带不颤动，较弱的气流冲破双唇的阻碍，爆发成音。如：颁布、包办、宝贝、标本。

p 双唇、送气、清、塞音。发音的状况与b相近，只是发p时气流较强。如：批评、澎湃、匹配、评判。

m 双唇、浊、鼻音。发音时，双唇闭合，软腭下降，气流振动声带从鼻腔通过。如：买卖、秘密、美满、面貌。

f 唇齿、清、擦音。发音时，下唇接近上齿，形成窄缝，气流从唇齿间摩擦出来，声带不颤动。如：方法、反复、仿佛、丰富。

d 舌尖中、不送气、清、塞音。发音时，舌尖抵住上齿龈，软腭上升，堵塞鼻腔通路，声带不颤动，较弱的气流冲破舌尖的阻碍，爆发成音。如：达到、等待、地点、大地。

t 舌尖中、送气、清、塞音。发音状况与d相近，只是发t时气流较强。如：团体、疼痛、天堂、体态。

n 舌尖中、浊、鼻音。发音时，舌尖抵住上齿龈，软腭下降，打开鼻腔通路，气流振动声带，从鼻腔通过。如：男女、南宁、奶牛、农奴。

l 舌尖中、浊、边音。发音时，舌尖抵住上齿龈，软腭上升，堵塞鼻腔通路，气流振动声带，从舌头两边或一边通过。如：力量、理论、来历、流利。

g 舌根、不送气、清、塞音。发音时，舌根抵住软腭，软腭后部上升，堵塞鼻腔通路，声带不颤动，较弱的气流冲破舌根的阻碍，爆发成音。如：公共、改革、规格、广告。

k 舌根、送气、清、塞音。发音状况与g相近，只是气流较强。如：可靠、宽阔、可口、刻苦。

h 舌根、清、擦音。发音时，舌根接近软腭，留出窄缝，软腭上升，堵塞鼻腔通路，声带不颤动，气流从窄缝中摩擦出来。如：后悔、缓和、欢呼、黄河。

j 舌面、不送气、清、塞擦音。发音时，舌面前部抵住硬腭前部，软腭上升堵塞鼻腔通路，声带不颤动，较弱的气流把阻碍冲开，形成一条窄缝，气流从窄缝中挤出，摩擦成声。如：经济、解决、积极、接近。

q 舌面、送气、清、塞擦音。发音状况与j相近，只是气流较强。如：亲切、情趣、恰巧、请求。

x 舌面、清、擦音。舌面前部接近硬腭前部，留出窄缝，软腭上升，堵塞鼻腔通路，声带不颤动，气流从窄缝中挤出，摩擦成声。如：学习、现象、小心、新鲜。

zh 舌尖后、不送气、清、塞擦音。发音时，舌尖上翘，抵住硬腭前部，软腭上升，堵塞鼻腔通路，声带不颤动。较弱的气流把阻碍冲开一条窄缝，从窄缝中挤出，摩擦成声。如：政治、真正、住宅、珍珠。

ch 舌尖后、送气、清、塞擦音。发音状况与zh相近，只是气流较强。如：长处、出产、叉车、城池。

sh 舌尖后、清、擦音。发音时，舌尖上翘接近硬腭前部，留出窄缝，气流从缝间挤出，摩擦成声，声带不颤动。如：事实、闪烁、舒适、山水。

r 舌尖后、浊、擦音。发音状况与 sh 相近，只是摩擦比 sh 弱，同时声带颤动。如：仍然、软弱、柔软、容忍。

z 舌尖前、不送气、清、塞擦音。发音时，舌尖抵住上齿背，软腭上升，堵塞鼻腔通路，声带不颤动，较弱的气流把阻碍冲开一条窄缝，从窄缝中挤出，摩擦成声。如：自尊、藏族、罪责、宗族。

c 舌尖前、送气、清、塞擦音。发音状况与 z 相近，只是气流较强。如：从此、层次、草丛、猜测。

s 舌尖前、清、擦音。发音时，舌尖接近上齿背，形成窄缝，气流从窄缝中挤出，摩擦成声，声带不颤动。如：思索、诉讼、色素、洒扫。

综合上述内容，可以将普通话辅音声母表示于表 2-1 中。

表 2-1　普通话声母发音要领表

发音方法 / 发音部位	塞音		塞擦音		擦音		鼻音	边音
	清音		清音					
	不送气	送气	不送气	送气	清音	浊音	浊音	浊音
双唇音	b	p					m	
唇齿音					f			
舌尖前音			z	c	s			
舌尖中音	d	t					n	l
舌尖后音			zh	ch	sh	r		
舌面音			j	q	x			
舌根音	g	k			h			

（三）声母辨正训练

1. 分辨 zh ch sh 和 z c s

这两组声母在发音方法上一一相对，区别在于发音部位的不同。舌尖前音（平舌音）z c s 发音时舌尖平伸，顶住或接近上齿背；舌尖后音（翘舌音）zh ch sh 发音时舌尖翘起，接触或接近硬腭前端。如：

z 声母——z 声母

早在　遭罪　造作　自足　总则　宗族　栽赃　走卒

zh 声母——zh 声母

战争　珍重　种植　住宅　执照　制止　周转　政治

z 声母——zh 声母

在职　宗旨　作者　造纸　总装　杂质　增值　奏折

zh 声母——z 声母

制作　沼泽　追踪　宅子　重在　周遭　振作　壮族

c声母——c声母

猜测　粗糙　残存　措辞　参差　苍翠　彩瓷　仓促

ch声母——ch声母

驰骋　蟾蜍　充斥　查处　拆除　超常　沉船　唇齿

c声母——ch声母

擦出　财产　餐车　草创　仓储　从长　催产　痤疮

ch声母——c声母

尺寸　差错　柴草　车次　陈词　楚辞　纯粹　炒菜

s声母——s声母

洒扫　松散　思索　琐碎　诉讼　僧俗　速算　色素

sh声母——sh声母

实施　杀伤　少数　收拾　闪烁　深受　上山　声势

s声母——sh声母

飒爽　赛事　扫视　搜身　三首　厮杀　宿舍　所属

sh声母——s声母

沙僧　哨所　守岁　山色　上司　世俗　疏松　栓塞

除了要掌握发音要领外，还要利用辨音字表多做辨析，准确掌握平翘舌声母所领字。具体说来可以采用以下几个有效方法：

（1）利用形声字偏旁类推。形声字有两个部分，一部分表示意义，叫形旁；一部分表示读音，叫声旁。如"吵"字，左边的"口"表示与口有关，是形旁；右边的"少"表示"吵"的读音，是声旁。有"少"这个声旁构成的汉字有"抄、炒、钞"等，它们的声旁相同，声母也相同，都是ch。利用形声字的这一特点可以辨别记忆部分普通话中属于同一声母或同一韵母的字。如：

z 曾 憎 增 赠
zh 中 种 钟 忠
sh 稍 梢 捎 哨

（2）利用普通话声韵配合规律类推。如：ua、uai、uang不拼z、c、s，只拼zh、ch、sh；ong拼s，不拼sh等。

2．r声母的辨正训练

普通话中，声母r只拼一i(后)、e、ao、ou、an、en、ang、eng、ong九个开口呼韵母和u、uo、uei、

uan、uen五个合口呼韵母。区分声母r与零声母，就是要记住普通话r声母所领的字。如：

然而　燃烧　冉冉　让步　热闹　叫嚷　饶恕　扰乱　绕道　弱点　闰月
惹气　热闹　人生　仁慈　刀刃　认识　任职　缝纫　妊娠　韧性　烹饪
仍然　日常　绒线　荣获　容忍　溶血　芙蓉　熔化　融资　冗长　柔弱
肉体　儒学　蠕动　乳汁　侮辱　褥子　软禁　花蕊　锐利　瑞雪　润滑

为了帮助大家练习发音和记忆r声母字，现有五言口诀，供大家参考练习。

瑞日仍融融，溶雪润饶壤。

— 17 —

榕绒软茸茸，蓉蕊扰人眼。

容忍非柔弱，荣辱若等闲。

燃油熔锐刀，染褥纫秋兰。

肉乳让老弱，妇孺亦仍然。

如入大同境，重任仁人肩。

3. n声母与零声母的辨正训练

在辽西方言中，当开口呼韵母自成音节时，常常在其前面加上声母 n。纠正这种语音现象的办法是，从方音声母 n 遇 e、ai、ao、ou、an、en、ang 韵母的字中分出一部分，去掉 n 声母。

三、普通话韵母训练

（一）韵母的分类

韵母是汉语音节后面的部分。普通话韵母共有 39 个（见表 2－2），按结构可以分为单韵母、复韵母、鼻韵母；按韵母开头元音的发音口形，可以分为开口呼、齐齿呼、合口呼、撮口呼，简称"四呼"。

表 2－2　普通话韵母总表

	开口呼	齐齿呼	合口呼	撮口呼
单韵母	－i（前）－i（后）	i	u	ü
	a			
	o			
	e			
	ê			
	er			
复韵母		ia	ua	
			uo	
		ie		üe
	ai		uai	
	ei		uei	
	ao	iao		
	ou	iou		
鼻韵母	an	ian	uan	üan
	en	in	uen	ün
	ang	iang	uang	
	eng	ing	ueng	
	ong	iong		

(二) 韵母的发音

1. 单韵母

单韵母是由一个元音音素充当的韵母。普通话共有 10 个单韵母，它们是 a、o、e、ê、i、u、ü、—i(前)、—i(后)、er。单韵母的发音特点是，发音时舌位、唇形和开口度按发音要求维持发音状态，始终不变。

a 发音时，口腔大开，舌头前伸，舌位低，舌头居中，嘴唇呈自然状态。如：发达、沙发、喇嘛、打岔。

o 发音时，口腔半合，舌位半高，舌头后缩，嘴唇拢圆。如：薄膜、泼墨、默默、婆婆。

e 发音状况大体象 o，只是双唇自然展开成扁形。如：隔阂、车辙、特色、乐得。

ê 发音时，口腔半开，舌位半低，舌头前伸，舌尖抵住下齿背，嘴角向两边自然展开，唇形不圆。在普通话里，ê 很少单独使用，经常与 i、ü 构成复韵母 ie、üe。如：别、贴、确、学。

i 发音时，口腔开度很小，舌头前伸，舌面前部上升接近硬腭，气流通路狭窄，但不发生摩擦，嘴角向两边展开，呈扁平状。如：极力、立体、力气、气息。

u 发音时，口腔开口度很小，舌头后缩，舌面后部上升接近硬腭，气流通路狭窄，但不发生摩擦，嘴唇拢圆成一小孔。如：鼓舞、路途、逐步、部署。

ü 发音情况与 i 基本相同，只是嘴唇是拢圆的。如：序曲、居于、语句、语序。

—i(前) 发音时，舌尖前伸，对着上齿背形成狭窄的通道，气流通过时不发生摩擦，嘴唇向两边展开。用普通话念"私"并延长，字音后面的部分便是—i(前)。这个韵母只跟 z、c、s 配合，不和其他任何声母相拼，也不能自成音节。如：自私、此次、字词、子嗣。

—i(后) 发音时，舌尖上翘，对着硬腭形成狭窄的通道，气流通过时不发生摩擦，嘴角向两边展开。用普通话念"师"并延长，字音后面的部分便是—i(后)。这个韵母只跟 zh、ch、sh、r 配合，不与其他声母相拼，也不能自成音节。如：事实、支持、值日、知识。

er 发音时，口腔半开，开口度比 ê 略小，舌位居中，稍后缩，唇形不圆。在发 e 的同时，舌尖向硬腭轻轻卷起。"er"中的 r 不代表音素，只是表示卷舌动作的符号。er 只能自成音节，不和其他声母相拼。如：而、耳、饵、贰。

2. 复韵母

复韵母，也叫复元音韵母，是由两个或三个元音构成的韵母。复韵母的发音特点是，从前一个元音快速滑向后一个元音，舌位的高低前后、口腔的开闭、唇形的圆展有一个渐变的过程，同时气流不中断，中间没有明显的界限，所发的音要形成一个整体。

根据主要元音所处的位置，复韵母分为前响复韵母、中响复韵母、后响复韵母。普通话共有 13 个复韵母。

前响复韵母共有 4 个：ai、ei、ao、ou。它们的共同特点是前一个元音清晰响亮，后一个元音轻短模糊，只表示舌位滑动的方向。如：

ai	爱戴	白菜	买卖	海带	开采	掰开
ei	蓓蕾	飞贼	妹妹	配备	委培	肥美
ao	报告	骚扰	糟糕	操劳	高潮	号召
ou	丑陋	走狗	兜售	收购	漏斗	抖擞

后响复韵母共有 5 个：ia、ie、ua、uo、üe。它们的共同特点是前面的元音发音轻短，只表示舌位从那里开始移动，后面的元音发得清晰响亮。如：

ia	加价	下家	加压	假牙	恰恰	崖下
ie	界别	结业	贴切	节烈	铁屑	姐姐
ua	桂花	耍滑	花袜	披挂	画画	唰唰
uo	挪窝	过多	脱落	过错	阔绰	硕果
üe	绝学	约略	雀跃	暴虐	雪月	决绝

中响复韵母共有 4 个：iao、iou、uai、uei。它们共同的发音特点是前一个元音轻短，后面的元音含混，只表示舌位滑动的方向，中间的元音清晰响亮。如：

iao	娇小	缥缈	标调	巧妙	逍遥	教条
iou	优秀	久留	求救	悠久	秋游	牛油
uai	外快	摔坏	怀揣	拐卖	帅才	淮海
uei	追尾	归队	回味	汇兑	追回	翠微

3. 鼻韵母

鼻韵母是由元音加上一个鼻辅音韵尾构成的韵母。在普通话里，鼻韵母有两类，一类以 n 为韵尾，称为前鼻韵母，共有 8 个，分别是 an、en、ian、in、uan、uen、üan、ün；一类以 ng 为韵尾，称为后鼻韵母，也有 8 个，分别是 ang、eng、ong、iang、ing、iong、uang、ueng。发鼻韵母时，由元音向鼻辅音过渡，逐渐增加鼻音色彩，最后形成鼻辅音。但鼻韵母的发音不是以鼻辅音为主，而是以元音为主，元音清晰响亮，鼻辅音重在做出发音状态，发音不明显。如：

an	烂漫	惨淡	犯难	展览	暗含	坦然
en	本身	深沉	振奋	根本	粉尘	门诊
ian	简便	前线	变迁	演变	腼腆	田间
in	信心	近邻	拼音	薪金	殷勤	濒临
uan	婉转	贯穿	传唤	酸软	专断	专款
uen	论文	村屯	困顿	春笋	馄饨	温顺
üan	渊源	全员	涓涓	源泉	轩辕	圆圈
ün	均匀	逡巡	军训	芸芸	熏熏	循循
ang	厂长	商场	上访	浪荡	沧桑	党章
eng	丰盛	更正	升腾	登程	逞能	奉承
ong	红松	中东	从容	冲动	公众	丛冢
iang	想象	强将	两相	踉跄	襄阳	酱香
ing	经营	性情	零星	精灵	倾听	荧屏
iong	汹涌	穷凶	炯炯	熊熊	茕茕	泂泂
uang	狂妄	双簧	状况	网状	装潢	窗框
ueng	老翁	水瓮	蓊郁	嗡嗡	蕹菜

下面这首周有光的《捕鱼歌》，涵盖了普通话的所有韵母，请认真朗读。

捕 鱼 歌

周有光

人 远 江 空 夜，浪 滑 一 舟 轻。

儿 咏 欸 乃 调，橹 和 嗳 啊 声。

网 罩 波 心 月，竿 穿 水 面 云。

鱼 虾 留 瓮 中，快 活 四 时 春。

（三）韵母辨证

1. 分辨 o 和 e

辽宁方音中，大多数人把 o 读成 e，如"山坡(pō)"读成(pē)。在普通话中 o 和 e 都是舌面后、半高元音，两者的差别在于嘴唇的圆展上；普通话声母中的唇音 b、p、m、f 只跟 o 相拼合，而不与 e 相拼合（"么"除外）。最有效的矫正办法，就是仔细比较 o 与 e 发音时唇形的变化，发好圆唇元音 o。如：

波浪　伯伯　蓬勃　泼水　山坡　被迫　薄雾　摩擦　没收

模范　剥夺　破坏　磨房　石墨　陌生　埋没　菠菜　佛教

2. 避免韵头 u 的丢失

uei、uan、uen 与声母 d、t、n、l、z、c、s 相拼时，韵头 u 脱落而成 ei、an、en。这种情况的字虽然不多，但口语中常出现，直接影响人的语音面貌。如：

uei 韵字：对、队、堆、推、腿、最、嘴、罪、催、翠、脆、岁、虽；

uan 韵字：段、短、断、团、湍、暖、乱、峦、钻、窜、酸、算、蒜；

uen 韵字：吨、蹲、吞、屯、论、伦、尊、遵、村、忖、孙、损、笋。

四、普通话声调训练

（一）调值和调类

声调是具有区别意义作用的音高变化。音节高低升降曲直长短的变化形式，叫调值。在现代汉语中，用"五度标记法"描写调值。把调值相同的字归纳在一起所建立的类，就是一个调类。普通话有四个调类：阴平、阳平、上声、去声，也可称为第一声、第二声、第三声、第四声，它们的调值分别是 55、35、214、51，如下表所示。

表 2-3　普通话的调值和调类

调类	调值	调号	调型	例词
阴平	55	ˉ	高平	春天
阳平	35	´	高升	阳台
上声	214	ˇ	降升	水果
去声	51	ˋ	全降	胜利

（二）声调辨正

学习普通话，除了声母、韵母要求发音准确外，对声调的要求也很高。有学者认为"声调是区分方言与普通话的重要标尺"，"普通话四个声调是普通话语音最显著和最基本的特征","普通话的声调水平基本上决定了一个人普通话的等级水平"。从听感上说，辽宁方音与普通话在声调上的差异主要表现在调值不到位上。如阴平调，普通话调值是 55，辽宁人大都读成 44 或 33，个别地区是 312；普通话阳平调值是 35，辽宁人大都读成 34 或 24，辽东半岛黄海沿岸部分地区读成 312；普通话上声调值为 214，辽宁人大都读成 213，尾音没有升到 4 度；普通话去声调值为 51，辽宁多数地区是 42 或 41，始发音不够高，结尾音不够低。声调是辽宁人学习普通话的一个重点和难点，大家必须下苦功夫才行。

五、普通话语流音变训练

人们说话时，不是孤立地发出一个个音节，而是把音节组成一连串自然的"语流"。在语流中，由于相邻音节的相互影响或表情达意的需要，有些音节的读音发生一定的变化，这就是语流音变。普通话中语流音变主要有：变调、轻声、儿化和语气词"啊"的音变等。

（一）变调

变调指相邻音节互相影响而产生的音高变化。普通话里最常见的变调现象有上声的变调和"一、不"的变调。

1. 上声的变调

（1）上声音节在阴平、阳平、去声、部分轻声音节前念半上，调值是 21。如：

摆脱　采摘　史实　改行　掌握　悔恨　打扮　妥当

（2）两个上声音节相连时，前一个上声变成阳平，调值为 35。如：

美好　选取　请帖　婉转　假使　所以　采访　检索

（3）三个上声音节相连时，"双音节＋单音节"结构的词语，前面两个音节变成阳平。如：

采访本　洗脸水　选举法　演讲稿　蒙古语　手写体

"单音节＋双音节"结构的词语，第一个音节的调值变成 21，第二个音节变成阳平。如：

纸老虎　冷处理　买保险　厂党委　好领导　海产品

一串上声音节相连，可先根据语意自然分节，再按照以上变调规律变读。如：

你把/美好/理想/给领导/讲讲。

2. "一、不"的变调

（1）"一、不"单独念或用在词句末尾以及"一"在序数中，声调不变，读原调。如：

第一　统一　决不　偏不

（2）在去声前，"一、不"一律变为阳平，调值为 35。如：

一样　一件　一项　一律　不利　不配　不适　不顾

（3）在非去声前，"一"变为去声，"不"仍读去声。如：

一张　一台　一盏　一体　不吃　不开　不同　不行

（4）"一、不"嵌在词语中间读轻声。如：

谈一谈　想一想　好不好　说不定

（二）轻声

普通话的每一个音节都有声调，但在语流中，由于几个音节相连，在词组或句子里有的音节常常失去原有的声调，读成又短又轻的调子，这就是轻声。如："人呢、坐坐、馒头、外面、西瓜、两个"等等。轻声是一种特殊的变调，并不是独立于阴、阳、上、去之外的另一种调类，拼写时不标调号。一些音节读轻声和不读轻声的意义有区别，在朗读和说话的时候要注意这些区别，做到发音准确。

在普通话里，某些词在语句里按语法规律必须读轻声，如"的、地、得"等助词，"子、头"等后缀；也有一些双音节词的后一个音节习惯上读为轻声，如"麻烦、力气、便宜、行李、舒服、衣裳、扎实、交情"等。在练习时，后一类轻声词是需要我们多加注意的。

（三）儿化

"儿"能够自成音节，作为词根来构成合成词，例如"儿童、女儿、儿女"等。"儿"也能够作为词尾，使前一个音节的韵母带上卷舌色彩，而且改变了前一个音节韵母的音色，这种现象叫做儿化。儿化后的韵母叫"儿化韵"。儿化有区别词义和词性的作用；有的儿化还可以表示细小、亲切或喜爱的感情色彩。如小船儿、脸蛋儿。

儿化发音的主要特点是把"儿"（卷舌动作 r）"化"在与它结合的韵母上。"儿"的前一个音节的韵母的主要元音如果与卷舌动作不矛盾，儿化时就只在韵尾上加卷舌动作；如果与卷舌动作矛盾，则要改变"儿"前一韵母里韵腹、韵尾的音色，然后加上卷舌动作。儿化作为一种语流音变，读、说时根据有关规律韵母发生变化，拼写时一般只在原音节末尾加上字母 r。

（四）语气词"啊"的音变

语气词"啊"用在句末或句中停顿处时，往往受前面音节的影响而发生语流音变。"啊"音变的基本规则取决于"啊"之前音节的末尾音素，基本规律如下：

1. 前面音节的末尾音素是 a、o、e、i、ü、ê 的，读作 ya，汉字可写作"呀"。如：花啊（花呀）、坐啊（坐呀）、你啊（你呀）、渴啊（渴呀）、学啊（学呀）。

2. 前面音节的末尾音素是 u（包括 ao、iao）的，读作 wa，汉字可写作"哇"。如：苦啊（苦哇）、高啊（高哇）、妙啊（妙哇）。

3. 前面音节的末尾音素是 n 的，读作 na，汉字可写作"哪"。如：看啊（看哪）、近啊（近哪）。

4. 前面音节的末尾音素是 ng 的，读作 nga，汉字可写作"啊"。如：香啊、听啊。

5. 前面音节的末尾音素是 -i（前）的，读作 za，汉字可写作"啊"。如：写字啊、自私啊。

6. 前面音节的末尾音素是 -i（后）、er 的，读作 ra，汉字可写作"啊"。如：是啊、好玩儿啊。

思 考 与 练 习

思考题

1. 什么是普通话？什么是方言？

2. 你所在的地方属于哪个方言区？举例说明本地方言与普通话的主要差别。

练习题

1. 读准下列词语，注意各音节声母。

振作　正宗　赈灾　职责　沼泽　制作　杂志　栽种　增长　资助　自制　自重
差错　陈醋　成才　出操　除草　操场　储藏　财产　采茶　残喘　磁场　促成
深思　石笋　扫射　宿舍　周岁　冲刺　上座　赏赐　水彩　村镇　措施　磋商

诉状　苏州　松针　酸楚　丝绸　随手　沉思　政策　纯粹　缉私　集资　其次
戏词　瓷器　剧组　缺损　清脆　确凿　检索　必然　衰弱　收入　染色　肉馅

2. 读准下列词语，注意各音节韵母。

脖子　老婆　蘑菇　鸟窝　伯父　哥哥　天鹅　喝水　毒蛇　记者　巨测　波折
恶魔　刻薄　河坡　规范　滚翻　魁首　困兽　对号　顿号　陈旧　成就　担当
新鲜　岩浆　守望　生人　膨胀　从而　立体　雨具　收购　打岔　犒劳　着落
行星　汹涌　婉转　采摘　看望　清静　优秀　娇小　绝学　标调　共同　回味
履历　败类　越界　允许　泉眼　依存　红润　深耕　僵硬　装车　酵母　花絮

3. 读准下列词语，注意各音节声调。

新闻简报　英雄好汉　天然宝藏　山明水秀　精神百倍　心明眼亮　风调雨顺
开渠引灌　千锤百炼　光明磊落　吞云吐雾　虚情假意　优柔寡断　心直口快
三足鼎立　深谋远虑　字里行间　绿草如茵　智勇双全　妙手回春　痛改前非
逆水行舟　异口同声　袖手旁观　大显神通　四海为家　覆水难收　暮鼓晨钟
信以为真　刻苦读书　调虎离山　万古长青

4. 读下列句子，注意变读的字词。

（1）这一次参加演讲的所有选手都进行了充分的准备。

（2）学校将组织全体同学参观展览馆。

（3）马场养有五百匹好马。

（4）他的耳朵听不见。

（5）相声是一门艺术。

（6）今天打扮得漂漂亮亮的，要去哪儿啊？

（7）我的任务是擦玻璃。

（8）这件事情办起来很困难。

（9）在海边放风筝真有意思。

（10）我怎么不知道你们俩是好朋友？

（11）这件事儿我不是不想说，只是不好开口。

（12）这小家伙儿真聪明！

（13）这情景真是罕见啊！

（14）你来得真巧啊！

（15）他是我的老师啊！

（16）墙上挂着的是什么啊！

（17）这孩子多活跃啊！

（18）我们要用心听讲啊！

（19）你打算去哪儿啊？

（20）这一点我说过多少次啊！

5. 练读下列绕口令。

（1）试将四十四支极细极细的紫丝线，试织四十四支极细极细的紫狮子，细紫丝线织细紫狮子，织细紫狮子用细紫丝线。

（2）夏日无日日亦热，冬日有日日亦寒；春日日出天渐暖，晒衣晒被晒裤单；秋日天高复云淡,遥看红日迫西山。

（3）哥哥弟弟坡前坐,坡上卧着一只鹅,坡下流着一条河,哥哥说:宽宽的河,弟弟说:白白的鹅。鹅要过河,河要渡鹅。不知是鹅过河,还是河渡鹅。

（4）朱家一株竹,竹笋初长出。朱叔处处锄,锄出笋来煮。锄完不再出,朱叔没笋煮,竹株又干枯。

（5）买白菜,搭海带,不买海带就别买大白菜。买卖改,不搭卖,不买海带也能买到大白菜。

（6）大猫毛短,小猫毛长。大猫毛比小猫毛短。小猫毛比大猫毛长。

（7）板凳宽,扁担长,板凳比扁担宽,扁担比板凳长,扁担要绑在板凳上,板凳不让扁担绑在板凳上,扁担偏要板凳让扁担绑在板凳上。

（8）同姓不能说成通信,通信不能说成同姓。同姓可以互相通信,通信并不一定同姓。

（9）姐姐叫海花,弟弟叫海娃。海花会种花,海娃会种瓜。海花教海娃种花,海娃教海花种瓜。海花和海娃,学会了种花和种瓜。

（10）树上一只小松鼠,树下一只大老虎。树下老虎摇着树,摇下树上小松鼠。老虎要抓小松鼠,松树不怕大老虎。跑掉了小松鼠,气坏了大老虎。

6. 用学过的语音知识,生动地讲述《喜欢唱歌的小鸟》。

喜欢唱歌的小鸟

在很远很远的地方,有一个西比王国。这个国家没有歌声,因为国王不喜欢音乐。可是,有一只小鸟,偏偏喜欢唱歌。每天,它都飞到校园来,唱歌给小朋友听。

这事让国王知道了,他派卫兵杀死了小鸟。小朋友都很伤心,他们一边哭一边挖坑,把小鸟埋了。

过了几天,埋葬小鸟的地方,忽然长出了一棵小苗儿。又过了几天,小苗儿长大了。它长得很快很快,变成了一棵小树。这是一棵奇妙的小树,它的果子像金铃,叶子像两瓣合着的玉片。风一吹,果子摇来摇去,滴铃滴铃响,叶子就像口琴一样吹奏起来。小朋友们常常站在树下,听它唱歌。

这事又让国王知道了,他叫卫兵砍倒了小树。

小朋友们流着眼泪,请木匠伯伯帮忙,把小树锯成木头,做成了一条凳子,小朋友们坐在上面,它就咿呀咿呀地唱歌。

可是,卫兵又照国王的命令,把凳子劈成了一块块木片。木片堆在那里。奇怪的是,一夜工夫,它竟像长了腿似的,自己排了起来,一片叠一片,成了一架木琴,叮当叮当奏起了音乐。国王气得要命,说:我要把它烧成灰,看它还能不能唱歌!

木片烧光了,变成了灰。风一吹,它就四处飘散,变成了灰尘。这是一种十分奇怪的灰尘,不管多小的一粒,随便沾在哪里,哪里都会响起轻轻的歌声。

那天早晨,国王刚打开窗户,一粒小小的灰尘就飘了进来。房间立刻响起歌声。国王气疯了。

那些会唱歌的灰尘,飘到了校园,唱了一支又一支的歌儿,给小朋友们听。

从此,西比王国又有了欢乐的歌声。

第三章　普通话水平测试与训练

※※

第一节　普通话水平测试概述

一、什么是普通话水平测试

　　普通话水平测试(简称为 PSC)是我国为加快共同语普及进程、提高全社会普通话水平而设置的一种语言测试制度。《国家通用语言文字法》首次依法提出了包括幼儿教师在内的有关行业从业人员必须使用普通话的要求和相应的等级标准。幼儿园教师和师范类学前教育专业的学生，普通话水平应不低于二级乙等，即不低于八十分，否则应视为不合格教师，不予办理教师资格证书。

　　普通话水平测试是判定应试人掌握普通话的规范程度和运用普通话能力的考试。它不是普通话系统知识的考试，不是文化水平的考核，也不是口才的评估，而是对应试人员运用普通话所达到的标准程度的检测和评定，并通过三级六等的方式予以定量定性评价。普通话水平测试一律采用口试方式进行。目前，计算机辅助普通话水平测试已在全国铺开，与传统的测试手段和管理模式相比，"机辅测试"优化了测试手段，规范了测试程序，降低了测试成本，提高了测试效率，统一了测试标准，体现了国家级考试的客观公正性。

二、为什么要进行普通话水平测试

　　在一定范围内对某些岗位的人员进行普通话测试，并逐渐实行普通话等级证书上岗制度，标志着我国普及普通话工作走上制度化、规范化、科学化的新阶段。开展普通话水平测试工作，将大大加强推广普通话工作的力度，使"大力推行、积极普及、逐步提高"的方针落到实处，极大地提高全社会的普通话水平和汉语规范化程度。同时普通话水平测试也是提高教师普通话水平的有效途径，被测人在测试前进行系统的学习，并通过大量的、反复的、科学的训练，使普通话水平迅速提高，并逐渐转化为自身的口语能力。

三、普通话水平测试等级划分

　　普通话水平测试等级分为三级六等：一级甲等、一级乙等、二级甲等、二级乙等、三级甲等、三级乙等。

　　一级

甲等　语音标准，词汇、语法正确无误，语调自然，表达流畅。测试得分为 97 分及其以上。

乙等　语音标准，词汇、语法正确无误，语调自然，表达流畅。偶有字音、字调失误。测试得分为 92 分以上（含 92 分）、97 分以下。

二　级

甲等　声韵调发音基本标准。测试得分为 87 分以上（含 87 分）、92 分以下。

乙等　个别调值不准，声韵母发音有不到位现象；失误较多；方言语调不明显，有使用方言词、方言语法的情况。测试得分为 80 分以上（含 80 分）、87 分以下。

三　级

甲等　声韵母发音失误较多，声调调值多不准；方言语调明显；词汇、语法有失误。测试得分为 70 分以上（含 70 分）、80 分以下。

乙等　声韵调发音失误多，方音特征突出；方言语调明显；词汇、语法失误较多；外地人听其谈话有听不懂的情况。测试得分为 60 分以上（含 60 分）、70 分以下。

第二节　普通话水平测试训练指导

一、单音节字词测试指导

普通话水平测试的第一个测试项是"读单音节字词 100 个"，其目的是检测应试人声母、韵母、声调读音的标准程度。总分为 10 分。每出现一次语音错误（声韵调任何一项读错）扣 0.1 分，每出现一次语音缺陷（声韵调任何一项读的不到位或不完整）扣 0.05 分。单音节字词测试中应注意以下几点。

1. 读音要标准

读音标准，指一个音节的声母、韵母和声调均要准确到位。声母的发音要找准部位，方法正确，有力度、有弹性。既不能把一类声母发成另外一类声母，造成语音错误，也不能用较接近的部位代替正确部位，造成语音缺陷。特别要注意区分 z、c、s 与 zh、ch、sh 等几组声母。

韵母发音时，口腔要打开，发音要到位。韵头、韵腹、韵尾的发音过程要清晰、完整。

声调发音贯穿于音节的全过程，读时要注意四声分明，把每个声调的调值发完整。测试中声调的语音缺陷多表现为调值的偏低，如"阴平调"调值不够高，"阳平调"升不到位，"上声调"只降不升，"去声调"降不到底等。

总之，读单音节字词时，声韵调要自然融合，切不可顾此失彼。

2. 多音字可选用常用音

单音节字词中的多音字，读任何一音均可。为集中精力，节约时间，可选读一个常用音。

3. 读错时可及时纠正一次

当应试人发现读错时，可在未读下一个音节的情况下改读一次。若改读，则按第二次读音评判，因此改读要慎重。

二、多音节词语测试指导

普通话水平测试的第二个测试项是"读多音节词语50个",该测试项主要考查应试人声母、韵母、声调的发音和变调、轻声、儿化等音变现象的发音标准程度。该项总分为20分。读错一个音节扣0.2分,读音有明显缺陷,每个音节扣0.1分。测试中应试人发觉字音有口误时,同样允许读第二遍,且按第二次读音评判。

多音节词语绝不是几个单音节字词的简单相加,它既不能放弃朗读单音节字词的基本要求,同时又有更高的标准。测试中应注意以下几点。

1. 读音要连贯自然,语速适中

双音节或多音节词语是由2~4个语素组合表示一个意义。朗读时不能断开一字一字地读,应以词为单位,一词一顿。读词语时,语速不宜过快,如果词与词间的停顿时间过短,就容易出现"吃字"现象,造成发音缺陷。

2. 读准轻声和儿化词语

测试时要注意分辨轻声、儿化词语。注意不要将轻声词读成非轻声或把轻声词读重了。普通话水平测试规定了测试用的必读儿化词,必须认真掌握。

3. 读准"一、不"和上声变调词语

双音节和多音节词语中的"一、不"和上声的变调要按变调规律读准确,应注意词语末尾的上声一定要将214的调值发到位,否则会造成语音缺陷丢分。

三、朗读指导

在普通话水平测试中,第三项朗读短文是对应试者普通话运用能力的一种综合检测形式。主要考查应试人使用普通话朗读书面作品的水平。在考查声、韵、调读音标准程度的同时,重点测查连续音变、停连、语调以及流畅程度。该项总分为30分。大部分应试者在此项失分相对较多,如果熟悉朗读的基本要求,掌握朗读的基本技巧,将会对大家取得理想成绩有所帮助。朗读测试中应注意以下几点。

(一)朗读要准确清晰

准确清晰首先指朗读的语音要标准规范,声母、韵母、声调、轻声、儿化、音变以及语句的表达方式等方面都要符合普通话语音的规范,不能用方言或不规范的语音朗读。其次朗读要忠于原作品,做到不添字、不漏字、不改字、不回读。

(二)朗读要流畅自然

流畅自然指朗读时语流顺畅,不重复,不随意停顿,语速适中。朗读时感情表达要适度,既要避免照字读音毫无感情变化的"念经式"朗读,又要避免过于夸张的"朗诵式"朗读。要做到流畅自然,除了考前多熟悉朗读作品,在测试时还要眼到、心到、嘴到,即眼光提前扫读,大脑整句输入,口中随声读出。朗读时不要用手指着读,这样容易影响朗读的自然流畅。

(三)避免方言语调

朗读时要准确处理声韵调、音变、停连、语气语调等因素。如果其中有任何一项不规范,在朗读中反复出现,都会表现出程度不同的方言语调现象。所以,在训练朗读过程中,

应试人要根据自身语音情况，有针对性地克服方言语调，准确流畅地朗读。

（四）处理好停顿断句

朗读测试项中每出现一次停顿断句不当，都要扣去相应的分数。因此，要处理好朗读过程中的停顿断句。朗读时，有些句子较短，按书面标点停顿就可以。有些句子较长，结构比较复杂，句中虽没有标点符号，为了表达清楚意思，中途也可以做些短暂的停顿，但如果停顿不当就会破坏句子的结构。如："世上独一无二的神话般的山区建筑模式的客家人/民居。"如果读成"世上独一无二的神话般的山区建筑模式的客家/人民居。"就和原文意思产生差异。因此朗读测试中应试者要格外注意停顿断句的处理。

四、说话指导

普通话水平测试中的第四项为说话部分，以单项说话为主，主要考查应试人在没有文字凭借的情况下，说普通话的能力和所能达到的规范程度。该项总分为 40 分。和朗读相比，因为没有文字凭借，可以更有效地考查应试人在自然状态下运用普通话语音、词汇、语法的能力，所以说话最能全面体现应试人普通话的真实水平。

说话不仅是对应试人语言水平的考查，同时也是对应试人心理素质的考验。在没有文字凭借的情况下，把思维的内部语言转化为自然、准确、流畅的外部语言，需要应试人有良好的心理素质。结合说话评分标准，训练说话时应注意以下几点。

（一）语音标准，话语自然

语音是否标准是说话项测试的重点。说话时首先语音要准确，声韵调以及音变都不能出现失误，要克服方音现象，使整体语音面貌有好的体现。其次话语要自然。说话就是口语表达，但口语表达并不等于口语本身。我们口头说话，要使用语言材料，但是说话的效果并不是这些语言材料的总和。口头说的话应该是十分生动的，它和说话的环境、说话人的感情、说话的目的和动机都有很大的关系。

要做到自然，就要按照日常口语的语音、语调来说话，不要带着朗读或背诵的腔调。这并不是很高的要求，但实际做起来却是相当困难的。需要强调指出的是，进行说话准备，不要把说话材料写成书面材料，因为写出来的东西往往会使用书面词汇，运用书面表达方式，便失去了口语表达的特点。

语速适当是话语自然的重要表现。正常语速大约每分钟 240 个音节，根据内容、情景、语气的要求可稍做调整。语速过快容易导致归音不到位和吃字现象；语速过慢，容易导致语流凝滞，话语不够连贯。有人为了不在声韵调上出错，说话的时候一个字、一个词地往外挤，听起来非常生硬，因此，说话时语速要适中，过快和过慢的语速都应该努力避免。

（二）用词恰当，语法规范

用词恰当首先是用词规范，不用方言词。例如有的人把"跌倒"说成"拽跟头"，这就是用词不规范。除此之外，还有以下几点是应该注意的：

1. 多用口语词，少用书面语

在说话时，应该尽可能多用口语词，少用古语词或书面语。例如"诸如"常用在公文里，口头上说要改为"比方说……"，"无须"改为"不必"，"午后二时许"改为"下午两点多"，话语就显得生动自然了。

2. 不用时髦语

社会上常流行一些"时髦语"。如"没治了"、"酷毙了"、"帅呆了"等等，这些时髦语是不规范的。满口的时髦语会削弱语言的表现力，还会暴露出说话人词语的贫乏。

3. 句式规范

在说话时，句式要符合口语习惯和语法规范，尽量避免词语搭配不当、语意不清等情况出现。如"我妈小时候对我很好……"、"我爸小时候经常打我……"等等。

（三）思路清晰，表达流畅

在口语表达中，语句流畅与否，对表达效果影响很大。语句流畅的，好像行云流水，听起来非常容易理解，而且非常有吸引力，也不易疲劳。语句不流畅的，听上去断断续续，不但不容易领会，而且容易疲劳和烦躁，效果就很差了。要使语句流畅，应该注意以下几点：

1. 多用短句，少用长句

在口语中，人们接收信息不像看书可以一目十行，句子长一点也可以一眼扫到。听话时语音信号是按线性次序一个挨一个进入耳朵的。如果句子过长，或者结构过于复杂，那么当句子末尾进入脑海中时，句子的开头已经印象不深了，在听话人的脑海中，句子便不完整，所以，口语中的句子千万不要太长，要善于运用通俗、活泼的口语。能够讲两句的，千万不要合并为一句。同样，能够拆分为单句的，千万不要合成复句，过长的修饰语也要尽可能避免。

2. 不要重复，避免口头禅

有些人在说话时会出现机械的、无意义重复的现象。例如有的人老是重复一句话的末尾几个音节，甚至于不管这几个音节是否是一个词。另外，夹在句子中间的"啊"、"嗯"、"这个"、"就是"、"那么"等口头禅，更是一种毫无意义的多余成分，会使语句断断续续，很不流畅。听这种讲话不但得不到美的享受，而且还有一种受折磨的感觉，因此，这种口头禅是说话时应该避免的。

3. 思路清畅，符合逻辑

语句的流畅与否在很大程度上取决于思路是否清畅。说不清楚常常是因为想不清楚。当人们思维转换为语句时，正确的程序应该是：

（1）确定说话的中心。

（2）确定最关键的词语。

（3）选定句式。

（4）选定第一句所使用的词语。

也就是说，人们在开口说第一句话之前，心中应该有一个讲话大纲。第一句话、第一个词有了依据，以后的词和句子也就有了基调。这时，说话的人便可以"胸有成竹"，就会"出口成章"了。如果说话的人没有按照这个程序行事，而是边想边说，并且没有一个确定的中心，"脚踩西瓜皮，滑到哪里是哪里"，那就会出现各种各样的思维障碍，造成语句不流畅，严重地影响听感，这是我们应该尽量避免的。

（四）构思得法，准备充分

新《大纲》中的30个普通话说话题目大致分为两类：叙述类和论述类。

1. 叙述类话题的构思

叙述类话题的表达方式主要是介绍、讲述、解说。内容涉及介绍自己、他人、事件、景物等。如"我尊敬的人"、"我喜爱的文学(或其他)艺术形式"、"我喜欢的明星(或其他知名人士)"、"我的家乡(或熟悉的地方)"、"我所在的集体(或学校、机关、公司等)"等题目均属于这一类。这一类题目介绍的主体和对象都较为明确。可采用"(人、事、物的)共性——(人、事、物的)个性——总结"的方法进行构思。

"共性"主要概述所要介绍与同类事物一致的共性部分。如介绍人物,可介绍人物的性格、心理特征、行为取向、职业特点等方面。叙述事件也可有不同的重点。应试人还可以根据自己手中的素材选择不同的切入点进行概述。这一部分用时大概20～30秒。如"我最尊敬的人"一题,可简要概述这个最尊敬的人的一个共同特征。比如,我最尊敬的人是我的妈妈,而"妈妈"作为家庭成员之一的共性特征可以概括为:"有人说,母爱是世界上最崇高的字眼。的确,从我们呱呱坠地起,妈妈就不辞辛劳地教育我们、照料我们,对我们的生活和学习倾注了心血,用无私博大的胸怀和勤劳的双手为我们撑起一片蓝天,让我们无忧无虑地成长,我的妈妈就是这样的一个人……"

"个性"部分是说话的中心部分,主要概述所介绍的人、事、物不同于同类人、事、物的特征或者介绍在同类事物的共性中体现的较为突出的一些内容。对这一部分可以举1～2个事例说明,在选材时注意联系自我、联系生活。重点部分要重点说、详细讲、注重细节描写。可以让应试人挖掘素材中对自己产生重大影响的内容,使应试人的说话内容有个性特征,有真情实感,避免千人一面,又可以达到让整个说话内容充实的目的。这一部分用时大概两分钟,是整个说话中比重最大的一部分。如"我最尊敬的人"中,可以举出"妈妈"怎样关心你,支持你,让你感动和难以忘怀的一两个具体事件,但是要说的具体、明确,事情发生的时间、地点、人物、前因、发展、结果,都要叙述清楚。

"总结"即对说话内容进行总结和升华。这一部分要求内容不要太多,说清楚自己的感受,抒发完自己的情感即可,大概用时30～40秒。

2. 论述类话题的构思

说话题的另一种类型是论述类。如"谈谈卫生与健康"、"谈谈服饰"、"谈谈科技发展与社会生活"、"谈谈社会公德(或职业道德)"、"谈谈个人修养"、"谈谈对环境保护的认识"、"购物(消费)的感受"等题目都属于这一类。这一类题目要求对所指定的内容发表自己的观点和看法。这就要求应试人在短时间内确定中心和主要论点,选择相关材料做论据,并进行逻辑相对严密的论证。对这一类话题可以采用三段论的方法进行论说,即"是什么——为什么——怎么办"。

"是什么"要求应试人对自己需要议论的对象进行界定,即亮出自己的观点。以"谈谈对环境保护的认识"为例:"有人认为环境保护是人类对大自然的爱护行为;有人认为是节约每一滴水、爱护每一棵树;有人认为是一句口号;有人认为是事不关己高高挂起的形式炒作。而我认为对环境进行保护是人类对自己赖以生存的家园的一种积极行为,是一种造福子孙后代的行为。"

"为什么"要求应试人提供一到两个较为有力的论据进行论证。这一类题目由于应试人要发表自己的观点和见解,并希望别人接受自己的观点和见解,就要求应试人联系实际,摆事实、讲道理,以理服人、以情感人,材料选择一定要典型。这一部分用时大约两分钟,是全文的主体部分。如"谈谈对环境保护的认识"，可以列举现在由于大气污染而造成的"温室效应"已经使人类遭受了巨大的灾害（比如我们国家夏季的洪水、冬季的冰冻灾害）；还有，由于人类对树木的乱砍乱伐，再加上浪费水资源，地球上可以饮用的水越来越少，地球沙漠化严重，人类将面临缺水的危机，后果不堪设想……

"怎么办"这一部分是一种升华，是通过理性分析后得出行动的方向和指南。要求把观点落实到具体行动上，并说出自己的行动。这一部分大概用时 30 秒。

当然并不是说两类话题必须遵循两种不同的构思方法，而应该根据切入点的不同，两种不同的构思方法可以交叉混用。如以"我的业余爱好"一题为例，可以按照"业余爱好是什么，人人都有自己的业余爱好（共性）——我的业余爱好具体是什么（个性）——业余爱好给我带来什么（总结）"也可采取"我的业余爱好是什么"——为什么它是我的业余爱好——应该怎样完善我的爱好"的方式进行构思准备，也是一种不错的选择。

思考与练习

思考题

1. 普通话水平测试属于哪种级别的考试？结合自身的实际说明其意义。
2. 你在普通话水平测试中的难点有哪些？找一些适合自己的方法强化训练。

练习题

1. 读准下列单音节字

缩	撇	剐	串	癖	釉	穴	抢	匝	剽	冗	泞	拎	蜗	渲	妞	茎	浍
筇	挠	拈	舶	颇	怅	祈	券	泅	濑	御	橄	啮	跛	犷	疮	灸	讣	凹
餍	掣	窕	颊	钏	巨	湍	倚	炙	乍	遛	皓	绾	犸	疲	骋	弊	酬	颧
扼	怆	吮	憎	歼	诣	冈	蜚	苛	拙	勖	佻	糙	莜	菌	踝	瘐	橡	柴
赘	讪	脂	箕	垢	垧	胚	谄	杞	榻	搋	骈	摄	扰	莕	直	返	栖	挫	凝
淡	丝	颠	涌	牛	汝	粤	蕾	篇	竹	草	迟	泛	蛙	葬	夸	戴	罗	并
摧	狂	饱	魄	积	隋	箧	筐	彩	珠	炒	耐	麻	诵	惹	挥	押	贼	蜂	袄
团	逗	雷	够	脊	关	嘱	窝	痕	坑	拟	遍	群	孔	昧	孙	次
吻	升	登	喘	疲	三	巡	叮	冢	硼	晚	察	吞	持	比	迷	日	绺
脖	陵	字	层	钵	凑	抠	朦	囟	炯	辖	蹲	蕊	槽	擎	癣
鬟	撅																

2. 读准下列词语

信札	翘首	强迫	烹饪	迸裂	毛躁	对峙	掺和	碑帖	给予	夹层	因为
坎坷	剥皮	夹杂	天干	供应	厌恶	宁可	匹夫	间接	委屈	曲线	血红
勾当	押解	茶几	磨叨	着手	撒野	晕船	扁舟	包扎	恐吓	中伤	处理
朴刀	相中	勉强	提防	湖泊	猜度	相片	炮制	爪牙	角色	茌苒	未遂
礼仪	兴奋	涎水	专横	倔强	查禁	扼要	晕场	利索	荒谬	愿望	采取
大娘	封锁	斜坡	完整	让位	喷洒	篡夺	佛像	创作	侵略	未曾	松软
电压	应用	障碍	分成	融洽	下跌	吹奏	程序	舞女	丰硕	仍然	跳蚤

一律　肺活量　圆舞曲　必需品　蒙古包　糖尿病　主人翁　所有制　创造性

脖颈儿　开玩笑　咏叹调　潜移默化　此起彼伏　前仆后继　轻而易举

3. 朗读下列短文，要求准确、流畅、有感情。

说明：以下60篇朗读作品选自《普通话水平测试实施纲要》(国家语言文字工作委员会普通话培训测试中心编制)。

【作品1号】

那是力争上游的一种树，笔直的干，笔直的枝。它的干呢，通常是丈把高，像是加以人工似的，一丈以内，绝无旁枝；它所有的桠枝呢，一律向上，而且紧紧靠拢，也像是加以人工似的，成为一束，绝无横斜逸出；它的宽大的叶子也是片片向上，几乎没有斜生的，更不用说倒垂了；它的皮，光滑而有银色的晕圈，微微泛出淡青色。这是虽在北方的风雪的压迫下却保持着倔强挺立的一种树！哪怕只有碗来粗细罢，它却努力向上发展，高到丈许，两丈，参天耸立，不折不挠，对抗着西北风。

这就是白杨树，西北极普通的一种树，然而决不是平凡的树！

它没有婆娑的姿态，没有屈曲盘旋的虬枝，也许你要说它不美丽，——如果美是专指"婆娑"或"横斜逸出"之类而言，那么，白杨树算不得树中的好女子；但是它却是伟岸，正直，朴质，严肃，也不缺乏温和，更不用提它的坚强不屈与挺拔，它是树中的伟丈夫！当你在积雪初融的高原上走过，看见平坦的大地上傲然挺立这么一株或一排白杨树，难道你就只觉得树只是树，难道你就不想到它的朴质，严肃，坚强不屈，至少也象征了北方的农民；难道你竟一点儿也不联想到，在敌后的广大土//地上，到处有坚强不屈，就像这白杨树一样傲然挺立的守卫他们家乡的哨兵！难道你又不更远一点想到这样枝枝叶叶靠紧团结，力求上进的白杨树，宛然象征了今天在华北平原纵横决荡用血写出新中国历史的那种精神和意志。

节选自茅盾《白杨礼赞》

【作品2号】

两个同龄的年轻人同时受雇于一家店铺，并且拿同样的薪水。

可是一段时间后，叫阿诺德的那个小伙子青云直上，而那个叫布鲁诺的小伙子却仍在原地踏步。布鲁诺很不满意老板的不公正待遇。终于有一天他到老板那儿发牢骚了。老板一边耐心地听着他的抱怨，一边在心里盘算着怎样向他解释清楚他和阿诺德之间的差别。

"布鲁诺先生，"老板开口说话了，"您现在到集市上去一下，看看今天早上有什么卖的。"

布鲁诺从集市上回来向老板汇报说，今早集市上只有一个农民拉了一车土豆在卖。

"有多少?"老板问。

布鲁诺赶快戴上帽子又跑到集上，然后回来告诉老板一共四十袋土豆。

"价格是多少?"

布鲁诺又第三次跑到集上问来了价格。

"好吧，"老板对他说，"现在请您坐到这把椅子上一句话也不要说，看看阿诺德怎么说。"

阿诺德很快就从集市上回来了。向老板汇报说到现在为止只有一个农民在卖土豆，一共四十口袋，价格是多少多少；土豆质量很不错，他带回来一个让老板看看。这个农民一个钟头以后还会弄来几箱西红柿，据他看价格非常公道。昨天他们铺子的西红柿卖得很快，库存已经不//多了。他想这么便宜的西红柿，老板肯定会要进一些的，所以他不仅带回了一个西红柿做样品，而且把那个农民也带来了，他现在正在外面等回话呢。

此时老板转向了布鲁诺，说："现在您肯定知道为什么阿诺德的薪水比您高了吧！"

节选自张健鹏、胡足青主编《故事时代》中《差别》

【作品3号】

我常常遗憾我家门前的那块丑石：它黑黝黝地卧在那里，牛似的模样；谁也不知道是什么时候留在这里的，谁也不去理会它。只是麦收时节，门前摊了麦子，奶奶总是说：这块丑石，多占地面呀，抽空把它搬走吧。

它不像汉白玉那样的细腻，可以刻字雕花，也不像大青石那样的光滑，可以供来浣纱捶布。它静静地卧在那里，院边的槐阴没有庇覆它，花儿也不再在它身边生长。荒草便繁衍出来，枝蔓上下，慢慢地，它竟锈上了绿苔、黑斑。我们这些做孩子的，也讨厌起它来，曾合伙要搬走它，但力气又不足；虽时时咒骂它，嫌弃它，也无可奈何，只好任它留在那里了。

终有一日，村子里来了一个天文学家。他在我家门前路过，突然发现了这块石头，眼光立即就拉直了。他再没有离开，就住了下来；以后又来了好些人，都说这是一块陨石，从天上落下来已经有二三百年了，是一件了不起的东西。不久便来了车，小心翼翼地将它运走了。

这使我们都很惊奇，这又怪又丑的石头，原来是天上的啊！它补过天，在天上发过热、闪过光，我们的先祖或许仰望过它，它给了他们光明、向往、憧憬；而它落下来了，在污土里，荒草里，一躺就//是几百年了！

我感到自己的无知，也感到了丑石的伟大，我甚至怨恨它这么多年竟会默默地忍受着这一切！而我又立即深深地感到它那种不屈于误解、寂寞的生存的伟大。

节选自贾平凹《丑石》

【作品4号】

在达瑞八岁的时候，有一天他想去看电影。因为没有钱，他想是向爸妈要钱，还是自己挣钱。最后他选择了后者。他自己调制了一种汽水，向过路的行人出售。可那时正是寒冷的冬天，没有人买，只有两个人例外——他的爸爸和妈妈。

他偶然有一个和非常成功的商人谈话的机会。当他对商人讲述了自己的"破产史"后，商人给了他两个重要的建议：一是尝试为别人解决一个难题；二是把精力集中在你知道的、你会的和你拥有的东西上。

这两个建议很关键。因为对于一个八岁的孩子而言，他不会做的事情很多。于是他穿过大街小巷，不停地思考：人们会有什么难题，他又如何利用这个机会？

一天，吃早饭时父亲让达瑞去取报纸。美国的送报员总是把报纸从花园篱笆的一个特制的管子里塞进来。假如你想穿着睡衣舒舒服服地吃早饭和看报纸，就必须离开温暖的房间，冒着寒风，到花园去取。虽然路短，但十分麻烦。

当达瑞为父亲取报纸的时候，一个主意诞生了。当天他就按响邻居的门铃，对他们说，每个月只需付给他一美元，他就每天早上把报纸塞到他们的房门底下。大多数人都同意了，很快他有//了七十多个顾客。一个月后，当他拿到自己赚的钱时，觉得自己简直是飞上了天。

很快他又有了新的机会，他让他的顾客每天把垃圾袋放在门前，然后由他早上运到垃圾桶里，每个月加一美元。之后他还想出了许多孩子赚钱的办法，并把它集结成书，书名为《儿童挣钱的二百五十个主意》。为此，达瑞十二岁时就成了畅销书作家，十五岁有了自己的谈话节目，十七岁就拥有了几百万美元。

节选自[德]博多·舍费尔《达瑞的故事》，刘志明译

【作品5号】

这是入冬以来，胶东半岛上第一场雪。

雪纷纷扬扬，下得很大。开始还伴着一阵儿小雨，不久就只见大片大片的雪花，从彤云密布的天空中飘落下来。地面上一会儿就白了。冬天的山村，到了夜里就万籁俱寂，只听得雪花簌簌地不断往下落，树木的枯枝被雪压断了，偶尔咯吱一声响。

大雪整整下了一夜。今天早晨，天放晴了，太阳出来了。推开门一看，嗬！好大的雪啊！山川、河流、树木、房屋，全都罩上了一层厚厚的雪，万里江山，变成了粉妆玉砌的世界。落光了叶子的柳树上挂满了毛茸茸亮晶晶的银条儿；而那些冬夏常青的松树和柏树上，则挂满了蓬松松沉甸甸的雪球儿。一阵风吹来，树枝轻轻地摇晃，美丽的银条儿和雪球儿簌簌地落下来，玉屑似的雪末儿随风飘扬，映着清晨的阳光，显出一道道五光十色的彩虹。

大街上的积雪足有一尺多深，人踩上去，脚底下发出咯吱咯吱的响声。一群群孩子在雪地里堆雪人，掷雪球儿。那欢乐的叫喊声，把树枝上的雪都震落下来了。

俗话说，"瑞雪兆丰年"。这个话有充分的科学根据，并不是一句迷信的成语。寒冬大雪，可以冻死一部分越冬的害虫；融化了的水渗进土层深处，又能供应//庄稼生长的需要。我相信这一场十分及时的大雪，一定会促进明年春季作物，尤其是小麦的丰收。有经验的老农把雪比做是"麦子的棉被"。冬天"棉被"盖得越厚，明春麦子就长得越好，所以又有这样一句谚语："冬天麦盖三层被，来年枕着馒头睡"。

我想，这就是人们为什么把及时的大雪称为"瑞雪"的道理吧。

节选自峻青《第一场雪》

【作品6号】

我常想读书人是世间幸福人，因为他除了拥有现实的世界之外，还拥有另一个更为浩瀚也更为丰富的世界。现实的世界是人人都有的，而后一个世界却为读书人所独有。由此我想，那些失去或不能阅读的人是多么的不幸，他们的丧失是不可补偿的。世间有诸多的不平等，财富的不平等，权力的不平等，而阅读能力的拥有或丧失却体现为精神的不平等。

一个人的一生，只能经历自己拥有的那一份欣悦，那一份苦难，也许再加上他亲自闻知的那一些关于自身以外的经历和经验。然而，人们通过阅读，却能进入不同时空的诸多他人的世界。这样，具有阅读能力的人，无形间获得了超越有限生命的无限可能性。阅读不仅使他多识了草木虫鱼之名，而且可以上溯远古下及未来，饱览存在的与非存在的奇风

异俗。

更为重要的是，读书加惠于人们的不仅是知识的增广，而且还在于精神的感化与陶冶。人们从读书学做人，从那些往哲先贤以及当代才俊的著述中学得他们的人格。人们从《论语》中学得智慧的思考，从《史记》中学得严肃的历史精神，从《正气歌》中学得人格的刚烈，从马克思学得人世 // 的激情，从鲁迅学得批判精神，从托尔斯泰学得道德的执着。歌德的诗句刻写着睿智的人生，拜伦的诗句呼唤着奋斗的热情。一个读书人，是一个有机会拥有超乎个人生命体验的幸运人。

节选自谢冕《读书人是幸福人》

【作品 7 号】

一天，爸爸下班回到家已经很晚了，他很累也有点儿烦，他发现五岁的儿子靠在门旁正等着他。

"爸，我可以问您一个问题吗？"

"什么问题？""爸，您一小时可以赚多少钱？""这与你无关，你为什么问这个问题？"父亲生气地说。

"我只是想知道，请告诉我，您一小时赚多少钱？"小孩儿哀求道。"假如你一定要知道的话，我一小时赚二十美金。"

"哦，"小孩儿低下了头，接着又说，"爸，可以借我十美金吗？"父亲发怒了："如果你只是要借钱去买毫无意义的玩具的话，给我回到你的房间睡觉去。好好想想为什么你会那么自私。我每天辛苦工作，没时间和你玩儿小孩子的游戏。"

小孩儿默默地回到自己的房间关上门。

父亲坐下来还在生气。后来，他平静下来了。心想他可能对孩子太凶了——或许孩子真的很想买什么东西，再说他平时很少要过钱。

父亲走进孩子的房间："你睡了吗？""爸，还没有，我还醒着。"孩子回答。

"我刚才可能对你太凶了，"父亲说，"我不应该发那么大的火儿——这是你要的十美金。""爸，谢谢您。"孩子高兴地从枕头下拿出一些被弄皱的钞票，慢慢地数着。

"为什么你已经有钱了还要？"父亲不解地问。

"因为原来不够，但现在凑够了。"孩子回答："爸，我现在有 // 二十美金了，我可以向您买一个小时的时间吗？明天请早一点儿回家——我想和您一起吃晚餐。"

节选自唐继柳编译《二十美金的价值》

【作品 8 号】

我爱月夜，但我也爱星天。从前在家乡七八月的夜晚在庭院里纳凉的时候，我最爱看天上密密麻麻的繁星。望着星天，我就会忘记一切，仿佛回到了母亲的怀里似的。

三年前在南京我住的地方有一道后门，每晚我打开后门，便看见一个静寂的夜。下面是一片菜园，上面是星群密布的蓝天。星光在我们的肉眼里虽然微小，然而它使我们觉得光明无处不在。那时候我正在读一些天文学的书，也认得一些星星，好像它们就是我的朋友，它们常常在和我谈话一样。

如今在海上，每晚和繁星相对，我把它们认得很熟了。我躺在舱面上，仰望天空。深蓝色的天空里悬着无数半明半昧的星。船在动，星也在动，它们是这样低，真是摇摇欲坠呢！

渐渐地我的眼睛模糊了，我好像看见无数萤火虫在我的周围飞舞。海上的夜是柔和的，是静寂的，是梦幻的。我望着许多认识的星，我仿佛看见它们在对我眨眼，我仿佛听见它们在小声说话。这时我忘记了一切。在星的怀抱中我微笑着，我沉睡着。我觉得自己是一个小孩子，现在睡在母亲的怀里了。

有一夜，那个在哥伦波上船的英国人指给我看天上的巨人。他用手指着：//那四颗明亮的星是头，下面的几颗是身子，这几颗是手，那几颗是腿和脚，还有三颗星算是腰带。经他这一番指点，我果然看清楚了那个天上的巨人。看，那个巨人还在跑呢！

节选自巴金《繁星》

【作品9号】

假日到河滩上转转，看见许多孩子在放风筝。一根根长长的引线，一头系在天上，一头系在地上，孩子同风筝都在天与地之间悠荡，连心也被悠荡得恍恍惚惚了，好像又回到了童年。

儿时放的风筝，大多是自己的长辈或家人编扎的，几根削得很薄的篾，用细纱线扎成各种鸟兽的造型，糊上雪白的纸片，再用彩笔勾勒出面孔与翅膀的图案。通常扎得最多的是"老雕"、"美人儿"、"花蝴蝶"等。

我们家前院就有位叔叔，擅扎风筝，远近闻名。他扎得风筝不只体型好看，色彩艳丽，放飞得高远，还在风筝上绷一叶用蒲苇削成的膜片，经风一吹，发出"嗡嗡"的声响，仿佛是风筝的歌唱，在蓝天下播扬，给开阔的天地增添了无尽的韵味，给驰荡的童心带来几分疯狂。

我们那条胡同的左邻右舍的孩子们放的风筝几乎都是叔叔编扎的。他的风筝不卖钱，谁上门去要，就给谁，他乐意自己贴钱买材料。

后来，这位叔叔去了海外，放风筝也渐与孩子们远离了。不过年年叔叔给家乡写信，总不忘提起儿时的放风筝。香港回归之后，他在家信中说到，他这只被故乡放飞到海外的风筝，尽管飘荡游弋，经沐风雨，可那线头儿一直在故乡和//亲人手中牵着，如今飘得太累了，也该要回归到家乡和亲人身边来了。

是的。我想，不光是叔叔，我们每个人都是风筝，在妈妈手中牵着，从小放到大，再从家乡放到祖国最需要的地方去啊！

节选自李恒瑞《风筝畅想曲》

【作品10号】

爸不懂得怎样表达爱，使我们一家人融洽相处的是我妈。他只是每天上班下班，而妈则把我们做过的错事开列清单，然后由他来责骂我们。

有一次我偷了一块糖果，他要我把它送回去，告诉卖糖的说是我偷来的，说我愿意替他拆箱卸货作为赔偿。但妈妈却明白我只是个孩子。

我在运动场打秋千跌断了腿，在前往医院的途中一直抱着我的，是我妈。爸把汽车停在急诊室门口，他们叫他驶开，说那空位是留给紧急车辆停放的。爸听了便叫嚷道："你以为这是什么车？旅游车？"

在我生日会上，爸总是显得有些不大相称。他只是忙于吹气球，布置餐桌，做杂务。把插着蜡烛的蛋糕推过来让我吹的，是我妈。

我翻阅照相册时，人们总是问："你爸爸是什么样子的？"天晓得！他老是忙着替别人拍照，妈和我笑容可掬地一起拍的照片，多得不可胜数。

我记得妈有一次叫他教我骑自行车。我叫他别放手，但他却说是应该放手的时候了。我摔倒之后，妈跑过来扶我，爸却挥手要她走开。我当时生气极了，决心要给他点颜色看。于是我马上爬上自行车，而且自己骑给他看。他只是微笑。

我念大学时，所有的家信都是妈写的。他 // 除了寄支票外，还寄过一封短柬给我，说因为我不在草坪上踢足球了，所以他的草坪长得很美。

每次我打电话回家，他似乎都想跟我说话，但结果总是说："我叫你妈来接。"

我结婚时，掉眼泪的是我妈。他只是大声擤了一下鼻子，便走出房间。

我从小到大都听他说："你到哪里去？什么时候回家？汽车有没有汽油？不，不准去。"爸完全不知道怎样表达爱。除非……

会不会是他已经表达了，而我却未能察觉？

节选自［美］艾尔玛·邦贝克《父亲的爱》

【作品11号】

一个大问题一直盘踞在我脑袋里：

世界杯怎么会有如此巨大的吸引力？除去足球本身的魅力之外，还有什么超乎其上而更伟大的东西？

近来观看世界杯，忽然从中得到了答案：是由于一种无上崇高的精神情感——国家荣誉感！

地球上的人都会有国家的概念，但未必时时都有国家的感情。往往人到异国，思念家乡，心怀故国，这国家概念就变得有血有肉，爱国之情来得非常具体。而现代社会，科技昌达，信息快捷，事事上网，世界真是太小太小，国家的界限似乎也不那么清晰了。再说足球正在快速世界化，平日里各国球员频繁转会，往来随意，致使越来越多的国家联赛都具有国际的因素。球员们不论国籍，只效力于自己的俱乐部，他们比赛时的激情中完全没有爱国主义的因子。

然而，到了世界杯大赛，天下大变。各国球员都回国效力，穿上与光荣的国旗同样色彩的服装。在每一场比赛前，还高唱国歌以宣誓对自己祖国的挚爱与忠诚。一种血缘情感开始在全身的血管里燃烧起来，而且立刻热血沸腾。

在历史时代，国家间经常发生对抗，好男儿戎装卫国。国家的荣誉往往需要以自己的生命去 // 换取。但在和平时代，唯有这种国家之间大规模对抗性的大赛，才可以唤起那种遥远而神圣的情感，那就是：为祖国而战！

节选自冯骥才《国家荣誉感》

【作品12号】

夕阳落山不久，西方的天空，还燃烧着一片橘红色的晚霞。大海，也被这霞光染成了红色，而且比天空的景色更要壮观。因为它是活动的，每当一排排波浪涌起的时候，那映照在浪峰上的霞光，又红又亮，简直就像一片片霍霍燃烧着的火焰，闪烁着，消失了。而后面的一排，又闪烁着，滚动着，涌了过来。

天空的霞光渐渐地淡下去了，深红的颜色变成了绯红，绯红又变为浅红。最后，当这一切红光都消失了的时候，那突然显得高而远了的天空，则呈现出一片肃穆的神色。最早出现的启明星，在这蓝色的天幕上闪烁起来了。它是那么大，那么亮，整个广漠的天幕上只有它在那里放射着令人注目的光辉，活像一盏悬挂在高空的明灯。

夜色加浓，苍空中的"明灯"越来越多了。而城市各处的真的灯火也次第亮了起来，尤其是围绕在海港周围山坡上的那一片灯光，从半空倒映在乌蓝的海面上，随着波浪，晃动着，闪烁着，像一串流动着的珍珠，和那一片片密布在苍穹里的星斗互相辉映，煞是好看。

在这幽美的夜色中，我踏着软绵绵的沙滩，沿着海边，慢慢地向前走去。海水，轻轻地抚摸着细软的沙滩，发出温柔的//刷刷声。晚来的海风，清新而又凉爽。我的心里，有着说不出的兴奋和愉快。

夜风轻飘飘地吹拂着，空气中飘荡着一种大海和田禾相混合的香味儿，柔软的沙滩上还残留着白天太阳炙晒的余温。那些在各个工作岗位上劳动了一天的人们，三三两两地来到这软绵绵的沙滩上，他们浴着凉爽的海风，望着那缀满了星星的夜空，尽情地说笑，尽情地休憩。

节选自峻青《海滨仲夏夜》

【作品 13 号】

生命在海洋里诞生绝不是偶然的，海洋的物理和化学性质，使它成为孕育原始生命的摇篮。

我们知道，水是生物的重要组成部分，许多动物组织的含水量在百分之八十以上，而一些海洋生物的含水量高达百分之九十五。水是新陈代谢的重要媒介，没有它，体内的一系列生理和生物化学反应就无法进行，生命也就停止。因此，在短时期内动物缺水要比缺少食物更加危险。水对今天的生命是如此重要，它对脆弱的原始生命，更是举足轻重了。生命在海洋里诞生，就不会有缺水之忧。

水是一种良好的溶剂。海洋中含有许多生命所必需的无机盐，如氯化钠、氯化钾、碳酸盐、磷酸盐，还有溶解氧，原始生命可以毫不费力地从中吸取它所需要的元素。

水具有很高的热容量，加之海洋浩大，任凭夏季烈日曝晒，冬季寒风扫荡，它的温度变化却比较小。因此，巨大的海洋就像是天然的"温箱"，是孕育原始生命的温床。

阳光虽然为生命所必需，但是阳光中的紫外线却有扼杀原始生命的危险。水能有效地吸收紫外线，因而又为原始生命提供了天然的"屏障"。

这一切都是原始生命得以产生和发展的必要条件。//

节选自童裳亮《海洋与生命》

【作品 14 号】

读小学的时候，我的外祖母去世了。外祖母生前最疼爱我，我无法排除自己的忧伤，每天在学校的操场上一圈儿又一圈儿地跑着，跑得累倒在地上，扑在草坪上痛哭。

那哀痛的日子，断断续续地持续了很久，爸爸妈妈也不知道如何安慰我。他们知道与其骗我说外祖母睡着了，还不如对我说实话：外祖母永远不会回来了。

"什么是永远不会回来呢?"我问着。

"所有时间里的事物，都永远不会回来。你的昨天过去，它就永远变成昨天，你不能再回到昨天。爸爸以前也和你一样小，现在也不能回到你这么小的童年了；有一天你会长大，你会像外祖母一样老；有一天你度过了你的时间，就永远不会回来了。"爸爸说。

爸爸等于给我一个谜语，这谜语比课本上的"日历挂在墙壁，一天撕去一页，使我心里着急"和"一寸光阴一寸金，寸金难买寸光阴"还让我感到可怕；也比作文本上的"光阴似箭，日月如梭"更让我觉得有一种说不出的滋味。

时间过得那么飞快，使我的小心眼儿里不只是着急，还有悲伤。有一天我放学回家，看到太阳快落山了，就下决心说："我要比太阳更快地回家。"我狂奔回去，站在庭院前喘气的时候，看到太阳∥还露着半边脸，我高兴地跳跃起来，那一天我跑赢了太阳。以后我就时常做那样的游戏，有时和太阳赛跑，有时和西北风比快，有时一个暑假才能做完的作业，我十天就做完了；那时我三年级，常常把哥哥五年级的作业拿来做。每一次比赛胜过时间，我就快乐得不知道怎么形容。

如果将来我有什么要教给我的孩子，我会告诉他：假若你一直和时间比赛，你就可以成功！

节选自（台湾）林清玄《和时间赛跑》

【作品 15 号】

三十年代初，胡适在北京大学任教授。讲课时他常常对白话文大加称赞，引起一些只喜欢文言文而不喜欢白话文的学生的不满。

一次，胡适正讲得得意的时候，一位姓魏的学生突然站了起来，生气地问："胡先生，难道说白话文就毫无缺点吗？"胡适微笑着回答说："没有。"那位学生更加激动了："肯定有！白话文废话太多，打电报用字多，花钱多。"胡适的目光顿时变亮了。轻声地解释说："不一定吧！前几天有位朋友给我打来电报，请我去政府部门工作，我决定不去，就回电拒绝了。复电是用白话写的，看来也很省字。请同学们根据我这个意思，用文言文写一个回电，看看究竟是白话文省字，还是文言文省字？"胡教授刚说完，同学们立刻认真地写了起来。

十五分钟过去，胡适让同学举手，报告用字的数目，然后挑了一份用字最少的文言电报稿，电文是这样写的：

"才疏学浅，恐难胜任，不堪从命。"白话文的意思是：学问不深，恐怕很难担任这个工作，不能服从安排。

胡适说，这份写得确实不错，仅用了十二个字。但我的白话电报却只用了五个字：

"干不了，谢谢！"

胡适又解释说："干不了"就有才疏学浅、恐难胜任的意思；"谢谢"既∥对朋友的介绍表示感谢，又有拒绝的意思。所以，废话多不多，并不看它是文言文还是白话文，只要注意选用字词，白话文是可以比文言文更省字的。

节选自陈灼主编《实用汉语中级教程》（上）中《胡适的白话电报》

【作品 16 号】

很久以前，在一个漆黑的秋天的夜晚，我泛舟在西伯利亚一条阴森森的河上。船到一个转弯处，只见前面黑黢黢的山峰下面一星火光蓦地一闪。

火光又明又亮，好像就在眼前……

"好啦，谢天谢地！"我高兴地说，"马上就到过夜的地方啦！"

船夫扭头朝身后的火光望了一眼，又不以为然地划起桨来。

"远着呢！"

我不相信他的话，因为火光冲破朦胧的夜色，明明在那儿闪烁。不过船夫是对的，事实上，火光的确还远着呢。

这些黑夜的火光的特点是：驱散黑暗，闪闪发亮，近在眼前，令人神往。乍一看，再划几下就到了……其实却还远着呢！……

我们在漆黑如墨的河上又划了很久。一个个峡谷和悬崖，迎面驶来，又向后移去，仿佛消失在茫茫的远方，而火光却依然停在前头，闪闪发亮，令人神往——依然是这么近，又依然是那么远……

现在，无论是这条被悬崖峭壁的阴影笼罩的漆黑的河流，还是那一星明亮的火光，都经常浮现在我的脑际，在这以前和在这以后，曾有许多火光，似乎近在咫尺，不止使我一人心驰神往。可是生活之河却仍然在那阴森森的两岸之间流着，而火光也依旧非常遥远。因此，必须加劲划桨……

然而，火光啊……毕竟……毕竟就 // 在前头！……

节选自［俄］柯罗连科《火光》，张铁夫译

【作品17号】

对于一个在北平住惯的人，像我，冬天要是不刮风，便觉得是奇迹；济南的冬天是没有风声的。对于一个刚由伦敦回来的人，像我，冬天要能看得见日光，便觉得是怪事；济南的冬天是响晴的。自然，在热带的地方，日光永远是那么毒，响亮的天气，反有点儿叫人害怕。可是，在北方的冬天，而能有温晴的天气，济南真得算个宝地。

设若单单是有阳光，那也算不了出奇。请闭上眼睛想：一个老城，有山有水，全在天底下晒着阳光，暖和安适地睡着，只等春风来把它们唤醒，这是不是理想的境界？小山把济南围了个圈儿，只有北边缺着点口儿。这一圈小山在冬天特别可爱，好像是把济南放在一个小摇篮里，它们安静不动地低声地说："你们放心吧，这儿准保暖和。"真的，济南的人们在冬天是面上含笑的。他们一看那些小山，心中便觉得有了着落，有了依靠。他们由天上看到山上，便不知不觉地想起：明天也许就是春天了吧？这样的温暖，今天夜里山草也许就绿起来了吧？就是这点儿幻想不能一时实现，他们也并不着急，因为这样慈善的冬天，干什么还希望别的呢！

最妙的是下点儿小雪呀。看吧，山上的矮松越发的青黑，树尖儿上顶 // 着一髻儿白花，好像日本看护妇。山尖儿全白了，给蓝天镶上一道银边。山坡上，有的地方雪厚点儿，有的地方草色还露着；这样，一道儿白，一道儿暗黄，给山们穿上一件带水纹儿的花衣；看着看着，这件花衣好像被风儿吹动，叫你希望看见一点儿更美的山的肌肤。等到快日落的时候，微黄的阳光斜射在山腰上，那点儿薄雪好像忽然害羞，微微露出点儿粉色。就是下小雪吧，济南是受不住大雪的，那些小山太秀气。

节选自老舍《济南的冬天》

【作品18号】

纯朴的家乡村边有一条河，曲曲弯弯，河中架一弯石桥，弓样的小桥横跨两岸。

每天，不管是鸡鸣晓月，日丽中天，还是月华泻地，小桥都印下串串足迹，洒落串串汗珠。那是乡亲为了追求多棱的希望，兑现美好的遐想。弯弯小桥，不时荡过轻吟低唱，不时露出舒心的笑容。

因而，我稚小的心灵，曾将心声献给小桥：你是一弯银色的新月，给人间普照光辉；你是一把闪亮的镰刀，割刈着欢笑的花果；你是一根晃悠悠的扁担，挑起了彩色的明天！哦，小桥走进我的梦中。

我在飘泊他乡的岁月，心中总涌动着故乡的河水，梦中总看到弓样的小桥。当我访南疆探北国，眼帘闯进座座雄伟的长桥时，我的梦变得丰满了，增添了赤橙黄绿青蓝紫。

三十多年过去，我带着满头霜花回到故乡，第一紧要的便是去看望小桥。

啊！小桥呢？它躲起来了？河中一道长虹，浴着朝霞熠熠闪光。哦，雄浑的大桥敞开胸怀，汽车的呼啸、摩托的笛音、自行车的叮铃，合奏着进行交响乐；南来的钢筋、花布，北往的柑橙、家禽，绘出交流欢悦图……

啊！蜕变的桥，传递了家乡进步的消息，透露了家乡富裕的声音。时代的春风，美好的追求，我蓦地记起儿时唱//给小桥的歌，哦，明艳艳的太阳照耀了，芳香甜蜜的花果捧来了，五彩斑斓的岁月拉开了！

我心中涌动的河水，激荡起甜美的浪花。我仰望一碧蓝天，心底轻声呼喊：家乡的桥啊，我梦中的桥！

节选自郑莹《家乡的桥》

【作品 19 号】

三百多年前，建筑设计师莱伊恩受命设计了英国温泽市政府大厅。他运用工程力学的知识，依据自己多年的实践，巧妙地设计了只用一根柱子支撑的大厅天花板。一年以后，市政府权威人士进行工程验收时，却说只用一根柱子支撑天花板太危险，要求莱伊恩再多加几根柱子。

莱伊恩自信只要一根坚固的柱子足以保证大厅安全，他的"固执"惹恼了市政官员，险些被送上法庭。他非常苦恼，坚持自己原先的主张吧，市政官员肯定会另找人修改设计；不坚持吧，又有悖自己为人的准则。矛盾了很长一段时间，莱伊恩终于想出了一条妙计，他在大厅里增加了四根柱子，不过这些柱子并未与天花板接触，只不过是装装样子。

三百多年过去了，这个秘密始终没有被人发现。直到前两年，市政府准备修缮大厅的天花板，才发现莱伊恩当年的"弄虚作假"。消息传出后，世界各国的建筑专家和游客云集，当地政府对此也不加掩饰，在新世纪到来之际，特意将大厅作为一个旅游景点对外开放，旨在引导人们崇尚和相信科学。

作为一名建筑师，莱伊恩并不是最出色的。但作为一个人，他无疑非常伟大，这种//伟大表现在他始终恪守着自己的原则，给高贵的心灵一个美丽的住所：哪怕是遭遇到最大的阻力，也要想办法抵达胜利。

节选自游宇明《坚守你的高贵》

【作品 20 号】

自从传言有人在萨文河畔散步时无意发现了金子后，这里便常有来自四面八方的淘金者。他们都想成为富翁，于是寻遍了整个河床，还在河床上挖出很多大坑，希望借助它们找到更多的金子。的确，有一些人找到了，但另外一些人因为一无所得而只好扫兴归去。

也有不甘心落空的，便驻扎在这里，继续寻找。彼得·弗雷特就是其中一员。他在河床附近买了一块没人要的土地，一个人默默地工作。他为了找金子，已把所有的钱都押在这块土地上。他埋头苦干了几个月，直到土地全变成了坑坑洼洼，他失望了——他翻遍了整块土地，但连一丁点儿金子都没看见。

六个月后，他连买面包的钱都没有了。于是他准备离开这儿到别处去谋生。

就在他即将离去的前一个晚上，天下起了倾盆大雨，并且一下就是三天三夜。雨终于停了，彼得走出小木屋，发现眼前的土地看上去好像和以前不一样：坑坑洼洼已被大水冲刷平整，松软的土地上长出一层绿茸茸的小草。

"这里没找到金子，"彼得忽有所悟地说，"但这土地很肥沃，我可以用来种花，并且拿到镇上去卖给那些富人，他们一定会买些花装扮他们华丽的客//厅。如果真是这样的话，那么我一定会赚许多钱，有朝一日我也会成为富人……"

于是他留了下来。彼得花了不少精力培育花苗，不久田地里长满了美丽娇艳的各色鲜花。

五年以后，彼得终于实现了他的梦想——成了一个富翁。"我是唯一的一个找到真金的人！"他时常不无骄傲地告诉别人，"别人在这儿找不到金子后便远远地离开，而我的'金子'是在这块土地里，只有诚实的人用勤劳才能采集到。"

节选自陶猛译《金子》

【作品21号】

我在加拿大学习期间遇到过两次募捐，那情景至今使我难以忘怀。

一天，我在渥太华的街上被两个男孩子拦住去路。他们十来岁，穿得整整齐齐，每人头上戴着个做工精巧、色彩鲜艳的纸帽，上面写着"为帮助患小儿麻痹的伙伴募捐。"其中的一个，不由分说就坐在小凳上给我擦起皮鞋来，另一个则彬彬有礼地发问："小姐，您是哪国人？喜欢渥太华吗？""小姐，在你们国家有没有小孩儿患小儿麻痹？谁给他们医疗费？"一连串的问题，使我这个有生以来头一次在众目睽睽之下让别人擦鞋的异乡人，从近乎狼狈的窘态中解脱出来。我们像朋友一样聊起天儿来……

几个月之后，也是在街上。一些十字路口处或车站坐着几位老人。他们满头银发，身穿各种老式军装，上面布满了大大小小形形色色的徽章、奖章，每人手捧一大束鲜花，有水仙、石竹、玫瑰及叫不出名字的，一色雪白。匆匆过往的行人纷纷止步，把钱投进这些老人身旁的白色木箱内，然后向他们微微鞠躬，从他们手中接过一朵花。我看了一会儿，有人投一两元，有人投几百元，还有人掏出支票填好后投进木箱。那些老军人毫不注意人们捐多少钱，一直不//停地向人们低声道谢。同行的朋友告诉我，这是为纪念二次大战中参战的勇士，募捐救济残废军人和烈士遗孀，每年一次；认捐的人可谓踊跃，而且秩序井然，气氛庄严。有些地方，人们还耐心地排着队。我想，这是因为他们都知道：正是这些老人们的流血牺牲换来了包括他们信仰自由在内的许许多多。

我两次把那微不足道的一点儿钱捧给他们，只想对他们说声"谢谢"。

节选自青白《捐诚》

【作品22号】

没有一片绿叶，没有一缕炊烟，没有一粒泥土，没有一丝花香，只有水的世界，云的海洋。

一阵台风袭过，一只孤单的小鸟无家可归，落到被卷到洋里的木板上，乘流而下，姗姗而来，近了，近了！……

忽然，小鸟张开翅膀，在人们头顶盘旋了几圈儿，"噗啦"一声落到了船上。许是累了？还是发现了"新大陆"？水手撵它它不走，抓它，它乖乖地落在掌心。可爱的小鸟和善良的水手结成了朋友。

瞧，它多美丽，娇巧的小嘴，啄理着绿色的羽毛，鸭子样的扁脚，呈现出春草的鹅黄。水手们把它带到舱里，给它"搭铺"，让它在船上安家落户，每天，把分到的一塑料桶淡水匀给它喝，把从祖国带来的鲜美的鱼肉分给它吃，天长日久，小鸟和水手的感情日趋笃厚。清晨，当第一束阳光射进舷窗时，它便敞开美丽的歌喉，唱啊唱，嘤嘤有韵，婉如春水淙淙。人类给它以生命，它毫不悭吝地把自己的艺术青春奉献给了哺育它的人。可能都是这样？艺术家们的青春只会献给尊敬他们的人。

小鸟给远航生活蒙上了一层浪漫色调。返航时，人们爱不释手，恋恋不舍地想把它带到异乡。可小鸟憔悴了，给水，不喝！喂肉，不吃！油亮的羽毛失去了光泽。是啊，我∥们有自己的祖国，小鸟也有它的归宿，人和动物都是一样啊，哪儿也不如故乡好！

慈爱的水手们决定放开它，让它回到大海的摇篮去，回到蓝色的故乡去。离别前，这个大自然的朋友与水手们留影纪念。它站在许多人的头上，肩上，掌上，胳膊上，与喂养过它的人们，一起融进那蓝色的画面……

节选自王文杰《可爱的小鸟》

【作品23号】

纽约的冬天常有大风雪，扑面的雪花不但令人难以睁开眼睛，甚至呼吸都会吸入冰冷的雪花。有时前一天晚上还是一片晴朗，第二天拉开窗帘，却已经积雪盈尺，连门都推不开了。

遇到这样的情况，公司、商店常会停止上班，学校也通过广播，宣布停课。但令人不解的是，惟有公立小学，仍然开放。只见黄色的校车，艰难地在路边接孩子，老师则一大早就口中喷着热气，铲去车子前后的积雪，小心翼翼地开车去学校。

据统计，十年来纽约的公立小学只因为超级暴风雪停过七次课。这是多么令人惊讶的事。犯得着在大人都无须上班的时候让孩子去学校吗？小学的老师也太倒霉了吧？

于是，每逢大雪而小学不停课时，都有家长打电话去骂。妙的是，每个打电话的人，反应全一样——先是怒气冲冲地责问，然后满口道歉，最后笑容满面地挂上电话。原因是，学校告诉家长：

在纽约有许多百万富翁，但也有不少贫困的家庭。后者白天开不起暖气，供不起午餐，孩子的营养全靠学校里免费的中饭，甚至可以多拿些回家当晚餐。学校停课一天，穷孩子就受一天冻，挨一天饿，所以老师们宁愿自己苦一点儿，也不能停课。∥

或许有家长会说：何不让富裕的孩子在家里，让贫穷的孩子去学校享受暖气和营养午餐呢？

学校的答复是：我们不愿让那些穷苦的孩子感到他们是在接受救济，因为施舍的最高原则是保持受施者的尊严。

节选自（台湾）刘墉《课不能停》

【作品 24 号】

十年，在历史上不过是一瞬间。只要稍加注意，人们就会发现：在这一瞬间里，各种事物都悄悄经历了自己的千变万化。

这次重新访日，我处处感到亲切和熟悉，也在许多方面发觉了日本的变化。就拿奈良的一个角落来说吧，我重游了为之感受很深的唐招提寺，在寺内各处匆匆走了一遍，庭院依旧，但意想不到还看到了一些新的东西。其中之一，就是近几年从中国移植来的"友谊之莲"。

在存放鉴真遗像的那个院子里，几株中国莲昂然挺立，翠绿的宽大荷叶正迎风而舞，显得十分愉快。开花的季节已过，荷花朵朵已变为莲蓬累累。莲子的颜色正在由青转紫，看来已经成熟了。

我禁不住想："因"已转化为"果"。

中国的莲花开在日本，日本的樱花开在中国，这不是偶然。我希望这样一种盛况延续不衰。可能有人不欣赏花，但决不会有人欣赏落在自己面前的炮弹。

在这些日子里，我看到了不少多年不见的老朋友，又结识了一些新朋友。大家喜欢涉及的话题之一，就是古长安和古奈良。那还用得着问吗，朋友们缅怀过去，正是瞩望未来。瞩目于未来的人们必将获得未来。

我不例外，也希望一个美好的未来。

为 // 了中日人民之间的友谊，我将不浪费今后生命的每一瞬间。

节选自严文井《莲花和樱花》

【作品 25 号】

梅雨潭闪闪的绿色招引着我们，我们开始追捉她那离合的神光了。揪着草，攀着乱石，小心控身下去，又鞠躬过了一个石穹门，便到了汪汪一碧的潭边了。

瀑布在襟袖之间，但是我的心中已没有瀑布了。我的心随潭水的绿而摇荡。那醉人的绿呀！仿佛一张极大极大的荷叶铺着，满是奇异的绿呀。我想张开两臂抱住她，但这是怎样一个妄想啊。

站在水边，望到那面，居然觉着有些远呢！这平铺着、厚积着的绿，着实可爱。她松松的皱缬着，像少妇拖着的裙幅；她滑滑的明亮着，像涂了"明油"一般，有鸡蛋清那样软，那样嫩；她又不杂些尘滓，宛然一块温润的碧玉，只清清的一色——但你却看不透她！

我曾见过北京什刹海拂地的绿杨，脱不了鹅黄的底子，似乎太淡了。我又曾见过杭州虎跑寺近旁高峻而深密的"绿壁"，丛叠着无穷的碧草与绿叶的，那又似乎太浓了。其余呢，西湖的波太明了，秦淮河的也太暗了。可爱的，我将什么来比拟你呢？我怎么比拟得出呢？大约潭是很深的，故能蕴蓄着这样奇异的绿；仿佛蔚蓝的天融了一块在里面似的，这才这般的鲜润啊。

那醉人的绿呀！我若能裁你以为带，我将赠给那轻盈的 // 舞女，她必能临风飘举了。我若能挹你以为眼，我将赠给那善歌的盲妹，她必能明眸善睐了。我舍不得你，我怎舍得你呢？我用手拍着你，抚摩着你，如同一个十二三岁的小姑娘。我又掬你入口，便是吻着她了。我送你一个名字，我从此叫你"女儿绿"，好吗？

我第二次到仙岩的时候，我不禁惊诧于梅雨潭的绿了。

节选自朱自清《绿》

【作品26号】

我们家的后园有半亩空地，母亲说："让它荒着怪可惜的，你们那么爱吃花生，就开辟出来种花生吧。"我们姐弟几个都很高兴，买种，翻地，播种，浇水，没过几个月，居然收获了。

母亲说："今晚我们过一个收获节，请你们父亲也来尝尝我们的新花生，好不好？"我们都说好。母亲把花生做成了好几样食品，还吩咐就在后园的茅亭里过这个节。

晚上天色不太好，可是父亲也来了，实在很难得。

父亲说："你们爱吃花生吗？"

我们争着答应："爱！"

"谁能把花生的好处说出来？"

姐姐说："花生的味美。"

哥哥说："花生可以榨油。"

我说："花生的价钱便宜，谁都可以买来吃，都喜欢吃。这就是它的好处。"

父亲说："花生的好处很多，有一样最可贵：它的果实埋在地里，不像桃子、石榴、苹果那样，把鲜红嫩绿的果实高高地挂在枝头上，使人一见就生爱慕之心。你们看它矮矮地长在地上，等到成熟了，也不能立刻分辨出来它有没有果实，必须挖出来才知道。"

我们都说是，母亲也点点头。

父亲接下去说："所以你们要像花生，它虽然不好看，可是很有用，不是外表好看而没有实用的东西。"

我说："那么，人要做有用的人，不要做只讲体面，而对别人没有好处的人了。"//

父亲说："对。这是我对你们的希望。"

我们谈到夜深才散。花生做的食品都吃完了，父亲的话却深深地印在我的心上。

节选自许地山《落花生》

【作品27号】

我打猎归来，沿着花园的林荫路走着。狗跑在我前面。

突然，狗放慢脚步，蹑足潜行，好像嗅到了前边有什么野物。

我顺着林荫路望去，看见了一只嘴边还带着黄色、头上生着柔毛的小麻雀。风猛烈地吹打着林荫路上的白桦树，麻雀从巢里跌落下来，呆呆地伏在地上，孤立无援地张开两只羽毛还未丰满的小翅膀。

我的狗慢慢向它靠近。忽然，从附近一棵树上飞下一只黑胸脯的老麻雀，像一颗石子似的落到狗的跟前。老麻雀全身倒竖着羽毛，惊恐万状，发出绝望、凄惨的叫声，接着向露出牙齿、大张着的狗嘴扑去。

老麻雀是猛扑下来救护幼雀的。它用身体掩护着自己的幼儿……但它整个小小的身体因恐怖而战栗着，它小小的声音也变得粗暴嘶哑，它在牺牲自己！

在它看来，狗该是多么庞大的怪物啊！然而，它还是不能站在自己高高的、安全的树枝上……一种比它的理智更强烈的力量，使它从那儿扑下身来。

我的狗站住了，向后退了退……看来，它也感到了这种力量。

我赶紧唤住惊慌失措的狗，然后我怀着崇敬的心情，走开了。

是啊，请不要见笑。我崇敬那只小小的、英勇的鸟儿，我崇敬它那种爱的冲动和力量。

爱，我想，比//死和死的恐惧更强大。只有依靠它，依靠这种爱，生命才能维持下去，发展下去。

节选自［俄］屠格涅夫《麻雀》，巴金译

【作品28号】

那年我六岁。离我家仅一箭之遥的小山坡旁，有一个早被废弃的采石场，双亲从来不准我去那儿，其实那儿风景十分迷人。

一个夏季的下午，我随着一群小伙伴偷偷上那儿去了。就在我们穿越了一条孤寂的小路后，他们却把我一个人留在原地，然后奔向"更危险的地带"了。

等他们走后，我惊慌失措地发现，再也找不到要回家的那条孤寂的小道了。像只无头的苍蝇，我到处乱钻，衣裤上挂满了芒刺。太阳已落山，而此时此刻，家里一定开始吃晚餐了，双亲正盼着我回家……想着想着，我不由得背靠着一棵树，伤心地呜呜大哭起来……

突然，不远处传来了声声柳笛。我像找到了救星，急忙循声走去。一条小道边的树桩上坐着一位吹笛人，手里还正削着什么。走近细看，他不就是被大家称为"乡巴佬儿"的卡廷吗？

"你好，小家伙"卡廷说，"看天气多美，你是出来散步的吧？"

我怯生生地点点头，答道："我要回家了。"

"请耐心等上几分钟"卡廷说，"瞧，我正在削一支柳笛，差不多就要做好了，完工后就送给你吧！"

卡廷边削边不时把尚未成形的柳笛放在嘴里试吹一下。没过多久，一支柳笛便递到我手中。我俩在一阵阵清脆悦耳的笛音//中，踏上了归途……

当时，我心中只充满感激，而今天，当我自己也成了祖父时，却突然领悟到他用心之良苦！那天当他听到我的哭声时，便判定我一定迷了路，但他并不想在孩子面前扮演"救星"的角色，于是吹响柳笛以便让我能发现他，并跟着他走出困境！就这样，卡廷先生以乡下人的纯朴，保护了一个小男孩强烈的自尊。

节选自唐若水译《迷途笛音》

【作品29号】

在浩瀚无垠的沙漠里，有一片美丽的绿洲，绿洲里藏着一颗闪光的珍珠。这颗珍珠就是敦煌莫高窟。它坐落在我国甘肃省敦煌市三危山和鸣沙山的怀抱中。

鸣沙山东麓是平均高度为十七米的崖壁。在一千六百多米长的崖壁上，凿有大小洞窟七百余个，形成了规模宏伟的石窟群。其中四百九十二个洞窟中，共有彩色塑像两千一百余尊，各种壁画共四万五千多平方米。莫高窟是我国古代无数艺术匠师留给人类的珍贵文化遗产。

莫高窟的彩塑，每一尊都是一件精美的艺术品。最大的有九层楼那么高，最小的还不如一个手掌大。这些彩塑个性鲜明，神态各异。有慈眉善目的菩萨，有威风凛凛的天王，还有强壮勇猛的力士……

莫高窟壁画的内容丰富多彩，有的是描绘古代劳动人民打猎、捕鱼、耕田、收割的情景，有的是描绘人们奏乐、舞蹈、演杂技的场面，还有的是描绘大自然的美丽风光。其中最引人注目的是飞天。壁画上的飞天，有的臂挎花篮，采摘鲜花；有的反弹琵琶，轻拨银弦；

有的倒悬身子，自天而降；有的彩带飘拂，漫天遨游；有的舒展着双臂，翩翩起舞。看着这些精美动人的壁画，就像走进了 // 灿烂辉煌的艺术殿堂。

莫高窟里还有一个面积不大的洞窟——藏经洞。洞里曾藏有我国古代的各种经卷、文书、帛画、刺绣、铜像等共六万多件。由于清朝政府腐败无能，大量珍贵的文物被外国强盗掠走。仅存的部分经卷，现在陈列于北京故宫等处。

莫高窟是举世闻名的艺术宝库。这里的每一尊彩塑、每一幅壁画、每一件文物，都是中国古代人民智慧的结晶。

节选自小学《语文》第六册中《莫高窟》

【作品 30 号】

其实你在很久以前并不喜欢牡丹，因为它总被人作为富贵膜拜。后来你目睹了一次牡丹的落花，你相信所有的人都会为之感动：一阵清风徐来，妖艳鲜嫩的盛期牡丹忽然整朵整朵地坠落，铺撒一地绚丽的花瓣。那花瓣落地时依然鲜艳夺目，如同一只奉上祭坛的大鸟脱落的羽毛，低吟着壮烈的悲歌离去。

牡丹没有花谢花败之时，要么烁于枝头，要么归于泥土，它跨越萎顿和衰老，由青春而死亡，由美丽而消遁。它虽美却不吝惜生命，即使告别也要展示给人最后一次的惊心动魄。

所以在这阴冷的四月里，奇迹不会发生。任凭游人扫兴和诅咒，牡丹依然安之若素。它不苟且、不俯就、不妥协、不媚俗，甘愿自己冷落自己。它遵循自己的花期自己的规律，它有权利为自己选择每年一度的盛大节日。它为什么不拒绝寒冷？

天南海北的看花人，依然络绎不绝地涌入洛阳城。人们不会因牡丹的拒绝而拒绝它的美。如果它再被贬谪十次，也许它就会繁衍出十个洛阳牡丹城。

于是你在无言的遗憾中感悟到，富贵与高贵只是一字之差。同人一样，花儿也是有灵性的，更有品位之高低。品位这东西为气为魂为 // 筋骨为神韵，只可意会。你叹服牡丹卓而不群之姿，方知品位是多么容易被世人忽略或是漠视的美。

节选自张抗抗《牡丹的拒绝》

【作品 31 号】

森林涵养水源，保持水土，防止水旱灾害的作用非常大。据专家测算，一片十万亩面积的森林，相当于一个两百万立方米的水库，这正如农谚所说的："山上多栽树，等于修水库。雨多它能吞，雨少它能吐。"

说起森林的功劳，那还多得很。它除了为人类提供木材及许多种生产、生活的原料之外，在维护生态环境方面也是功劳卓著，它用另一种"能吞能吐"的特殊功能孕育了人类。因为地球在形成之初，大气中的二氧化碳含量很高，氧气很少，气温也高，生物是难以生存的。大约在四亿年之前，陆地才产生了森林。森林慢慢将大气中的二氧化碳吸收，同时吐出新鲜氧气，调节气温：这才具备了人类生存的条件，地球上才最终有了人类。

森林，是地球生态系统的主体，是大自然的总调度室，是地球的绿色之肺。森林维护地球生态环境的这种"能吞能吐"的特殊功能是其他任何物体都不能取代的。然而，由于地球上的燃烧物增多，二氧化碳的排放量急剧增加，使得地球生态环境急剧恶化，主要表现为全球气候变暖，水分蒸发加快，改变了气流的循环，使气候变化加剧，从而引发热浪、飓风、暴雨、洪涝及干旱。

为了//使地球的这个"能吞能吐"的绿色之肺能恢复健壮，以改善生态环境，抑制全球变暖，减少水旱等自然灾害，我们应该大力造林、护林，使每一座荒山都绿起来。

节选自《中考语文课外阅读试题精选》中《"能吞能吐"的森林》

【作品32号】

朋友即将远行。

暮春时节，又邀了几位朋友在家小聚。虽然都是极熟的朋友，却是终年难得一见，偶尔电话里相遇，也无非是几句寻常话。一锅小米稀饭，一碟大头菜，一盘自家酿制的泡菜，一只巷口买回的烤鸭，简简单单，不像请客，倒像家人团聚。

其实，友情也好，爱情也好，久而久之都会转化为亲情。

说也奇怪，和新朋友会谈文学、谈哲学、谈人生道理等等，和老朋友却只话家常，柴米油盐，细细碎碎，种种琐事。很多时候，心灵的契合已经不需要太多的言语来表达。

朋友新烫了个头，不敢回家见母亲，恐怕惊骇了老人家，却欢天喜地来见我们，老朋友颇能以一种趣味性的眼光欣赏这个改变。

年少的时候，我们差不多都在为别人而活，为苦口婆心的父母活，为循循善诱的师长活，为许多观念、许多传统的约束力而活。年岁逐增，渐渐挣脱外在的限制与束缚，开始懂得为自己活，照自己的方式做一些自己喜欢的事，不在乎别人的批评意见，不在乎别人的诋毁流言，只在乎那一分随心所欲的舒坦自然。偶尔，也能够纵容自己放浪一下，并且有一种恶作剧的窃喜。

就让生命顺其自然，水到渠成吧，犹如窗前的//乌桕，自生自落之间，自有一分圆融丰满的喜悦。春雨轻轻落着，没有诗，没有酒，有的只是一份相知相属的自在自得。

夜色在笑语中渐渐沉落，朋友起身告辞，没有挽留，没有送别，甚至也没有问归期。

已经过了大喜大悲的岁月，已经过了伤感流泪的年华，知道了聚散原来是这样的自然和顺理成章，懂得这点，便懂得珍惜每一次相聚的温馨，离别便也欢喜。

节选自（台湾）杏林子《朋友和其他》

【作品33号】

我们在田野散步：我，我的母亲，我的妻子和儿子。

母亲本不愿出来的。她老了，身体不好，走远一点儿就觉得很累。我说，正因为如此，才应该多走走。母亲信服地点点头，便去拿外套。她现在很听我的话，就像我小时候很听她的话一样。

这南方初春的田野，大块小块的新绿随意地铺着，有的浓，有的淡，树上的嫩芽也密了，田里的冬水也咕咕地起着水泡。这一切都使人想着一样东西——生命。

我和母亲走在前面，我的妻子和儿子走在后面。小家伙突然叫起来："前面是妈妈和儿子，后面也是妈妈和儿子。"我们都笑了。

后来发生了分歧：母亲要走大路，大路平顺；我的儿子要走小路，小路有意思。不过，一切都取决于我。我的母亲老了，她早已习惯听从她强壮的儿子；我的儿子还小，他还习惯听从他高大的父亲；妻子呢，在外面，她总是听我的。一霎时我感到了责任的重大。我想找一个两全的办法，找不出；我想拆散一家人，分成两路，各得其所，终不愿意。我决定委屈儿子，因为我伴同他的时日还长。我说："走大路。"

但是母亲摸摸孙儿的小脑瓜，变了主意："还是走小路吧。"她的眼随小路望去：那里有金色的菜花，两行整齐的桑树，//尽头一口水波粼粼的鱼塘。"我走不过去的地方，你就背着我。"母亲对我说。

这样，我们在阳光下，向着那菜花、桑树和鱼塘走去。到了一处，我蹲下来，背起了母亲；妻子也蹲下来，背起了儿子。我和妻子都是慢慢地，稳稳地，走得很仔细，好像我背上的同她背上的加起来，就是整个世界。

节选自莫怀戚《散步》

【作品34号】

地球上是否真的存在"无底洞"？按说地球是圆的，由地壳、地幔和地核三层组成，真正的"无底洞"是不应存在的，我们所看到的各种山洞、裂口、裂缝，甚至火山口也都只是地壳浅部的一种现象。然而中国一些古籍却多次提到海外有个深奥莫测的无底洞。事实上地球上确实有这样一个"无底洞"。

它位于希腊亚各斯古城的海滨。由于濒临大海，大涨潮时，汹涌的海水便会排山倒海般地涌入洞中，形成一股湍湍的急流。据测，每天注入洞内的海水量达三万多吨。奇怪的是，如此大量的海水灌入洞中，却从来没有把洞灌满。曾有人怀疑，这个"无底洞"，会不会就像石灰岩地区的漏斗、竖井、落水洞一类的地形。然而从20世纪30年代以来，人们就做了多种努力企图寻找它的出口，却都是枉费心机。

为了揭开这个秘密，一九五八年美国地理学会派出一支考察队，他们把一种经久不变的带色染料溶解在海水中，观察染料是如何随着海水一起沉下去。接着又察看了附近海面以及岛上的各条河、湖，满怀希望地寻找这种带颜色的水，结果令人失望。难道是海水量太大把有色水稀释得太淡，以致无法发现？//

至今谁也不知道为什么这里的海水会没完没了地"漏"下去，这个"无底洞"的出口又在哪里，每天大量的海水究竟都流到哪里去了？

节选自罗伯特·罗威尔《神秘的"无底洞"》

【作品35号】

我在俄国见到的景物再没有比托尔斯泰墓更宏伟、更感人的。

完全按照托尔斯泰的愿望，他的坟墓成了世间最美的，给人印象最深刻的坟墓。它只是树林中的一个小小长方形土丘，上面开满鲜花——没有十字架，没有墓碑，没有墓志铭，连托尔斯泰这个名字也没有。

这位比谁都感到受自己的声名所累的伟人，却像偶尔被发现的流浪汉，不为人知的士兵，不留名姓地被人埋葬了。谁都可以踏进他最后的安息地，围在四周的稀疏的木栅栏是不关闭的——保护列夫·托尔斯泰得以安息的没有任何别的东西，惟有人们的敬意；而通常，人们却总是怀着好奇，去破坏伟人墓地的宁静。

这里，逼人的朴素禁锢住任何一种观赏的闲情，并且不容许你大声说话。风儿俯临，在这座无名者之墓的树木之间飒飒响着，和暖的阳光在坟头嬉戏；冬天，白雪温柔地覆盖这片幽暗的土地。无论你在夏天或冬天经过这儿，你都想象不到，这个小小的、隆起的长方体里安放着一位当代最伟大的人物。

然而，恰恰是这座不留姓名的坟墓，比所有挖空心思用大理石和奢华装饰建造的坟墓更扣人心弦。在今天这个特殊的日子//里，到他的安息地来的成百上千人中间，没有一个有勇气，哪怕仅仅从这幽暗的土丘上摘下一朵花留作纪念。人们重新感到，世界上再没有比托尔斯泰最后留下的、这座纪念碑式的朴素坟墓，更打动人心的了。

节选自［奥］茨威格《世间最美的坟墓》，张厚仁译

【作品 36 号】

我国的建筑，从古代的宫殿到近代的一般住房，绝大部分是对称的，左边怎么样，右边怎么样。苏州园林可绝不讲究对称，好像故意避免似的。东边有了一个亭子或者一道回廊，西边决不会来一个同样的亭子或者一道同样的回廊。这是为什么？我想，用图画来比方，对称的建筑是图案画，不是美术画，而园林是美术画，美术画要求自然之趣，是不讲究对称的。

苏州园林里都有假山和池沼。

假山的堆叠，可以说是一项艺术而不仅是技术。或者是重峦叠嶂，或者是几座小山配合着竹子花木，全在乎设计者和匠师们生平多阅历，胸中有丘壑，才能使浏览者攀登的时候忘却苏州城市，只觉得身在山间。

至于池沼，大多引用活水。有些园林池沼宽敞，就把池沼作为全园的中心，其他景物配合着布置。水面假如成河道模样，往往安排桥梁。假如安排两座以上的桥梁，那就一座一个样，决不雷同。

池沼或河道的边沿很少砌齐整的石岸，总是高低屈曲任其自然。还在那儿布置几块玲珑的石头，或者种些花草。这也是为了取得从各个角度看都成一幅画的效果。池沼里养着金鱼或各色鲤鱼，夏秋季节荷花或睡莲开//放，浏览者看"鱼戏莲叶间"，又是入画的一景。

节选自叶圣陶《苏州园林》

【作品 37 号】

一位访美中国女作家，在纽约遇到一位卖花的老太太。老太太穿着破旧，身体虚弱，但脸上的神情却是那样祥和兴奋。女作家挑了一朵花说："看起来，你很高兴。"老太太面带微笑地说："是的，一切都这么美好，我为什么不高兴呢？""对烦恼，你倒真能看得开。"女作家又说了一句。没料到，老太太的回答更令女作家大吃一惊："耶稣在星期五被钉上十字架时，是全世界最糟糕的一天，可三天后就是复活节。所以，当我遇到不幸时，就会等待三天，这样一切就恢复正常了。"

"等待三天"，多么富于哲理的话语，多么乐观的生活方式。它把烦恼和痛苦抛下，全力去收获快乐。

沈从文在"文革"期间，陷入了非人的境地。可他毫不在意，他在咸宁时给他的表侄、画家黄永玉写信说："这里的荷花真好，你若来……"身陷苦难却仍为荷花的盛开欣喜赞叹不已，这是一种趋于澄明的境界，一种旷达洒脱的胸襟，一种面临磨难坦荡从容的气度，一种对生活童子般的热爱和对美好事物无限向往的生命情感。

由此可见，影响一个人快乐的，有时并不是困境及磨难，而是一个人的心态。如果把自己浸泡在积极、乐观、向上的心态中，快乐必然会//占据你的每一天。

节选自《态度创造快乐》

【作品38号】

泰山极顶看日出，历来被描绘成十分壮观的奇景。有人说：登泰山而看不到日出，就像一出大戏没有戏眼，味儿终究有点寡淡。

我去爬山那天，正赶上个难得的好天，万里长空，一丝彩云儿都不见。素常，烟雾腾腾的山头，显得眉目分明。同伴们都欣喜地说："明天早晨准可以看见日出了。"我也是抱着这种想头，爬上山去。

一路从山脚往上爬，细看山景，我觉得挂在眼前的不是五岳独尊的泰山，却像一幅规模惊人的青绿山水画，从下面倒展开来。在画卷中最先露出的是山根底那座明朝建筑岱宗坊，慢慢地便现出王母池、斗母宫、经石峪。山是一层比一层深，一叠比一叠奇，层层叠叠，不知还会有多深多奇。万山丛中，时而点染着极其工细的人物。王母池旁边吕祖殿里有不少尊明塑，塑着吕洞宾等一些人，姿态神情是那样有生气，你看了，不禁会脱口赞叹说："活啦。"

画卷继续展开，绿荫森森的柏洞露面不太久，便来到对松山。两面奇峰对峙着，满山峰都是奇形怪状的老松，年纪怕都上千岁了，颜色竟那么浓，浓得好像要流下来似的。来到这儿，你不妨权当一次画里的写意人物，坐在路旁的对松亭里，看看山色，听听流//水和松涛。

一时间，我又觉得自己不仅是在看画卷，却又像是在零零乱乱翻着一卷历史稿本。

节选自杨朔《泰山极顶》

【作品39号】

育才小学校长陶行知在校园看到学生王友用泥块砸自己班上的同学，陶行知当即喝止了他，并令他放学后到校长室去。无疑，陶行知是要好好教育这个"顽皮"的学生。那么他是如何教育的呢？

放学后，陶行知来到校长室，王友已经等在门口准备挨训了。可一见面，陶行知却掏出一块糖果送给王友，并说："这是奖给你的，因为你按时来到这里，而我却迟到了。"王友惊疑地接过糖果。

随后，陶行知又掏出一块糖果放到他手里，说："这第二块糖果也是奖给你的，因为当我不让你再打人时，你立即就住手了，这说明你很尊重我，我应该奖你。"王友更惊疑了，他眼睛睁得大大的。

陶行知又掏出第三块糖果塞到王友手里，说："我调查过了，你用泥块砸那些男生，是因为他们不守游戏规则，欺负女生；你砸他们，说明你很正直善良，且有批评不良行为的勇气，应该奖励你啊！"王友感动极了，他流着眼泪后悔地喊道："陶……陶校长你打我两下吧！我砸的不是坏人，而是自己的同学啊……"

陶行知满意地笑了，他随即掏出第四块糖果递给王友，说："为你正确地认识错误，我再奖给你一块糖果，只可惜我只有这一块糖果了。我的糖果//没有了，我看我们的谈话也该结束了吧！"说完，就走出了校长室。

节选自《教师博览·百期精华》中《陶行知的"四块糖果"》

作品40号

享受幸福是需要学习的，当它即将来临的时刻需要提醒。人可以自然而然地学会感官的享乐，却无法天生地掌握幸福的韵律。灵魂的快意同器官的舒适像一对孪生兄弟，时而相傍相依，时而南辕北辙。

幸福是一种心灵的震颤。它像会倾听音乐的耳朵一样，需要不断地训练。

简而言之，幸福就是没有痛苦的时刻。它出现的频率并不像我们想像的那样少。人们常常只是在幸福的金马车已经驶过去很远时，才拣起地上的金鬃毛说，原来我见过它。

人们喜爱回味幸福的标本，却忽略它披着露水散发清香的时刻。那时候我们往往步履匆匆，瞻前顾后不知在忙着什么。

世上有预报台风的，有预报蝗灾的，有预报瘟疫的，有预报地震的。没有人预报幸福。

其实幸福和世界万物一样，有它的征兆。

幸福常常是朦胧的，很有节制地向我们喷洒甘霖。你不要总希望轰轰烈烈的幸福，它多半只是悄悄地扑面而来。你也不要企图把水龙头拧得更大，那样它会很快地流失。你需要静静地以平和之心，体验它的真谛。

幸福绝大多数是朴素的。它不会像信号弹似的，在很高的天际闪烁红色的光芒。它披着本色外衣，亲切温暖地包裹起我们。

幸福不喜欢喧嚣浮华，它常常在暗淡中降临。贫困中相濡以沫的一块糕饼，患难中心心相印的一个眼神，父亲一次粗糙的抚摸，女友一个温馨的字条……这都是千金难买的幸福啊。像一粒粒缀在旧绸子上的红宝石，在凄凉中愈发熠熠夺目。

节选自毕淑敏《提醒幸福》

【作品41号】

在里约热内卢的一个贫民窟里，有一个男孩子，他非常喜欢足球，可是又买不起，于是就踢塑料盒，踢汽水瓶，踢从垃圾箱里拣来的椰子壳。他在胡同里踢，在能找到的任何一片空地上踢。

有一天，当他在一处干涸的水塘里猛踢一个猪膀胱时，被一位足球教练看见了。他发现这个男孩儿踢得很像是那么回事，就主动提出要送给他一个足球。小男孩儿得到足球后踢得更卖劲了。不久，他就能准确地把球踢进远处随意摆放的一个水桶里。

圣诞节到了，孩子的妈妈说："我们没有钱买圣诞礼物送给我们的恩人，就让我们为他祈祷吧。"

小男孩儿跟随妈妈祈祷完毕，向妈妈要了一把铲子便跑了出去。他来到一座别墅前的花园里，开始挖坑。

就在他快要挖好坑的时候，从别墅里走出一个人来，问小孩儿在干什么，孩子抬起满是汗珠的脸蛋儿，说："教练，圣诞节到了，我没有礼物送给您，我愿给您的圣诞树挖一个树坑。"

教练把小男孩儿从树坑里拉上来，说，我今天得到了世界上最好的礼物。明天你就到我的训练场去吧。

三年后，这位十七岁的男孩儿在第六届足球锦标赛上独进二十一球，为巴西第一次捧回了金杯。一个原来不//为世人所知的名字——贝利，随之传遍世界。

节选自刘燕敏《天才的造就》

【作品42号】

记得我十三岁时，和母亲住在法国东南部的耐斯城。母亲没有丈夫，也没有亲戚，够清苦的，但她经常能拿出令人吃惊的东西，摆在我面前。她从来不吃肉，一再说自己是素食者。然而有一天，我发现母亲正仔细地用一小块碎面包擦那给我煎牛排用的油锅。我明白了她称自己为素食者的真正原因。

我十六岁时，母亲成了耐斯市美蒙旅馆的女经理。这时，她更忙碌了。一天，她瘫在椅子上，脸色苍白，嘴唇发灰。马上找来医生，做出诊断：她摄取了过多的胰岛素。直到这时我才知道母亲多年一直对我隐瞒的疾痛——糖尿病。

她的头歪向枕头一边，痛苦地用手抓挠胸口。床架上方，则挂着一枚我一九三二年赢得耐斯市少年乒乓球冠军的银质奖章。

啊，是对我的美好前途的憧憬支撑着她活下去，为了给她那荒唐的梦至少加一点真实的色彩，我只能继续努力，与时间竞争，直至一九三八年我被征入空军。巴黎很快失陷，我辗转调到英国皇家空军。刚到英国就接到了母亲的来信。这些信是由在瑞士的一个朋友秘密地转到伦敦，送到我手中的。

现在我要回家了，胸前佩带着醒目的绿黑两色的解放十字绶//带，上面挂着五六枚我终身难忘的勋章，肩上还佩带着军官肩章。到达旅馆时，没有一个人跟我打招呼。原来，我母亲在三年半以前就已经离开人间了。

在她死前的几天中，她写了近二百五十封信，把这些信交给她在瑞士的朋友，请这个朋友定时寄给我。就这样，在母亲死后的三年半的时间里，我一直从她身上吸取着力量和勇气——这使我能够继续战斗到胜利那一天。

节选自［法］罗曼·加里《我的母亲独一无二》

【作品43号】

生活对于任何人都非易事，我们必须有坚韧不拔的精神。最要紧的，还是我们自己要有信心。我们必须相信，我们对每一件事情都具有天赋的才能，并且，无论付出任何代价，都要把这件事完成。当事情结束的时候，你要能问心无愧地说："我已经尽我所能了。"

有一年的春天，我因病被迫在家里休息数周。我注视着我的女儿们所养的蚕正在结茧，这使我很感兴趣。望着这些蚕执著地、勤奋地工作，我感到我和它们非常相似。像它们一样，我总是耐心地把自己的努力集中在一个目标上。我之所以如此，或许是因为有某种力量在鞭策着我——正如蚕被鞭策着去结茧一般。

近五十年来，我致力于科学研究，而研究，就是对真理的探讨。我有许多美好快乐的记忆。少女时期我在巴黎大学，孤独地过着求学的岁月；在后来献身科学的整个时期，我丈夫和我专心致志，像在梦幻中一般，坐在简陋的书房里艰辛地研究，后来我们就在那里发现了镭。

我永远追求安静的工作和简单的家庭生活。为了实现这个理想，我竭力保持宁静的环境，以免受人事的干扰和盛名的拖累。

我深信，在科学方面我们有对事业而不是//对财富的兴趣。我的惟一奢望是在一个自由国家中，以一个自由学者的身份从事研究工作。

我一直沉醉于世界的优美之中，我所热爱的科学也不断增加它薪新的远景。我认定科学本身就具有伟大的美。

节选自［波兰］玛丽·居里《我的信念》，剑捷译

【作品 44 号】

我为什么非要教书不可？是因为我喜欢当教师的时间安排表和生活节奏。七、八、九三个月给我提供了进行回顾、研究、写作的良机，并将三者有机融合，而善于回顾、研究和总结正是优秀教师素质中不可缺少的成分。

干这行给了我多种多样的"甘泉"去品尝，找优秀的书籍去研读，到"象牙塔"和实际世界里去发现。教学工作给我提供了继续学习的时间保证，以及多种途径、机遇和挑战。

然而，我爱这一行的真正原因，是爱我的学生。学生们在我的眼前成长、变化。当教师意味着亲历"创造"过程的发生——恰似亲手赋予一团泥土以生命，没有什么比目睹它开始呼吸更激动人心的了。

权利我也有了：我有权利去启发诱导，去激发智慧的火花，去问费心思考的问题，去赞扬回答的尝试，去推荐书籍，去指点迷津。还有什么别的权利能与之相比呢？

而且，教书还给我金钱和权利之外的东西，那就是爱心。不仅有对学生的爱，对书籍的爱，对知识的爱，还有教师才能感受到的对"特//别"学生的爱。这些学生，有如冥顽不灵的泥块，由于接受了老师的炽爱才勃发了生机。

所以，我爱教书，还因为，在那些勃发生机的"特别"学生身上，我有时发现自己和他们呼吸相通，忧乐与共。

节选自［美］彼得·基·贝得勒《我为什么当教师》

【作品 45 号】

中国西部我们通常是指黄河与秦岭相连一线以西，包括西北和西南的十二个省、市、自治区。这块广袤的土地面积为五百四十六万平方公里，占国土总面积的百分之五十七；人口二点八亿，占全国总人口的百分之二十三。

西部是华夏文明的源头。华夏祖先的脚步是顺着水边走的：长江上游出土过元谋人牙齿化石，距今约一百七十万年；黄河中游出土过蓝田人头盖骨，距今约七十万年。这两处古人类都比距今约五十万年的北京猿人资格更老。

西部地区是华夏文明的重要发源地。秦皇汉武以后，东西方文化在这里交汇融合，从而有了丝绸之路的驼铃声声，佛院深寺的暮鼓晨钟。敦煌莫高窟是世界文化史上的一个奇迹，它在继承汉晋艺术传统的基础上，形成了自己兼收并蓄的恢宏气度，展现出精美绝伦的艺术形式和博大精深的文化内涵。秦始皇陵兵马俑、西夏王陵、楼兰古国、布达拉宫、三星堆、大足石刻等历史文化遗产，同样为世界所瞩目，成为中华文化重要的象征。

西部地区又是少数民族及其文化的集萃地，几乎包括了我国所有的少数民族。在一些偏远的少数民族地区，仍保留//了一些久远时代的艺术品种，成为珍贵的"活化石"。如纳西古乐、戏曲、剪纸、刺绣、岩画等民间艺术和宗教艺术。特色鲜明、丰富多彩，犹如一个巨大的民族民间文化艺术宝库。

我们要充分重视和利用这些得天独厚的资源优势，建立良好的民族民间文化生态环境，为西部大开发做出贡献。

节选自《中考语文课外阅读试题精选》中《西部文化和西部开发》

【作品 46 号】

高兴，这是一种具体的被看得到摸得着的事物所唤起的情绪。它是心理的，更是生理的。它容易来也容易去，谁也不应该对它视而不见失之交臂，谁也不应该总是做那些使自己不高兴也使旁人不高兴的事。让我们说一件最容易做也最令人高兴的事吧，尊重你自己，也尊重别人，这是每一个人的权利，我还要说这是每一个人的义务。

快乐，它是一种富有概括性的生存状态、工作状态。它几乎是先验的，它来自生命本身的活力，来自宇宙、地球和人间的吸引，它是世界的丰富、绚丽、阔大、悠久的体现。快乐还是一种力量，是埋在地下的根脉。消灭一个人的快乐比挖掘掉一棵大树的根要难得多。

欢欣，这是一种青春的、诗意的情感。它来自面向着未来伸开双臂奔跑的冲力，它来自一种轻松而又神秘、朦胧而又隐秘的激动，它是激情即将到来的预兆，它又是大雨过后的比下雨还要美妙得多也久远得多的回味……

喜悦，它是一种带有形而上的修养和境界。与其说它是一种情绪，不如说它是一种智慧、一种超拔、一种悲天悯人的宽容和理解，一种饱经沧桑的充实和自信，一种光明的理性，一种坚定//的成熟，一种战胜了烦恼和庸俗的清明澄澈。它是一潭清水，它是一抹朝霞，它是无边的平原，它是沉默的地平线。多一点儿、再多一点儿喜悦吧，它是翅膀，也是归巢。它是一杯美酒，也是一朵永远开不败的莲花。

节选自王蒙《喜悦》

【作品47号】

在湾仔，香港最热闹的地方，有一棵榕树，它是最贵的一棵树，不光在香港，在全世界，都是最贵的。

树，活的树，又不卖，何言其贵？只因它老，它粗，是香港百年沧桑的活见证，香港人不忍看着它被砍伐，或者被移走，便跟要占用这片山坡的建筑者谈条件：可以在这儿建大楼盖商厦，但一不准砍树，二不准挪树，必须把它原地精心养起来，成为香港闹市中的一景。太古大厦的建设者最后签了合同，占用这个大山坡建豪华商厦的先决条件是同意保留这棵老树。

树长在半山坡上，计划将树下面的成千上万吨山石全部掏空取走，腾出地方来盖楼。把树架在大楼上面，仿佛它原本是长在楼顶上似的。建设者就地造了一个直径十八米，深十米的大花盆，先固定好这棵老树，再在大花盆底下盖楼，光这一项就花了两千三百八十九万港币，堪称是最昂贵的保护措施了。

太古大厦落成之后，人们可以乘滚动扶梯一次到位，来到太古大厦的顶层，出后门，那儿是一片自然景色。一棵大树出现在人们面前，树干有一米半粗，树冠直径足有二十多米，独木成林，非常壮观，形成一座以它为中心的小公园，取名叫"榕圃"。树前面//插着铜牌，说明原由。此情此景，如不看铜牌的说明，绝对想不到巨树根底下还有一座宏伟的现代大楼。

节选自舒乙《香港：最贵的一棵树》

【作品48号】

我们的船渐渐地逼近榕树了。我有机会看清它的真面目：是一棵大树，有数不清的丫枝，枝上又生根，有许多根一直垂到地上，伸进泥土里。一部分树枝垂到水面，从远处看，就像一棵大树斜躺在水面上一样。

现在正是枝繁叶茂的时节。这棵榕树好像在把它的全部生命力展示给我们看。那么多的绿叶，一簇堆在另一簇的上面，不留一点缝隙。翠绿的颜色明亮地在我们的眼前闪耀，似乎每一片树叶上都有一个新的生命在颤动，这美丽的南国的树！

船在树下泊了片刻，岸上很湿，我们没有上去。朋友说这里是"鸟的天堂"，有许多鸟在这棵树上做窝，农民不许人去捉它们。我仿佛听见几只鸟扑翅的声音，但是等到我的眼睛注意地看那里时，我却看不见一只鸟的影子。只有无数的树根立在地上，像许多根木桩。地是湿的，大概涨潮时河水常常冲上岸去。"鸟的天堂"里没有一只鸟，我这样想到。船开了，一个朋友拨着船，缓缓地流到河中间去。

第二天，我们划着船到一个朋友的家乡去，就是那个有山有塔的地方。从学校出发，我们又经过那"鸟的天堂"。

这一次是在早晨，阳光照在水面上，也照在树梢上。一切都//显得非常光明。我们的船也在树下泊了片刻。

起初四周围非常清静。后来忽然起了一声鸟叫。我们把手一拍，便看见一只大鸟飞了起来，接着又看见第二只，第三只。我们继续拍掌，很快地这个树林就变得很热闹了。到处都是鸟声，到处都是鸟影。大的，小的，花的，黑的，有的站在枝上叫，有的飞起来，在扑翅膀。

节选自巴金《鸟的天堂》

【作品49号】

有这样一个故事。

有人问：世界上什么东西的气力最大？回答纷纭的很，有的说"象"，有的说"狮"，有人开玩笑似的说是"金刚"，金刚有多少气力，当然大家全不知道。

结果，这一切答案完全不对，世界上气力最大的，是植物的种子。一粒种子所可以显现出来的力，简直是超越一切。

人的头盖骨，结合得非常致密与坚固，生理学家和解剖学者用尽了一切的方法，要把它完整地分出来，都没有这种力气。后来忽然有人发明了一个方法，就是把一些植物的种子放在要剖析的头盖骨里，给它以温度与湿度，使它发芽。一发芽，这些种子便以可怕的力量，将一切机械力所不能分开的骨骼，完整地分开了。植物种子力量之大，如此如此。

这，也许特殊了一点儿，常人不容易理解。那么，你看见过笋的成长吗？你看见过被压在瓦砾和石块下面的一颗小草的生长吗？它为着向往阳光，为着达成它的生之意志，不管上面的石块如何重，石块与石块之间如何狭，它必定要曲曲折折地，但是顽强不屈地透到地面上来。它的根往土壤钻，它的芽往地面挺，这是一种不可抗拒的力，阻止它的石块，结果也被它掀翻，一粒种子的力量之大，//如此如此。

没有一个人将小草叫做"大力士"，但是它的力量之大，的确是世界无比。这种力是一般人看不见的生命力。只要生命存在，这种力就要显现。上面的石块，丝毫不足以阻挡。因为它是一种"长期抗战"的力；有弹性，能屈能伸的力；有韧性，不达目的不止的力。

节选自夏衍《野草》

【作品50号】

著名教育家班杰明曾经接到一个青年人的求救电话，并与那个向往成功、渴望指点的青年人约好了见面的时间和地点。

待那个青年如约而至时，班杰明的房门敞开着，眼前的景象却令青年人颇感意外——班杰明的房间里乱七八糟、狼藉一片。

没等青年人开口，班杰明就招呼道："你看我这房间，太不整洁了，请你在门外等候一分钟，我收拾一下，你再进来吧。"一边说着，班杰明就轻轻关上了房门。

不到一分钟的时间，班杰明又打开了房门并热情地把青年人让进客厅。这时，青年人的眼前展现出另一番景象——房间内的一切已变得井然有序，而且有两杯刚刚倒好的红酒，在淡淡的香水气息里还漾着微波。

可是，没等青年人把满腹的有关人生和事业的疑难问题向班杰明讲出来，班杰明就非常客气地说道："干杯。你可以走了。"

青年人手持酒杯一下子愣住了，既尴尬又非常遗憾地说："可是，我……我还没向您请教呢……"

"这些……难道还不够吗？"班杰明一边微笑着，一边扫视着自己的房间，轻言细语地说，"你进来又有一分钟了。"

"一分钟……一分钟……"青年人若有所思地说："我懂了，您让我明白了一分钟的时间可以做许//多事情，可以改变许多事情的深刻道理。"

班杰明舒心地笑了。青年人把杯里的红酒一饮而尽，向班杰明连连道谢之后，开心地走了。

其实，只要把握好生命的每一分钟，也就把握了理想的人生。

节选自纪广洋《一分钟》

【作品 51 号】
有个塌鼻子的小男孩儿，因为两岁时得过脑炎，智力受损，学习起来很吃力。打个比方，别人写作文能写二三百字，他却只能写三五行。但即便这样的作文，他同样能写得很动人。

那是一次作文课，题目是《愿望》。他极其认真的想了半天，然后极认真地写，那作文极短。只有三句话：我有两个愿望，第一个是，妈妈天天笑眯眯地看着我说："你真聪明。"第二个是，老师天天笑眯眯地看着我说："你一点也不笨。"

于是，就是这篇作文，深深地打动了他的老师，那位妈妈式的老师不仅给了他最高分，在班上带感情朗读了这篇作文，还一笔一画地批道：你很聪明，你的作文写得非常感人，请放心，妈妈肯定会格外喜欢你的，老师肯定会格外喜欢你的，大家肯定会格外喜欢你的。

捧着作文本，他笑了，蹦蹦跳跳地回家了，像只喜鹊。但他并没有把作文本拿给妈妈看，他是在等待，等待着一个美好的时刻。

那个时刻终于到了，是妈妈的生日——一个阳光灿烂的星期天。那天，他起得特别早，把作文本装在一个亲手做的美丽的大信封里，等着妈妈醒来。妈妈刚刚睁眼醒来，他就笑眯眯地走到妈妈跟前说："妈妈，今天是您的生日，我要//送给您一件礼物。"

果然，看着这篇作文，妈妈甜甜地涌出了两行热泪，一把搂住小男孩儿，搂得很紧很紧。

是的，智力可以受损，但爱永远不会。

节选自张玉庭《一个美丽的故事》

【作品 52 号】

　　小学的时候，有一次我们去海边远足，妈妈没有做便饭，给了我十块钱买午餐。好像走了很久，很久，终于到海边了，大家坐下来吃便饭，荒凉的海边没有商店，我一个人跑到防风林外面去，级任老师要大家把吃剩的饭菜分给我一点儿。有两三个男生留下一点儿给我，还有一个女生，她的米饭拌了酱油，很香。我吃完的时候，她笑眯眯地看着我，短头发，脸圆圆的。

　　她的名字叫翁香玉。

　　每天放学的时候，她走的是经过我们家的一条小路，带着一位比她小的男孩儿，可能是弟弟。小路边是一条清澈见底的小溪，两旁竹阴覆盖，我总是远远地跟在她后面。夏日的午后特别炎热，走到半路她会停下来，拿手帕在溪水里浸湿，为小男孩儿擦脸。我也在后面停下来，把肮脏手帕弄湿了擦脸，再一路远远地跟着她回家。

　　后来我们家搬到镇上去了，过几年我也上了中学。有一天放学回家，在火车上，看见斜对面一位短头发、圆圆脸的女孩儿，一身素净的白衣黑裙。我想她一定不认识我了。火车很快到站了，我随着人群挤向门口，她也走近了，叫我的名字。这是她第一次和我说话。

　　她笑眯眯的，和我一起走过月台。以后就没有再见过 // 她了。

　　这篇文章收在我出版的《少年心事》这本书里。

　　书出版后半年，有一天我忽然收到出版社转来的一封信，信封上是陌生的字迹，但清楚地写着我的本名。

　　信里面说她看到了这篇文章心里非常激动，没想到在离开家乡，漂泊异地这么久之后，会看见自己仍然在一个人的记忆里，她自己也深深记得这其中的每一幕，只是没想到越过遥远的时空，竟然另一个人也深深记得。

　　　　　　　　　　　　　　　　　　　　　　节选自苦伶《永远的记忆》

【作品 53 号】

　　在繁华的巴黎大街的路旁，站着一个衣衫褴褛、头发斑白、双目失明的老人。他不像其他乞丐那样伸手向过路行人乞讨，而是在身旁立一块木牌，上面写着："我什么也看不见！"街上过往的行人很多，看了木牌上的字都无动于衷，有的还淡淡一笑，便姗姗而去了。

　　这天中午，法国著名诗人让·彼浩勒也经过这里。他看看木牌上的字，问盲老人："老人家，今天上午有人给你钱吗？"

　　盲老人叹息着回答："我，我什么也没有得到。"说着，脸上的神情非常悲伤。

　　让·彼浩勒听了，拿起笔悄悄地在那行字的前面添上了"春天到了，可是"几个字，就匆匆地离开了。

　　晚上，让·彼浩勒又经过这里，问那个盲老人下午的情况。盲老人笑着回答说："先生，不知为什么，下午给我钱的人多极了！"让·彼浩勒听了，摸着胡子满意地笑了。

　　"春天到了，可是我什么也看不见！"这富有诗意的语言，产生这么大的作用，就在于它有非常浑厚的感情色彩。是的，春天是美好的，那蓝天白云，那绿树红花，那莺歌燕舞，那流水人家，怎么不叫人陶醉呢？但这良辰美景，对于一个双目失明的人来说，只是一片漆黑。当人们想到这个盲老人，一生中竟连万紫千红的春天 // 都不曾看到，怎能不对他产生同情之心呢？

　　　　　　　　　　　　　　　　　　节选自小学《语文》第六册中《语言的魅力》

【作品 54 号】

　　有一次，苏东坡的朋友张鹗拿着一张宣纸来求他写一幅字，而且希望他写一点儿关于养生方面的内容。苏东坡思索了一会儿，点点头说："我得到了一个养生长寿古方，药只有四味，今天就赠给你吧。"于是，苏东坡的狼毫在纸上挥洒起来，上面写着："一曰无事以当贵，二曰早寝以当富，三曰安步以当车，四曰晚食以当肉。"

　　这哪里有药？张鹗一脸茫然地问。苏东坡笑着解释说，养生长寿的要诀，全在这四句里面。

　　所谓"无事以当贵"，是指人不要把功名利禄、荣辱过失考虑得太多，如能在情志上潇洒大度，随遇而安，无事以求，这比富贵更能使人终其天年。

　　"早寝以当富"，指吃好穿好、财货充足，并非就能使你长寿。对老年人来说，养成良好的起居习惯，尤其是早睡早起，比获得任何财富更加宝贵。

　　"安步以当车"，指人不要过于讲求安逸、肢体不劳，而应多以步行来替代骑马乘车，多运动才可以强健体魄，通畅气血。

　　"晚食以当肉"，意思是人应该用已饥方食、未饱先止代替对美味佳肴的贪吃无厌。他进一步解释，饿了以后才进食，虽然是粗茶淡饭，但其香甜可口会胜过山珍；如果饱了还要勉强吃，即使美味佳肴摆在眼前也难以//下咽。

　　苏东坡的四味"长寿药"，实际上是强调了情志、睡眠、运动、饮食四个方面对养生长寿的重要性，这种养生观点即使在今天仍然值得借鉴。

　　　　　　　　　　　　　　　　　　　　　　　　节选自蒲昭和《赠你四味长寿药》

【作品 55 号】

　　人活着，最要紧的是寻觅到那片代表着生命绿色和人类希望的丛林，然后选一高高的枝头站在那里观览人生，消化痛苦，孕育歌声，愉悦世界！

　　这可真是一种潇洒的人生态度，这可真是一种心境爽朗的情感风貌。

　　站在历史的枝头微笑，可以减免许多烦恼。在那里，你可以从众生相所包含的甜酸苦辣、百味人生中寻找你自己；你境遇中的那点苦痛，也许相比之下，再也难以占据一席之地；你会较容易地获得从不悦中解脱灵魂的力量，使之不致变得灰色。

　　人站得高些，不但能有幸早些领略到希望的曙光，还能有幸发现生命的立体的诗篇。每一个人的人生，都是这诗篇中的一个词、一个句子或者一个标点。你可能没有成为一个美丽的词，一个引人注目的句子，一个惊叹号，但你依然是这生命的立体诗篇中的一个音节、一个停顿、一个必不可少的组成部分。这足以使你放弃前嫌，萌生为人类孕育新的歌声的兴致，为世界带来更多的诗意。

　　最可怕的人生见解，是把多维的生存图景看成平面。因为那平面上刻下的大多是凝固了的历史——过去的遗迹；但活着的人们，活得却是充满着新生智慧的，由//不断逝去的"现在"组成的未来。人生不能像某些鱼类躺着游，人生也不能像某些兽类爬着走，而应该站着向前行，这才是人类应有的生存姿态。

　　　　　　　　　　　　　　　　　　　节选自[美]本杰明·拉什《站在历史的枝头微笑》

【作品 56 号】

　　中国的第一大岛、台湾省的主岛台湾，位于中国大陆架的东南方，地处东海和南海之间，隔着台湾海峡和大陆相望。天气晴朗的时候，站在福建沿海较高的地方，就可以隐隐约约地望见岛上的高山和云朵。

台湾岛形状狭长，从东到西，最宽处只有一百四十多公里；由南到北，最长的地方约有三百九十多公里。地形像一个纺织用的梭子。

台湾岛上的山脉纵贯南北，中间的中央山脉犹如全岛的脊梁。西部为海拔近四千米的玉山山脉，是中国东部的最高峰。全岛约有三分之一的地方是平地，其余为山地。岛内有缎带般的瀑布，蓝宝石似的湖泊，四季常青的森林和果园，自然景色十分优美。西南部的阿里山和日月潭，台北市郊的大屯山风景区，都是闻名世界的游览胜地。

台湾岛地处热带和温带之间，四面环海，雨水充足，气温受到海洋的调剂，冬暖夏凉，四季如春，这给水稻和果木生长提供了优越的条件。水稻、甘蔗、樟脑是台湾的"三宝"。岛上还盛产鲜果和鱼虾。

台湾岛还是一个闻名世界的"蝴蝶王国"。岛上的蝴蝶共有四百多个品种，其中有不少是世界稀有的珍贵品种。岛上还有不少鸟语花香的蝴 // 蝶谷，岛上居民利用蝴蝶制作的标本和艺术品，远销许多国家。

节选自《中国的宝岛——台湾》

【作品 57 号】

对于中国的牛，我有着一种特别尊敬的感情。

留给我印象最深的，要算在田垄上的一次"相遇"。

一群朋友郊游，我领头在狭窄的阡陌上走，怎料迎面来了几头耕牛，狭道容不下人和牛，终有一方要让路。它们还没有走近，我们已经预计斗不过畜牲，恐怕难免踩到田地泥水里，弄得鞋袜又泥又湿了。正踟蹰的时候，带头的一头牛，在离我们不远的地方停下来，抬起头看看，稍迟疑一下，就自动走下田去。一队耕牛，全跟着它离开阡陌，从我们身边经过。

我们都呆了，回过头来，看着深褐色的牛队，在路的尽头消失，忽然觉得自己受了很大的恩惠。

中国的牛，永远沉默地为人类做着沉重的工作。在大地上，在晨光或烈日下，它拖着沉重的犁，低头一步又一步，拖出了身后一列又一列松土，好让人们下种。等到满地金黄或农闲时候，它可能还得担当搬运负重的工作；或终日绕着石磨，朝同一方向，走不计程的路。

在它沉默的劳动中，人便得到应得的收成。

那时候，也许，它可以松一肩重担，站在树下，吃几口嫩草。偶尔摇摇尾巴，摆摆耳朵，赶走飞附身上的苍蝇，已经算是它最闲适的生活了。

中国的牛，没有成群奔跑的习 // 惯，永远沉沉实实的，默默地工作，平心静气。这就是中国的牛。

节选自小思《中国的牛》

【作品 58 号】

不管我的梦想能否成为事实，说出来总是好玩儿的：

春天，我将要住在杭州。二十年前，旧历的二月初，在西湖我看见了嫩柳与菜花，碧浪与翠竹。由我看到的那点春光，已经可以断定，杭州的春天必定会教人整天生活在诗与图画之中。所以，春天我的家应当是在杭州。

夏天，我想青城山应当算作最理想的地方。在那里，我虽然只住过十天，可是它的幽静已拴住了我的心灵。在我所看见过的山水中，只有这里没有使我失望。到处都是绿，目之所及，那片淡而光润的绿色都在轻轻地颤动，仿佛要流入空中与心中去似的。这个绿色会像音乐，涤清了心中的万虑。

秋天一定要住北平。天堂是什么样子，我不知道，但是从我的生活经验去判断，北平之秋便是天堂。论天气，不冷不热。论吃的，苹果、梨、柿子、枣儿、葡萄，每样都有若干种。论花草，菊花种类之多，花式之奇，可以甲天下。西山有红叶可见，北海可以划船——虽然荷花已残，荷叶可还有一片清香。衣食住行，在北平的秋天，是没有一项不使人满意的。

冬天，我还没有打好主意，成都或者相当的合适，虽然并不怎样和缓，可是为了水仙、素心腊梅，各色的茶花，仿佛就受一点儿寒//冷，也颇值得去了。昆明的花也多，而且天气比成都好，可是旧书铺与精美而便宜的小吃远不及成都那么多。好吧，就暂这么规定：冬天不住成都便住昆明吧。

在抗战中，我没能发了国难财。我想，抗战结束以后，我必能阔起来。那时候，假若飞机减价，一二百元就能买一架的话，我就自备一架，择黄道吉日慢慢地飞行。

节选自老舍《住的梦》

【作品 59 号】

我不由得停住了脚步。

从未见过开得这样盛的藤萝，只见一片辉煌的淡紫色，像一条瀑布，从空中垂下，不见其发端，也不见其终极，只是深深浅浅的紫，仿佛在流动，在欢笑，在不停地生长。紫色的大条幅上，泛着点点银光，就像迸溅的水花。仔细看时，才知那是每一朵紫花中的最浅淡的部分，在和阳光互相挑逗。

这里除了光彩，还有淡淡的芳香。香气似乎也是浅紫色的，梦幻一般轻轻地笼罩着我。忽然记起十多年前，家门外也曾有过一大株紫藤萝，它依傍一株枯槐爬得很高，但花朵从来都稀落，东一穗西一串伶仃地挂在树梢，好像在察颜观色，试探什么。后来索性连那稀零的花串也没有了。园中别的紫藤花架也都拆掉，改种了果树。那时的说法是，花和生活腐化有什么必然关系。我曾遗憾地想：这里再看不见藤萝花了。

过了这么多年，藤萝又开花了，而且开得这样盛，这样密，紫色的瀑布遮住了粗壮的盘虬卧龙般的枝干，不断地流着，流着，流向人的心底。

花和人都会遇到各种各样的不幸，但是生命的长河是无止境的。我抚摸了一下那小小的紫色的花舱，那里满装了生命的酒酿，它张满了帆，在这//闪光的花的河流上航行。它是万花中的一朵，也正是由每一个一朵，组成了万花灿烂的流动的瀑布。

在这浅紫色的光辉和浅紫色的芳香中，我不觉加快了脚步。

节选自宗璞《紫藤萝瀑布》

【作品 60 号】

在一次名人访问中，被问及上个世纪最重要的发明是什么时，有人说是电脑，有人说是汽车，等等。但新加坡的一位知名人士却说是冷气机。他解释，如果没有冷气，热带地区如东南亚国家，就不可能有很高的生产力，就不可能达到今天的生活水准。他的回答实事求是，有理有据。

看了上述报道，我突发奇想：为什么没有记者问："二十世纪最糟糕的发明是什么?"其实二○○二年十月中旬，英国的一家报纸就评出了"人类最糟糕的发明"。获此"殊荣"的，就是人们每天大量使用的塑料袋。

诞生于上个世纪三十年代的塑料袋，其家族包括用塑料制成的快餐饭盒、包装纸、餐用杯盘、饮料瓶、酸奶杯、雪糕杯等等。这些废弃物形成的垃圾，数量多、体积大、重量轻、不降解，给治理工作带来很多技术难题和社会问题。

比如，散落在田间、路边及草丛中的塑料餐盒，一旦被牲畜吞食，就会危及健康甚至导致死亡。填埋废弃塑料袋、塑料餐盒的土地，不能生长庄稼和树木，造成土地板结。而焚烧处理这些塑料垃圾，则会释放出多种有毒化学气体，其中一种称为二恶英的化合物，毒性极大。

此外，在生产塑料袋、塑料餐盒的//过程中使用的氟里昂，对人体免疫系统和生态环境造成的破坏也极为严重。

节选自林光如《最糟糕的发明》

4. 从下列话题中任选一题，自然流畅地围绕话题说话(3分钟)。

(1) 我的愿望(或理想)

(2) 我的学习生活

(3) 我尊敬的人

(4) 我喜爱的动物(或植物)

(5) 童年的记忆

(6) 我喜爱的职业

(7) 难忘的旅行

(8) 我的朋友

(9) 我喜爱的文学(或其它)艺术形式

(10) 谈谈卫生与健康

(11) 我的业余生活

(12) 我喜欢的季节(或天气)

(13) 学习普通话的体会

(14) 谈谈服饰

(15) 我的假日生活

(16) 我的成长之路

(17) 谈谈科技发展与社会生活

(18) 我知道的风俗

(19) 我和体育

(20) 我的家乡(或熟悉的地方)

(21) 谈谈美食

(22) 我喜欢的节日

（23）我所在的集体（学校、机关、公司等）

（24）谈谈社会公德（或职业道德）

（25）谈谈个人修养

（26）我喜欢的明星（或其他知名人士）

（27）我喜爱的书刊

（28）谈谈对环境保护的认识

（29）我向往的地方

（30）购物（消费）的感受

中　篇
一般交际口语技能训练

第四章　一般交际口语概述

第一节　一般交际口语的特点

一、口语与交际口语

1. 口语

语言是人类最重要的交际工具。语言分为口语和书面语两种形式。口语是口头交际使用的语言，是最早被人类普遍应用的语言形式。所有的民族都有口语。口语通常是通过声音传播的。根据需要，文学作品中也常以文字记录口语。

2. 交际口语

交际口语是交际者出于某种社交需要，运用连贯规范的有声语言传递信息、表情达意的口语表达形式。

二、交际口语的特点

交际口语是一种口语形式，以双方面对面交际为典型形式。它既需要斟酌选择贴切简短的口语材料，又必须考虑对方的情况和信息反馈，而且还要受当时社交环境的制约，并可以配以其他手段(如肢体语言等)，这些决定了交际口语的以下特点。

1. 及时性

语言是思维的外壳，思维是语言的内核。口语表达过程实际上是把思维的结果表述出来的过程，口语交际中思维的品质和水平，很大程度上制约着口语交际的质量。口语交际一开始，思维就必须紧紧跟上，要求交际者思维敏捷，反应灵活，表达迅速。内部语言的思维和外部语言的口语几乎是同步的。交际口语的训练，重要的一项就是要做到"心到口到"，想得快，说得好，说得准。

2. 突发性

口语交际的发生，并不都是事先预约好的，它有很强的突发性。有两种情况：一是双方都没有准备、没有预料，比如两人不期而遇的交谈；二是一方没有准备、没有预料，如突然被叫去谈话、被提问、被采访等。

3. 特定性

交际口语有其环境因素的特定性，总是在一定的交际环境中进行的。交际口语要切合题旨和情境，合乎说话人的身份和交际对象，才能做到得体。

环境因素主要指交际对象、时间、空间和具体的场景。交际对象的性别、年龄、民族、职业、文化程度等，都会影响到交际语言形式的选择。

4. 综合性

交际口语的运用是一种综合性的语言表达艺术，思想、人格、形象、个性、风度、气质和修辞技巧，还有敏捷的思维、渊博的知识、丰富的经验、语言的造诣，都对交际的成功起着重要的作用。

第二节　一般交际口语使用中应注意的几个问题

一、处理好书面语言和口头语言的关系

人们用语言进行交际。文字出现以前语言只有口耳相传的交际形式，即口头语言。有了文字以后才出现了书面语言。口语比书面语的历史悠久得多。书面语是在口语的基础上产生的，虽然两者都是交际工具，但口语主要靠听觉，即听与说；书面语主要靠视觉，即读与写。由于凭借的条件不同，使用的情境不同，它们之间既有联系又有差别。口语表达时，用词范围比较窄，句子比较短，结构比较简单，还可以有重复、间断、颠倒、补说，也可以用起填空作用的口语词，如"这个、那个"、"呃、啊"之类没有意义的音节。

交际口语以口语为主要形式，必要时辅以书面语。

二、处理好表述语言和肢体语言的关系

在交往过程中，人们为了表达自己的思想感情，经常借助肢体语言，以达到强化口语交际内容的目的。而肢体语言的运用，只起到辅助作用，不能喧宾夺主，而且使用不当，还可能造成负面影响。因此，我们在使用肢体语言时，要注意：

(1) 肢体语言的使用要适当。肢体语言的运用不宜过多，要把握适当原则，不要影响

有声语言的表达。

（2）要把握适时、适度的原则。肢体语言运用的幅度、力度、频率等受到有声语言、语境等因素的制约，要注意把握分寸。动作幅度不宜过分夸张，形式不宜复杂；力度和频率要适中，要有助于口语表达，不要喧宾夺主、哗众取宠。

（3）肢体语言只起辅助作用，不可能代替有声语言的表述。

三、处理好思维与语言的转换关系

口语交际是人们相互交流思想感情的活动。思想交流的外在形式是说话，而说什么，怎么说，以及在特定的情景中能否很快有话说，说得是否得体，都受到思维的影响和制约。

1. 思维与语言的关系

语言既是交际的工具，也是思维的工具。思维是人脑的特有功能，包括形象思维、抽象思维等多种形式。同时，思维与语言又密不可分。没有思维就没有语言，思维是语言的内容，语言是思维的工具。语言表达过程实际上是把思维的内容表述出来的过程，语言要受思维指向的支配。另一方面，语言对思维也起着加工、改造的作用。在口语交际的过程中，思维的品质和水平，会在很大程度上制约口语交际的效果。我们在训练时，不能只在语言技巧上下工夫，还要认真地进行思维训练。

2. 思维到语言的转换

口语交际就是说话的过程，而说话过程就是从内部语言向外部语言转化的过程。实际上就是思维——语言——思维的过程。人的某个具体思维内容，在没有找到恰当话语表达时，是交织在一起的模糊团，分不出条理，没有次序，划不出界限。而说出的话却是有次序的链条，同时每句话的组成成分——词语都是可以分离的。因此，要想把自己的思维变成话语，首先就要用词语把思维分隔开，应该与脑中所想完全重合，没有完全重合就得不断更换词语或调整句子结构，直到重合为止。从思维到言语的转化过程的快与慢、好与坏，是一个人口语交际能力强与弱的重要标志。所以，口语交际要在这种转化能力上下工夫。

思考与练习

思考题

1. 什么是口语？什么是交际口语？

2. 交际口语有什么特点？

3. 一般交际口语使用中应注意什么问题？

4. 结合自己学习生活语境，谈谈礼貌用语在同学交往中的作用。

练习题

1. 下面这位老师与家长的谈话是否符合现代人的交际习惯？为什么？

教师："请问尊姓大名？"

家长："我叫王大江。"

教师："久仰久仰！还没有请教您在哪里高就……"

教师："哦，就是在哪里工作……"

家长："嗨，我在机电厂工作。"

教师："哦哦，那好极了，这真是……"

2. 人们说话，同一个意思，可以有不同的说法。请设计几种不同的交际场合，讨论在哪种场合中应该说得典雅庄重（或委婉含蓄、简短），哪种场合应该说得随便通俗（或直接明了、详细）。

3. 作为老师，新学期开学时你要在班上向同学们讲一番话。请设计出在新生班和老生班两个不同语境下的口语表达方式。

4. 请为教师在课堂教学、课后教育、与家长谈话这三种语境中的口语表达，各归纳出10条文明礼貌用语。

5. 欢乐的毕业联欢会结束了。在和王老师告别的时候，他亲切地拉着我的手说："××同学，希望你今后在工作、学习上取得更大的进步！"

我说：_____

6. 下面的场合，如果班长既想达到批评的目的，又想把话说得委婉些，表达恰当的一项是（   ）。

小李和小杨，为了一点小事，两人自习课上大声地争吵起来。这时，班长说：

A. 你们这样大声争吵，影响很坏。

B. 你们这样大声争吵，难道不感到羞耻吗？

C. 你们这样大声争吵，影响不太好吧。

D. 你们这样大声争吵，真是太"了不起"了。

7. 王刚同学原本学习成绩一直不错，可是，今年开学以来，受他人影响迷上了电子游戏，平时与同学也谈游戏，学习投入少了，上课有时也想着游戏内容。期末考试，成绩大幅下滑。这时，他才猛然醒悟，心里很难过，在家里闷闷不乐，有时还发脾气。面对这种情况，王刚的妈妈和同学都准备开导他。他们怎样开导才能产生效果呢？

第五章　一般交际口语技能训练

※※

第一节　听话技能训练

听话是口语交际的重要组成部分，有时它又是说话的前提。我们回话之前必须先听清楚、听明白，才能做出相应的反应。所以我们在交际过程中要养成"认真听别人讲话"的习惯。

一、听话的作用

1. 在双向交流中的作用

人们的言语交际活动包括了听、说、读、写几个方面，但在现实言语交际中却有近一半的时间在听别人说话，这就要求人们应具有一定的听话能力，以便正确理解别人话语中的含义。

随着人类交际活动的日益频繁及现代科学技术的迅速发展，听话已成为社会生活中交流信息的主要途径，听话能力已成为人们进行日常交际的重要能力。现代信息社会对人的听话能力提出了更高的要求：听得准、听得快、记得牢，有较高的言语品评能力和重新组合能力。这些能力只有通过系统的训练才能提高。

听话能力的提高还可以促进思维、智力和语言能力的全面发展。听、说、读、写能力是一个人生存发展的必备能力，从四种能力的辩证关系看，听能促进说，读可促进写，反之亦然。而听、说、读、写能力的提高又离不开好的思维品质，因为语言表达的内容实际上就是思维的结果。在语言训练中，要重视思维的同步训练，不断培养思维的条理性、敏捷性、灵活性，进而全面提高语言表达能力。

2. 在以教师单向信息输出为主的课堂教学中的作用

良好的听话能力是人们获取知识的重要途径。具有良好的听话能力，有助于学习能力的提高。学生接受知识主要以口耳相传的课堂教学方式来进行，如果听话能力强，就能在课堂上抓住老师所讲知识的重点和中心，及时把握应该掌握的内容并随时消化巩固；而有的学生听课时抓不住重点和中心，学习效率就非常低。

具有良好的听话能力，也是未来教师做好教育教学工作的重要本领。课堂教学是双向互动的活动，教师不仅要说，也要听，听学生的信息反馈，才能因材施教，对症下药，才会教学相长，共同提高。

二、听话能力的要求

（1）听清音节和句子，并通过语音外在的快慢、高低、强弱、虚实，理解内在的感情色彩和分量。

（2）要能快速而准确地理解语义。

（3）对话语的品评能力要强。

（4）听话时要能迅速抓住中心和重点，要能对别人的话作出是非、效果和价值的评价。

（5）听话的态度要认真、有礼貌，要尊重他人。

三、听话能力训练

（一）注意能力及瞬间接受能力训练

人们交际时，主要使用的是口语。口语不像书面语，它具有即时性，说话人的声音结束，就再也找不到口语的痕迹了。所以，具有良好的注意能力及瞬间接受能力，能及时抓住说话者话语中关键的、重要的、有意义的、有价值的信息，以便丰富知识，增长见识，提高素养。

（1）听记时，注意力高度集中，并准备好纸笔，养成边听边记要点的良好习惯。

（2）把握听课速记的一些方法。如：

A 索引式速记法——记下有关听记内容的出处，为课后寻找这些材料提供线索。

B 符号式速记法——自己设计一些常用的符号，代表那些常出现的专用名词或词组，复习时一见便知其义。

C 浓缩式速记法——快速记下主题词、统领句、关键话语。

D 首尾式速记法——记下可推出其意思的起始句、分论点或小结语。

E 提纲式速记法——借用教师的板书或循着讲课人的思路，设计一个内容提纲，作为听课笔记。

此外，还可以学会"跳行记"、"留空记"、"划线记"等听记技巧，努力提高自己的快速听记本领。

（二）理解能力训练

对词语、句子、句群以及整段话语意义的理解是听话能力的核心。要能听清说话者的大致内容以及关键词语，力求准确、完整地理解，能辨别出语句重音。因为语句重音是体现语句目的的重要手段，重音不同，语句目的也不同。

例如，"我一次买了一打铅笔。"：

A "我一次买了一打铅笔。"（不是别人）

B "我一次买了一打铅笔。"（不是分几次）

C "我一次买了一打铅笔。"（不是借的或捡的）

D "我一次买了一打铅笔。"（不是一只或几只）

E "我一次买了一打铅笔。"（不是钢笔或圆珠笔）

在听话过程中还应学会从上下文的关系中迅速而准确地判断词语的含义。尤其是汉语中的同音词、音近字，如"形式"与"形势"、"娇气"与"骄气"、"石油"与"食油"等等。

（三）储存记忆能力训练

听话的记忆能力，是听话能力的重要构成因素。听到的话若不能记住，"一只耳朵进，一只耳朵出"，听话就没有什么意义了。听别人说话能迅速做有意识的记忆，把外部语言材料所负载的信息转化成一种心理形式输入大脑并储存起来；听话者一边通过语音吸收其负载的信息，一边记住，不断地听，不断地记，使记忆的材料形成网络和系统，这样，听话才是有意义的。

听话中记忆与理解是不可分的。外部信息只有纳入记忆中已有的信息网络，才是可以理解和记忆的。记忆中的已有知识，是理解新听到的话的基础，而理解又是记忆的前提。听话中的记忆，不仅仅停留在记住词语的听觉编码，更重要的是以语言的听觉编码为桥梁，达到深层次的意义编码。据心理学家研究，在大脑中，语言的表层形式和它所表现的意义，是分别储存的。由语言的表层形式建起"意义"，这个"意义"被记住，而语言的表层形式渐被"淡忘"。需要表达这个"意义"的时候，会用储备的语言材料生成相应的语句，来表达这个"意义"。新生成的语句不一定与原来的语句形式相同。由此，我们可以认识到，听话记忆是和理解密不可分的。

听别人说话，不可能也没有必要一字不漏地全部记下来，应记住主要内容。要做到这一点，听话时就要不断过滤掉重复的或模糊的信息，而主要记住那些关键词语，特别是人名、地名、时间、重要的数字以及事情的主要情节、规律性的认识和重要的结论，否则只会记住后面的，忘了前面的，最后一无所获。

（四）分析归纳能力训练

会听，很重要的一个方面是会从整体把握所听内容。人们说话时，由于受时间限制、心理因素、环境等因素的作用，不可能像写作那样字斟句酌，所说出的话必然会有许多与话题无关的或关系不大的内容，这就要求听话人善于区分主次，把别人零乱的谈话理出头绪，从而抓住所听内容的主旨，这也就是说会听应具备分析归纳能力。正确理解说话人的意思，及时判断其说话内容的是非优劣，是听话的基本要求。要做到听音辨义，说话人的见解是否正确有依据，说话人的思路是否明确，内容是否真实可信，说话人用了哪些表达技巧以及总体评价怎样等。

第二节　说话技能训练

一、讲故事

讲故事就是把我们看到的、听到的或自己编的故事，用口语有声有色、绘形绘神地讲出来。

讲故事是人们喜闻乐见的一种口语形式。好的故事有助于人们开阔视野，增长知识，认识生活，发展思维，获得精神上的愉悦，陶冶高尚的思想情操。由于情节生动，语言活泼，容易感知和吸收，所以在幼儿园，讲故事是寓教于乐的有效手段，是对幼儿进行教育教学活动的极好形式。因此，会讲故事是幼儿教师职业的要求，是幼儿教师的基本功。

（一）讲故事应注意的问题

1. 选择故事

故事作品不计其数，风格类型丰富多彩，篇幅长短不一，所以我们要根据教学的目的、对象有针对性地选择适当的材料。在幼儿园教育教学活动中，选择故事要注意以下几点：

（1）思想感情积极健康，具有"真善美"的内涵，对幼儿的成长有益；

（2）情节要有趣，人物形象要生动，能吸引幼儿的注意力；

（3）叙事方式和表现手法符合幼儿的思维特点，语言要浅显、生动、朗朗上口，符合幼儿能够接受的语言特点和水平；

（4）不同年龄的幼儿需要不同的故事形式：3～4岁的幼儿喜欢听动物故事，5岁以上的幼儿喜欢听童话故事、民间故事、英雄人物故事等。

2. 熟悉故事

要记住故事的题目，把握人物和环境，理解故事的主题，熟记故事的情节、人物的语言。讲故事不是读故事、背故事，因此要熟记故事，做到熟能生巧。在熟悉故事的过程中可以标记一些技巧符号，大致如下："·"表示重读，"O"表示轻读，"⊙"表示重音轻读，"△"表示顿音，"｜//"表示停顿，"～～"表示慢速，"——"表示快速，"⌒"表示连接，"～"表示曲折，"↘"表示下降，"↗"表示上扬。

3. 进行再创作

讲故事不是背诵故事，要在熟悉故事的基础上对原材料作适当的处理：调整故事情节特别是细节等内容，或添枝加叶，或修枝剪叶，还可以增加设问、设置悬念等；调整语言，改换句子以适应不同年龄的听众，把书面词语改成艺术化的口语，使语言既浅显、生动、活泼、适宜幼儿接受，又有利于提高他们的语言水平。

4. 做好角色处理

在有声语言的运用上，应注意对角色进行处理，做到"言如其人"，对不同的人物形象要有效地控制好声带，或挤、压让声带更加粗、厚，使声音变得浑厚、苍老，或拉、伸让声带更加薄、细，使声音变得清脆、稚嫩，以表现出不同人物的性格特征；还要把握好语速、节奏的变化；要使用必要的口技，把自然界的万事万物模拟出来；还要使用肢体语言，眼神、表情、手势、身姿恰当，以强化人物形象的感染力。

（二）讲故事的技巧

故事，侧重于事件过程的描述，强调的是人物的形象性和情节的连贯性、生动性。因此，在讲故事的过程中要做到把人物形象、事件过程和环境介绍立体地展现在听众面前，使人如闻其声、如见其形、如临其境，吸引听众，使之受到感染，收到良好的效果。

在讲故事的过程中要注意以下技巧：

（1）处理好开头和结尾。故事的开头一定要有吸引力，要能够引起幼儿倾听的欲望；故事的结尾要能够让幼儿有所思索，富有意味。开头语和结束语都可以根据故事的特点和讲故事的目的进行设计。

（2）处理好叙述语言和人物语言。要讲好故事，语言必须准确、清晰、生动，声音的高低快慢一定要符合情节展开和人物性格，注意区别故事中作者的叙述语言和情节中的人物语言，并注意两者之间的转换。叙述语言既要体现讲故事者作为旁观者的客观性，用声自然、平稳，又要体现讲故事者的感情、态度，叙述语言根据内容、风格的不同，而运用与之相应的语气、语调、语速、音量等，并且随着情节的发展而起伏变化。而人物语言应有故事人物的"角色"感，做到声如其人，着力表现人物性格和思想感情，抓住人物的言行和心理活动。比如，谦虚的人说话平静真诚，骄傲的人说话盛气凌人，自尊自爱的人说话不卑不亢，奉承拍马的人说话低三下四，性格刚强的人说话铿锵有力，性格懦弱的人说话有气无力等。也可以运用恰当的语气语调进行模仿，在运用"模拟"手段时，声音可以适当地夸张。

（3）注意肢体语言的运用。不同的眼神、姿势、动作、表情等肢体语言和某些特殊话语的声音模拟，可以使人物性格突出，增强故事的表现力。但运用一定要贴切自然，要随着故事内容发展而变化，面部表情要明确，可略带夸张，手势和身姿幅度要小，千万不要生硬做作。

（4）适当运用口技模仿声音。由于情节的需要，讲故事有时要模仿自然界的风声、雨声、流水声，模仿人的笑声、哭声、叹息声，也要模仿动物的鸣叫声以及汽车声、轮船声、飞机声等等。口技模拟运用得好，可以起到渲染环境气氛的作用，增强故事的真实性和形象性，加强口语的表达效果。

二、即兴演讲

即兴演讲是在特定场景和主题的诱发下，演讲者自发或者应别人要求立即进行的演讲，是一种不凭借文字材料进行表情达意的口语交际活动。

（一）即兴演讲的特点

（1）即兴发挥。即兴演讲大多只有两三分钟时间打腹稿，是靠"临阵磨枪"，即兴发挥，故而得名。至于即兴演讲比赛，更是当场抽签得题，临时作演讲准备，马上进行比赛的。

（2）篇幅短小。由于临时准备、即兴发表的讲话，很难构思出长篇大论来，因此即兴演讲一般是主题单一、篇幅短小、时间短暂的演讲。有的两三分钟，有的甚至寥寥几句。

（3）使用面广。即兴演讲在日常生活中使用面很广，如小范围社会聚会中的欢迎、欢送、哀悼、竞选、就职、答谢、婚礼、寿庆等场合下的发言或讲话。对于教师而言，在主题班会、迎新仪式、毕业典礼、节日联欢等场合下，即兴演讲也有着广泛的运用。由于在这些场合，演讲者只要言简意赅，当场表示某种心意即可，不宜作过于冗长的演讲，因此即兴演讲越来越受到各方面的欢迎。

（二）即兴演讲的技巧

美国纽约交际学院院长达尔·卡内基认为，即兴演讲并不是"无任何准备的演讲"，他说，"那是信口漫话，或叫信口开河"。这就是说，即兴演讲在任何情况下都是可以有些准备的。这种准备，一是预测性准备，参加某次会议，某个活动，可以预先想一想，如果要我讲话，我讲些什么？二是临场性准备。不管临场前演讲开始前的时间多么短暂，即使只有两三分钟，也提供了宝贵的准备时间。

1. 即兴演讲的选材

就即兴演讲的选材而言，一般常用"选点"法。所谓"选点"，就是选好沟通演讲者与听众心灵的人或事物。由于即兴演讲事先无法精心构思演讲稿，因此在演讲时，必须临场选择听众熟悉的，易于理解的人、事、物作为媒介物，传递信息，才能激发听众的共鸣。同时所选的人、事、物又必须与演讲的主题和谐一致，也只有这样，才能充分表达演讲者该时该地的特定的思想感情。

例如：1927年9月的一天，向井冈山进军的红军战士忙着给"老表"家挑水。当时部队刚受了挫折，战士们议论纷纷。这时毛泽东同志来到战士中间，大家热情地围上来请他讲话。毛泽东同志当即分析了受挫折的原因和革命形势。他指着院子里的大水缸说："现在蒋介石好比一只大'水缸'，我们红军好比一块'石头'，'水缸'样子挺大，但经不起石头一击。我们这块小'石头'一定能砸烂蒋介石这只大'水缸'。"

毛泽东同志巧妙地选了"水缸""石头"为点，分别形象地比喻当时的革命形势，深入浅出，通俗易懂，丝毫没有说教的意味。

下面介绍几种常见的选点方法：

（1）以"物"为点。抓住某物在特定场合、特定时间下的象征意义，借题发挥。如上例中选的"石头"和"水缸"。

（2）以"环境"为点。这是以会场的环境或某种氛围为点，点明其象征意义，从而表现演讲主题。

闻一多先生在作《最后一次演讲》快结束时，抬起头来，正好看到了窗外的蓝天，阳光照射在礼堂的门槛上。于是他满怀热情地向年轻朋友们继续说道：

"我们的光明就要出现了。看！光明就在我们眼前。正像李先生临终时说的，'天快亮了'！现在正是黎明前那个最黑暗的时候，我们有力量打破这个黑暗，争到光明！我们的光明，就是反动派的末日。"

闻一多先生以视觉上的光明象征政治上的光明，形象贴切，涵义隽永，对未来充满了希望。

（3）以"前者讲的内容"为点。此法要求当场从前面演讲者的演讲里捕捉话题，加以引申、发挥，讲出新意来，从而给人以启迪，所以难度相当大。

2. 即兴演讲的构思

就即兴演讲的构思而言，一般常用"连缀"法。

所谓"连缀"，就是通过联想，把已经选好的点——看似孤立的人、事、物有机地联系起来，并设法将这种"联系"上升到某种高度，以表现演讲的主题。当然，这种"连缀"（即联想）决不是点与点的简单罗列、相互关系的简单陈述、华丽词句的简单堆砌，而应严密地构思、创造性地思维、有机地联想，从而把它们组织在一起，形成一个和谐统一的整体。

下面介绍几种常见的"连缀"方法：

（1）并联式。并联法是将各点并列在一起，排比成篇，分析其中的关系，得出有意义的认识来。

（2）对比式。对比法顾名思义是将独立的两个点并立在一起，形成强烈的反差，从而深刻地揭示演讲主题。

（3）宝塔式。宝塔法是用递进深入的方法把各点连缀起来，使之成为步步高、层层深的整体。

（4）模式构思。有经验的即兴演讲者惯以一个模式框架作为依傍进行快速的构思，使自己的表达既符合人们的认识规律，又能引起人们的兴趣。这种模式框架的种类很多，可以选择运用。

例如：美国公共演讲专家理查德所归纳的"结构精选模式"就是比较实用的一种。理查德认为，即兴演讲应当记住以下几句话，它是个层次的提示信号：

喂，请注意！（开头就激起听众的兴趣）

为什么要费口舌？（强调指出演讲的重要性）

举例子。（用具体事例形象化地将一个个论点印入听众的脑海里）

怎么办？（具体讲清大家该做些什么）

这四句话，既可作演讲前的启发，又可作演讲过程中思路线索的提示；既可以预防"放野马"式的信口开河，又有助于较好地表达题旨。具体实例如表 5-1。

表 5-1 常规模式和精选模式的对比

提示语	喂，请注意	为什么要费口舌	举例子	怎么办
常规模式	今天我要讲的内容是保障行人生命安全减少交通安全事故	交通安全很重要，这不是一个可讲可不讲的问题	造成交通事故的原因有如下几点：1……2……3……	下面提几点原则性意见：1……2……3……
精选模式	上星期四特地购买 450 具晶莹的棺材运到我们的城市	不讲交通安全，那订购的 450 具棺材也许正等着我，等着你，等着我们的亲人……	通过一个个事例讲清每日每时会使我们送命的潜在因素	下面我告诉大家，当……时，应当……；当……时，应当……

三、交谈

交谈是人际间最直接、最广泛、最简便的言语交际形式。

（一）交谈的特点

（1）话题灵活。交谈时可以就一个共同话题展开，也可以随时提出新的话题。

（2）听说兼顾。交谈往往处于多向信息传递过程中，说与听须互相配合，才能保证交谈的进行。

（3）口语化。交谈时说的话一般不作刻意的修饰，随想随说，有自然明快的口语特征。

（二）交谈的基本要求

（1）注意对交谈对象的了解。"看什么人，说什么话"，从社会交际的角度说，并无贬义。如果由于条件限制，暂不能对交谈对象了解得十分细致，那就至少要在三个方面尽量做到心中有数：一是对方的职业或文化水平，二是对方的性格特点和对方对自己的看法或态度，三是对方的处境、心境或思想动向。

（2）注意交谈地点和交谈时机的把握。交谈的环境和地点是一种"副语言"，它影响着交谈对象的心理。另外，客观情境所提供的时机是否有利于交谈，也应该在交谈前作出正确判断。

（3）注意交谈的体态、语调。交谈的体态可以表达丰富的无声语言信息。例如，交谈时如果翘着"二郎腿"，斜靠在沙发上，这样傲慢轻率的体态，一开始就可能使对方产生逆反的心理。交谈的第一句话至关重要，如果是用亲切委婉的语调，就会给交谈定下一个和谐的基调。

（三）交谈的过程

1. 话题的提出

话题集中反映交谈的动机，限制着交谈的内容和范围。根据交谈时不同的语言环境，话题的提出可以有三种选择：一是直截了当地提出来，很快进入深入的交谈；二是迂回切入，即不先入正题，而是从对方感兴趣的方面谈起，创设良好的气氛，然后入题；三是引而不发，即耐心地用与话题相关、相近的题外话，启发对方提出话题。

2. 话题的展开

展开话题，首先要会说，用自己的话，诱发对方的谈兴。另外，要会看、会听，及时做出反应。当自己说得过多，对方兴趣不浓时，可以用商榷的语气交谈；当对方表述不全时，可以做补充；对方表述抽象，可以以例补正；当对方表述简单时，可以设疑探究。洗耳恭听的姿态，热情的情绪和眼神，有利于在感情沟通的情况下使交谈深入下去。

3. 话题的控制

由于交谈气氛的融洽，常会出现话题偏移的情况，此时及时地调整和控制是必要的。方法如下：一是委婉提醒，在"岔"到某个阶段时，重新把话题提出来；二是间接引入，即提出相应或相关的话题，渐渐过渡到正题。控制话题要因人而宜，尊重对方。

4. 话题的转换

如果原话题已通过交谈达到了目的，或原话题由于意想不到的原因无法深入下去，或者交谈中出现了新的必须一议的话题，这时，用适当的方式转换话题是必要的。方法如下：一是先归纳前面交谈的内容，然后明确提出新的话题；二是淡化或冻结前一话题，很快过渡到新的话题，引起交谈者的兴趣。

另外，在话题的提出、展开、控制和转移的过程中，交谈者适时、适境地运用诙谐与幽默的语言调整人际关系、维系良好的交谈气氛，也是十分重要的。

（四）交谈的类型

1. 拜访

拜访是联络感情、拓宽社交范围的礼节性交谈形式。这种交谈要注意运用礼貌语言和热情谦虚的姿态，使交谈从一开始就形成愉悦的气氛；交谈过程中要坚持"对方中心"原则，以听为主，答语有分寸；谈自己的见解可以以对方的某些话为起点，先顺承，然后转向自己的认识，争取认同。拜访交谈应尽量避免争论，这就要注意话题的选择和控制。

2. 采访

美国著名新闻记者约翰·布雷迪认为，"采访是一种取得信任并获得信息的质朴和直觉的科学。"这说明，采访的针对性、目的性很强，应当对被采访对象有多方面的了解，但为了达到采访目的，必须"取得信任"，要建立相互信任的关系，前提是以自己的坦诚和热情感染对方，这样才能获得信息。采访中的提问，可先拟一个提纲，注意问题的可答性，尽量将问题大化小、整化零、联成串。

3. 劝说

劝说是通过交谈说服对方改变观点、立场、态度等的口语交际活动。成功的劝说不是理性的征服，而是晓之以理、动之以情、导之以行的过程。劝说者要平等地、不急不躁地与对方交流，从观点接近的话题入手，避实就虚地逐步迁移到正题，有时可以正面接触敏感的内容，而用模糊的语言或作间接的暗示，以促成其自省；有时也可以适当刺激对方，促成其对自己原有的观点、立场、态度做出否定性的评价。

4. 洽谈

洽谈是向对方提出要求，通过交谈期望得到协作或支持的口语交际形式。洽商性交谈的目的要明确，在良好的气氛中提出要求以后，关键是突破障碍，寻求对方认可，以取得洽谈的成功。以下是几个可供选择的技巧：

（1）用商量的语气说话，提出要求时，以假设为前提，如"如果可能的话……就……"；

（2）先摆出对方无可退避的事实，当对方作出肯定以后，再提出要求；

（3）先提出自己准备承担的义务，或准备给对方的补偿，然后提出具体的要求；

（4）先提出对方不易推脱的低要求，然后利用对方"帮人帮到底"的惯性心理，将要求提高一点，争取洽谈的成功；

（5）先提出一个大得会被拒绝的要求，然后利用对方维护公众形象的心理，将要求降低，促使洽谈的成功。

5. 求职

求职时的交谈是用人单位对求职者形象、品质素养、业务能力诸方面的直观性检测。对求职者来说，这是一种被动的交谈，但对这样的交谈可以作一些预测，那就是主试者重点要了解的一般是三个方面的情况：一是你对这个工作热爱、向往的程度；二是你是不是适合做这个工作；三是你是不是有能力做好这个工作。因此，求职者面对任何情况，在做应答时都应把这三个方面作为重点说清楚。

求职交谈中，要注意答问技巧：

（1）听清主试者的提问，根据当时的情况迅速确定表述的侧重点，从容不迫地作答；

（2）诊视认同点，创造良好气氛；

（3）真诚而客观，不故作谦虚，也不故意卖弄、夸饰；

（4）多从对方的表述中引申作答，而不节外生枝与对方争论；

（5）适度赞美对方，表达求职的诚意。

总之，面试应答有法而无定法，重要的是要能相时而动，随机应变。美国一家辅导求职公司的总裁安妮·韦恩女士说："几乎每个人都能学会应付求职这一关。你要做的就是简单明了地亮出你的有利条件，但决不是像推销员的样子，要认识自己的优势，自信比别人强。"这段话应当对我们有所启发。

四、自我介绍

这里谈的自我介绍是应聘时所作的自我介绍。

（一）自我介绍的内容

首先，自我介绍基本上都是从开场问候开始的。开场问候很重要，它有可能决定整个面试的基调。开场问候是给面试考官的第一印象，从言谈举止到穿着打扮将直接影响到你被录用的机会。进门应该面带微笑，但不要谄媚。话不要多，称呼一声"老师好"就足够，声音要足够洪亮，底气要足，语速自然，总之彬彬有礼而大方得体，不要过分殷勤，也不要拘谨或过分谦让。

其次，报出自己的姓名和身份。可能应试者与面试考官打招呼时，已经将此告诉了对方，而且考官们完全可以从应聘者的报名表、简历等材料中了解这些情况，但仍需主动提及。这是礼貌的需要，还可以加深考官对应聘者的印象。

接下来，可以简单地介绍一下自己的学习情况、工作经历等个人基本情况。如：学历、学习经历、家庭概况、兴趣爱好、理想与抱负等。这部分的陈述务必简明扼要、抓住要点，保证叙述的线索清晰。一个结构混乱、内容过长的开场白，会给考官们留下杂乱无章、个性不清晰的印象，并且让考官倦怠，削弱继续进行面试的兴趣和注意力。

应聘者还要注意这部分内容应与个人简历、报名材料上的有关内容相一致，不要有出入。在介绍这些内容时，应避免书面语言的严整与拘束，而使用灵活的口头语进行组织。这些个人基本情况的介绍没有对或错的问题——都属于中性问题，但如果因此而大意就不妥了。

接着介绍自己学习期间圆满完成的事件，以这一两个例子来形象地、明晰地说明自己的经验与能力。例如：在学校担任学生干部时成功组织的活动；或者如何投入到社会实践中，利用假期到幼儿园见习、实习等；或者自己在专业上取得的重要成绩等。

接下来要着重结合应聘者的职业理想说明应聘这个幼儿园的原因，这一点相当重要。你可以谈你对应聘幼儿园的认识了解，说明你选择这个单位的强烈愿望。还可以谈如果你被录取，你将怎样尽职尽责地工作，并不断根据需要完善和发展自己。当然这些都应密切联系你的价值观与职业观。不过，如果你将自己描述为不食人间烟火的、不计较个人利益的"圣人"，那么考官们对你求职动机的信任，就要大打折扣了。

最后，对于应聘者的自我介绍，考官既可能就其中某一点向你提出问题，也可能过渡一下，继续下面已经安排好的问题。这时考官会说："我们十分欣赏你的能力……"或"你的自我介绍很精采……"等，那么一声"谢谢"将是应聘者应有的答语！

这里我们介绍了一条清晰的线索，便于应聘者组织自己的自我介绍。为了保证结构明确，有条有理，可以多用短句子以便于口语表述，并且在段与段之间使用过渡句子，口语表达也要注意思路、叙述语言的流畅，尽量避免颠三倒四，同一句话反复说几遍的"粘糊劲"，同时不要用过于随便的表述。

（二）自我介绍的时间

一般情况下，自我介绍安排 3～5 分钟较适宜。时间分配上，可根据情况灵活掌握。

（三）自我介绍的注意事项

1. 自我介绍应突出重点

自我介绍也是一种说服的手段与艺术，聪明的应聘者会以用人单位的要求与测试重点来组织自我介绍的内容，你不仅要告诉考官们你是多么优秀的人，而且要告诉考官，你如何地适合这个工作岗位。而与面试无关的内容，既使是你引以为荣的优点和长处，你也要忍痛舍弃，以突出重点。

2. 自我介绍要有充分的信心

要想让考官们欣赏你，你必须明确地告诉考官们你具备应聘岗位必需的能力与素质。

应聘者谈自己优点的一个明智的办法是：在谈到自己的优点时，保持低调。也就是轻描淡写、语气平静，只谈事实，不要添加自己的主观评论。同时也要注意适可而止，重要的、关键的要谈，与面试无关的特长最好别谈。另外，谈过自己的优点后，也要谈自己的缺点，但一定要强调自己克服这些缺点的愿望和努力。

特别指出的是，不要夸大自己。一方面从应聘者的综合素养表现，考官能够大体估计应聘者的能力；另一方面，如果考官进一步追问有关问题，将令"有水份"的应试者下不了台。

3. 应聘者应充分利用各种个人资源

除了面带微笑、目光交流、坐姿端正等表情和身体语言外，请以沉稳平静的声音、中等语速、清晰的吐字发音、开朗响亮的声调给考官以愉悦的听觉享受，声音小而模糊、吞吞吐吐的人，一定是胆怯、紧张、不自信和缺乏活力与感染力的。

4. 控制情绪

情绪，作为个人的重要素养，如果在自我介绍中起伏波动，就会产生负面影响。例如在介绍自己的基本情况时面无表情、语调生硬；在谈及自己的优点时眉飞色舞、兴奋不已；而在谈论自己的缺点时又无精打采、萎靡不振。

5. 不要乱做保证

有的应聘者表示将来踏上工作岗位，将"一定要……"、"绝对……"。诸如此类的保证，似乎在做就职演讲，这些画蛇添足似的自我介绍不但不会为你的形象增添色彩，反而会"越抹越黑"！

第三节　朗读技能训练

朗读就是朗声读书，即运用普通话把书面语言清晰、响亮、富有感情地读出来，变文字这个视觉形象为听觉形象。朗读是一门口头语言艺术，需要创造性地还原语气，使无声的书面语言变成鲜活的有声的口头语言。如果说写文章是一种创造，朗读则是一种再创造。

一、用普通话语音朗读

朗读和说话不同，它除了要求忠于作品原貌，不添字、漏字、改字、回读外，还要求朗读时在声母、韵母、声调、轻声、儿化、音变以及语句的表达方式等方面都符合普通话语音的规范。

（1）注意普通话和自己方言在语音上的差异。普通话和方言在语音上的差异，大多数的情况是有规律的。这些规律有大的规律也有小的规律，规律之中往往又包含一些例外，这些都要靠自己去总结。单是总结还不够，还要多查字典和词典，要加强记忆，反复练习。在练习中，不仅要注意声韵调方面的差异，还要注意轻声词和儿化韵的学习。

（2）注意多音字的读音。一字多音是容易产生误读的重要原因之一，我们必须十分注意。多音字可以从两个方面去注意学习。第一类是意义不同的多音字，要着重弄清其不同的意义，从各个不同的意义去记住它的不同的读音。第二类是意义相同的多音字，要着重弄清其不同的使用场合。这类多音字大多数情况是：一个音使用场合"宽"，一个音使用场合"窄"，只要记住"窄"的就行。

（3）注意由字形相近或由偏旁类推引起的误读。由于字形相近由甲字张冠李戴地读成乙字，这种误读十分常见。由偏旁本身的读音或者由偏旁形成的较常用的字读音，去类推一个生字的读音而引起的误读，也很常见。所谓"秀才认字读半边"，闹出笑语，就是指的这种误读。

（4）注意异读词的读音。普通话词汇中，有一部分词（或词中的语素），音义相同或基本相同，但在习惯上有两个或几个不同的读法，这些被称为"异读词"。为了使这些读音规范，我国于上世纪 50 年代就组建了"普通话审音委员会"，并对普通话异读词的读音进行了审定。历经几十年，几易其稿。1985 年，国家公布了《普通话异读词审音表》（以下简称《审音表》），要求全国文教、出版、广播及其他部门、行业所涉及的普通话异读词的读音、标音，均以这个新的《审音表》为准。在使用《审音表》的时候，最好是对照着工具书（如《新华字典》、《现代汉语词典》等）来看。先看某个字的全部读音、义项和用例，然后再看《审音表》中的读音和用例。比较以后，如发现两者有不合之处，一律以《审音表》为准，这样就达到了读音规范的要求。

二、把握作品的基调

1. 阅读理解

要熟悉作品，从理性上把握作品的思想内容和精神实质。只有透彻地理解作品，才能有深切的感受，才能准确地掌握作品的情调与节奏，正确地表现作品的思想感情。

第一，了解作者当时的思想和作品的时代背景。

第二，深刻理解作品的主题，这是深刻理解作品的关键。

要把作品的思想感情准确地表现出来，需要透过字里行间，理解作品的内在含义，把握作品创作的背景、主题，这样才会准确地理解作品，才不会把作品读得支离破碎，甚至歪曲原作的思想内容。以高尔基的《海燕》为例，这篇作品以象征手法，通过暴风雨来临之前、暴风雨逼近和即将来临三个画面的描绘，塑造了一只不怕电闪雷鸣，敢于搏风击浪，勇于呼风唤雨的海燕——这一"胜利的预言家"的形象。而这部作品诞生之后立即被广大工人和革命群众在革命小组活动时朗诵，被视作传播革命信息、坚定革命理想的战歌。综合分析之后，朗读时就不难把握其主题：满怀激情地呼唤革命高潮的到来。进而，我们又不难把握这部作品的基调：对革命高潮的向往、企盼。

第三，根据不同体裁作品的特点，熟悉作品的内容和结构。对于抒情性作品，应着重熟悉其抒情线索和感情格调。对于叙事作品，应着重熟悉作品的情节与人物性格。对于议论文，需要通过逐段分析理解，抓住中心论点和各分论点，明确文章的论据和论述方法。对于说明文，要抓住文章的说明次序和说明方法。总之，只有掌握了不同作品的特点，熟悉了作品的具体内容，才能准确地把握不同的朗读方法。

2. 设计方案

在深刻理解作品内容的基础上，设计如何通过语音的具体形象把原作的思想感情表达出来。

第一，要根据不同文体、不同题材、不同语言风格以及不同听众对象等因素，来确定朗读的基调。

第二，对整个作品的朗读方案应有总体考虑。例如作品中写景的地方怎么读，作品的高潮在什么地方，怎么安排快慢、高低、重音和停顿等。

三、朗读的技巧

1. 呼吸

学会自如地控制自己的呼吸非常重要，因为这样发出来的音坚实有力，音质优美，而且传送得较远。有的人在朗读时呼吸显得急促，甚至上气不接下气，这是因为他使用的是胸式呼吸，不能自如地控制自己的呼吸。朗读需要有较充足的气流，一般采用的是胸腹式呼吸法。它的特点是胸腔、腹腔都配合着呼吸进行收缩或扩张，尤其要注意横膈膜的运动。我们可以进行缓慢而均匀的呼吸训练，从中体会用腹肌控制呼吸的方法。

2. 发音

发音的关键是嗓子的运用。朗读者的嗓音应该是柔和、动听和富于表现力的。为此，首先要注意保护自己的嗓子，不要长期高声喊叫，也不要由于饮食高温或过于辛辣的食物而刺激嗓子。其次要注意提高自己对嗓音的控制和调节能力。声音的高低是由声带的松紧决定的，音量的大小则是由发音时振动用力的大小来决定的，朗读时不要自始至终高声大叫。再者，还要注意调节共鸣，这是使音色柔和、响亮、动听的重要技巧。人们发声的时候，气流通过声门，振动声带发出音波，经过口腔或鼻腔的共鸣，形成不同的音色。改变口腔或鼻腔的条件，音色就会大不相同。例如舌位靠前，共鸣腔浅，可使声音清脆；舌位靠后，共鸣腔深，可使声音洪亮刚强。

3. 吐字

吐字的技巧不仅关系到音节的清晰度，而且关系到声音的圆润、饱满。要吐字清楚，首先要熟练地掌握常用词语的标准音。朗读时，要熟悉每个音节的声母、韵母、声调，按照它们的标准音来发音。其次，要力求克服发音含糊、吐词不清的毛病。朗读跟平时说话不同，要使每个音节都让听众或考官听清楚，发音就要有一定力度和时值，每个音素都要到位。平时多练习绕口令就是练好吐字的基本功。

4. 停连

停连是指朗读语流中声音的暂时休止和接续，可以说它是有声语言表达中的标点符号。一方面，停连是作品内容、情感表达的需要，在适当的地方利用停连，造成声音的暂时间歇和延读，帮助听者更好地理解和感受作品的思想内容。另一方面，它也是朗读者生理上的需要。

1）停连的分类

停连可以分为语法停连和强调停连两类。

（1）语法停连。语法停连是反映词句间的语法关系，显示语法结构的停连。例如：

亲爱的爸爸妈妈：/欢迎您！

亲爱的爸爸：/妈妈欢迎您！

亲爱的：/爸爸妈妈欢迎您！

可见，停连的位置不同，显示的语法关系和结构也不相同。语法停连可分为两种：

一是句逗停连。标点符号是书面语的重要组成部分，在口语中则用停顿来表示。停顿时间的长短，一般由标点的类型决定。常用的标点符号停顿时间大致是：句号、问号、叹号＞分号、冒号＞逗号＞顿号。例如：

山是墨一般的黑，//陡立着，//倾向江心，//仿佛就要扑跌下来，///而月光，//从山顶上，//顺着深深的、/直立的谷壑，//把它那清冽的光辉，//一直泻到江面。////……

标点符号虽是停顿的重要标志，但也不能生搬硬套，要根据语意的表达和语气的需要灵活处理。（斜竖线的多少表示停连时间的长短）

二是语组停连。语组停连是指在没有标点符号的地方，按照语法关系所作的停顿。语组停顿比句逗停顿的时间要短些。一般说来，主谓之间、动宾之间、修饰成分与中心语之间，都可以有停顿。例如：

夕阳/把水面/映得/通红，把天空/也染成/万道影霞。

（2）强调停连。强调停连是为了突出某种事物或表达某种特殊感情所作的停连。它不受语法停连的限制，而是依据表情达意的需要来决定停连的位置和时间。它可表示某种特殊的语意，还可显现出它前后连接部分的某种特殊的关系。强调停连主要有以下几类：

一是表现语句中的区分关系。

伊/伏在地上；车夫/便也立住脚。他/对于/我，渐渐又几乎变成了一种威压……

在"伊"和"车夫"后面略有一顿挫，人物关系、动作更为明了，如在眼前。

二是表现语句中的呼应关系。

在这叫喊声里，乌云听出了/愤怒的力量、热情的火焰和胜利的信心。

这里"乌云听出了"是呼，后面三个短语"愤怒的力量"、"热情的火焰"、"胜利的信心"是应。在"听出了"后面要停顿明确，后面三个短语之间要紧凑，如果机械地按标点符号停顿，便成为：在这叫喊声里，乌云听出了愤怒的力量、/热情的火焰和胜利的信心。这样朗读就破坏了句子内部的对应关系，造成语义不清。

三是表现语句中的并列关系。

用它/搭过蓬帐，用它/打过梭标，用它/当缶盛过水，当碗蒸过饭，用它/做过扁担与吹火筒。

这一句话有四个并列短句，可以在"用它"之后略一停顿，显示出它的并列感。特别是第三个短句：用它/当缶盛过水，当碗蒸过饭，中间要连起来，不能按标点停顿，否则就形成了五个短句，使语意散乱。

四是表现句中的转换关系。

我便对他说："没有什么的。走你的罢！//车夫毫不理会，或者并没有听到，却放下车子，扶那老女人慢慢起来，搀着臂膊立定……

在作品中，语句并不都是平铺直叙的，随着内容、情节的发展，在语句之间往往会形成语意的变化、感情的反差，上列例句之间的转换性停顿，就把"我"的无所谓和"车夫"的关注形成一种强烈的对比。

2）停连的方法

从语句的停顿和连续来看，停连的方法主要有以下四种：

一是落停，即停顿时间相对较长，句尾声音顺势而落，声止气也尽。这种停顿多用在一个相对完整的意思讲完之后，句逗停顿中多用在句号、问号、感叹号处。

二是扬停，即停顿时间相对较短，停之前声音稍上扬或持平，声虽止但气未尽，一听便知是才说了半句话，还有下文。多用在一个意思还未说完，而中间又需要停顿之处。句逗停顿多用在分号、逗号、顿号处。

三是直连，即顺势而下，连接迅速，不露连接的痕迹。多用于内容联系紧密，持续抒发感情的地方。一般与扬停配合使用。

四是曲连，即在连接处有一定空隙，但又连环相接，迂回向前。多用于既要连接，又要有所区分处，常与落停配合使用。

5. 重音

重音是指那些在表情达意上起重要作用，在朗读时要加以特别强调的字、词或短语。重音是通过声音的强调来突出意义的，它能给色彩鲜明、形象生动的词增加分量。重音是体现语句内容的重要手段。在朗读中，重音位置不同，语意也会随之发生变化。例如：

我知道你爱看小说。（别以为我不知道）

我知道你爱看小说。（爱不爱看诗歌我不知道）

重音有以下几种情况：

（1）语法重音。语法重音是按语言习惯自然重读的音节。这些重读的音节大都是按照平时的语言规律确定的。一般来说，语法重音不带特别强调的色彩。语法重音的位置比较固定，一般短句子里的谓语部分，动词或形容词前的状语，动词后面由形容词、动词及部分短语充当的补语，名词前的定语及部分代词等常读重音。语法重音的强度并不十分强，只是同语句的其他部分相比读得比较重一些罢了。

例如：

小燕子在海面上斜掠着，浮憩着。（谓语）

我心里，有着说不出的兴奋和愉快。（定语）

这就是我——一个共产党员的自白。（代词）

（2）强调重音。强调重音不受语法制约，它是根据语句所要表达的重点决定的，受朗读者的意愿制约，在句子中的位置是不固定的。强调重音的作用在于揭示语言的内在含义。由于表达目的不同，强调重音就会落在不同的词语上，所揭示的含义也就不相同，表达的效果也不一样。强调重音主要有以下几类：

一是突出话语重点，能表明语意内容的词句。

狼吃完羊之后，还要表白自己是"善良"的。

二是表示对比、并列、照应和递进等关系的词句。

这十多个少年，委实没有一个不会凫水的，而且两三个还是弄潮的好手。

三是表达某种强烈感情的词句。

别了，我爱的中国，我全心爱着的中国。

四是比喻性的词句。

会场里响起了雷鸣般的掌声。

（3）感情重音。感情重音可以使朗读的色彩丰富，充满生气，有较强的感染力。感情重音大部分出现在表现内心节奏强烈、情绪激动的地方。重音的表现方法有很多种，常见的有以下三种情况：

一是加强音量，即有意识地把某些词语读的重一些，响一些，使音量增强。

这时候，他用力把我往上一顶，一下子，把我甩在一边，大声说："快离开我，咱们两个不能都牺牲！……要……要记住革命！"

二是拖长音节，即有意将音节拖长一些，用延长音节的办法使重音突出。

太阳像负着什么重担似的，慢慢儿，一纵一纵地使劲向上升。

三是重音轻读，表现重音，不一定非要增加音量，有时用减轻音量的方法，将重音低沉地轻轻吐出，效果反而会更好。一般在表达极为复杂而细腻的感情时，多用这种方法。

风一吹，芦花般的苇絮就飘飘悠悠的飞了起来。

我忍着笑，轻轻走过来。

四是停顿强调，在要强调的词后面做一短暂的停顿。

再见了，亲人！我的心永远/和你们在一起！

6. 语速

语速就是朗读时的快慢缓急。朗读中的语速可以恰如其分地表现出作品不同的内容和不同的情节，反映出作品中不同的人物、性格、心理、情感以及文章的结构等。

1）决定语速不同的因素

（1）不同的场面。急剧变化发展的场面宜用快读，平静、严肃的场面宜用慢读。

（2）不同的心情。紧张、焦急、慌乱、热烈、欢畅的心情宜用快读，沉重、悲痛、缅怀、悼念、失望的心情宜用慢读。

（3）不同的谈话方式。辩论、争吵、急呼，宜用快读，闲谈、絮语，宜用慢读。

（4）不同的叙述方式。作者的抨击、斥责、控诉、雄辩，宜用快读，一般的记叙、说明、追忆，宜用慢读。

（5）不同的人物性格。年青、机警、泼辣的人物的言语、动作宜用快读，年老、稳重、迟钝的人物的言语、动作宜用慢读。

2）朗读速度的转换

朗读任何一篇文章，都不能自始自终采用一成不变的速度。朗读者要根据作者感情的起伏和事物的发展变化随时调整自己的朗读速度。

读得快时，要特别注意吐字的清晰，不能为了读得快而含混不清，甚至"吃字"；读得慢时，要特别注意声音的明朗实在，不能因为读得慢而显得疲疲沓沓，松松垮垮。总之，在掌握朗读的速度时要做到"快而不乱"、"慢而不拖"。

7. 语调

语调指句子里声音高低升降的变化，其中以结尾的升降变化最为重要，一般是和句子的语气紧密结合的。朗读时，如能注意语调的升降变化，语音就有了动听的腔调，听起来便具有音乐美，也就能够更细致地表达不同的思想感情。语调可以千变万化，主要形式有以下几种：

（1）高升调。高升调多在疑问句、反诘句、短促的命令句子里使用，或者是在表示愤怒、紧张、警告、号召的句子里使用。朗读时，注意前低后高、语气上扬。

（2）降抑调。降抑调一般用在感叹句、祈使句或表示坚决、自信、赞扬、祝愿等感情的句子里。表达沉痛、悲愤的感情，一般也用这种语调。朗读时，注意调子逐渐由高降低，末字低而短。

（3）平直调。平直调一般多用在叙述、说明或表示迟疑、思索、冷淡、追忆、悼念等句子里。朗读时始终平直舒缓，没有显著的高低变化。

（4）曲折调。曲折调用于表示特殊的感情，如讽刺、讥笑、夸张、强调、双关、特别惊异等句子里。朗读时由高而低后高，把句子中某些特殊的音节特别加重、加高或拖长，形成一种升降曲折的变化。

思 考 与 练 习

思考题

1. 听话有什么作用？怎样训练我们的听话能力？

2. 讲故事应注意哪些问题？

3. 在讲故事的过程中要注意哪些技巧？

4. 即兴演讲应怎样选材、怎样构思？

5. 自我介绍应有哪些内容？

6. 朗读时怎样把握作品的基调？

7. 朗读应注意哪些技巧？

练习题

1. 盯住一张画，然后闭上眼睛，回忆画面的内容，尽量做到完整。例如，画中的人物、衣着、桌椅及各种摆设。回忆后睁开眼睛再看一下原画，如不完整，再重新回忆一遍。这个训练既可培养集中注意力，也可提高注意更广范围的能力。

2. 全班分为8个小组。将写了一句话的字条发给每组的第一名同学，该同学看完字条后立即轻声告诉第二位同学（不让第三人听到），依次传下去，最后听到的同学听完后立即跑到黑板前把听到的话完整地写下来。

比一比：哪组同学听后转述的话最准确？哪组传得最快？

8个小组的字条分别写上：

① 教育鞭策的话叫格言。

② 诚恳劝告的话叫忠言。

③ 应允别人的话叫诺言。

④ 坦率表白的话叫直言。

⑤ 婉转表态的话叫婉言。

⑥ 讨人喜欢的话叫甜言。

⑦ 肮脏下流的话叫污言。

⑧ 捏造事实的话叫谣言。

3. 你到幼儿园见习，走进教室后，指导教师和小朋友热烈欢迎并请你讲话，请设计一段200字左右的即兴演说。

4. 根据下列标题，迅速构思即兴演讲的主题：

"十六岁的花季"

"步入成年人的行列"

"毕业典礼上的讲话"

5. 根据下列材料，运用"选点连缀法"作即兴演讲：

如果你毕业后，来到一所幼儿园任教，在"欢迎新教师座谈会"上，园长请你即兴演讲，你怎么说？

6. 假定你父母的同事到你家拜访，而你父母又不在家，你怎么接待？

7. 你的同学有心事，你怎样去和她交谈，以便使她快乐起来？

8. 设计你到幼儿园求职应聘的自荐语。

9. 假设你是记者，要采访身边的无名英雄，如警察、教师、清洁工、辛勤的园丁等，请你选择一个采访对象，写出采访的开场白、采访想了解的内容以及结束语。

采访对象：_____

开场白：_____。

采访内容：_____

_____。

结束语：_____。

10. 分角色讲故事《咕咚来了》。

咕咚来了

早晨，湖边寂静无声，三只小兔快活地扑蝴蝶。忽然湖中传来"咕咚"一声，这奇怪的声音把小兔们吓了一大跳。刚想去看个究竟，又听到"咕咚"一声，这可把小兔们吓坏了，"快跑，咕咚来了，快逃哇！"它们转身就跑。狐狸正在同小鸟跳舞，与跑来的兔子碰了个满怀。狐狸一听"咕咚来了！"也紧张起来，跟着就跑。它们又惊醒了睡觉的小熊和树上的小猴。小熊和小猴也不问青红皂白，跟着它们跑起来。大象感到惊讶，拉住狐狸问："出了什么事？"狐狸气喘吁吁地说："咕咚来了，那是个三个脑袋，八条腿的怪物……"于是一路上跟着跑的动物越来越多，还有河马、老虎、野猪……岸上这阵骚乱，使湖中的青蛙感到十分惊奇，它拦住了这群吓蒙了的伙伴们，问："出了什么事？"大家七嘴八舌地形容"咕咚"是个多么可怕的怪物。青蛙问："谁见到了？"小熊推小猴，小猴推狐狸，狐狸推小兔，结果谁也没有亲眼看见。大家决定回去看看明白再说。回到湖边，又听见"咕咚"一声，仔细一看，原来是木瓜掉进水里发出的声音，大家不禁大笑起来。

11. 认真阅读《聪明的乌龟》，按要求练习。

(1) 简要分析乌龟和狐狸的性格及故事的主题。

(2) 用符号标出对这个故事的技巧处理，再练习讲述。

聪明的乌龟

一只狐狸，肚子饿得咕咕叫，它东奔西跑地找东西吃，看见一只青蛙正在捉害虫，心里想，先拿这只青蛙当点心，填填肚子也好。

狐狸一步一步轻轻地跑过去，再跑上两步就要捉到青蛙了，可是，青蛙正在捉害虫，一点儿也不知道。

这事儿让乌龟看见了，他急忙伸长脖子，一口咬住狐狸的尾巴。

"哎呦，哎呦，谁咬我的尾巴？"狐狸叫起来。

乌龟回答了吗？没有。它张嘴说话，不是就放了狐狸吗？乌龟不说话，一个劲地咬住狐狸尾巴不放。

青蛙听见背后狐狸在叫，就连蹦带跳地跑到池塘边，"扑通"一声跳到水里去了。

狐狸没吃到青蛙，气坏了，回过头来一看："啊，原来是一只乌龟，我没吃到青蛙，就吃乌龟。"

乌龟可聪明了，把头一缩，缩到硬壳里去了。狐狸没咬着它的头，就去咬它的腿，乌龟又把四条腿一缩，缩到硬壳里去。狐狸没咬着它的腿，一看，还有条小尾巴，就去咬它的小尾巴，乌龟再把小尾巴一缩，也缩到小硬壳里去了。

狐狸实在饿慌了，就去咬乌龟的硬壳，格崩，格崩，咬得牙齿都发酸了，还是咬不动。

狐狸说："乌龟，乌龟，我要把你扔到天上去，啪嗒一下摔死你。"

乌龟说："谢谢你，谢谢你，你扔吧，我正想去天上玩玩呢！"

狐狸说："乌龟，乌龟，我要把你扔到火盆里去，呼啦一下烧死你。"

乌龟说："谢谢你，谢谢你，你扔吧，我身上发冷，正想找个火盆来烤烤火呢！"

狐狸说："乌龟，乌龟，我要把你扔到池塘里去，扑通一下淹死你。"

乌龟听狐狸这么一说，"哇"地一声哭了："狐狸，狐狸，你行行好，千万别把我扔到池塘里去，我最怕水，掉在水里就没命了！"

狐狸才不理它呢，抓起它的硬壳，走到池塘旁边，"扑通"一声，把它扔到水里去了。

乌龟下了水，就伸出四条腿来，划呀，划呀，一直划到青蛙身边。两个好朋友，一边笑，一边说："狐狸，狐狸，你还想吃我们吗？说呀，说呀！"

狐狸气昏了，身子一纵，向青蛙和乌龟扑去，"扑通"一声，掉到池塘里去了。青蛙和乌龟看见水面上一阵子气泡，再没看见狐狸露出水面来。

第六章 态势语训练

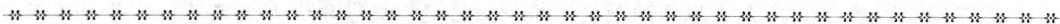

‥‥‥‥‥‥‥‥‥‥‥‥‥‥‥‥‥‥‥‥‥‥‥‥‥‥‥‥‥‥‥‥‥‥‥‥

第一节 态势语概述

一、态势语的内涵及作用

态势语是口语交际活动中传递信息的重要手段，是通过身姿、手势、表情、目光等配合有声语言传递信息的一种形式，又称为体态语。

在一般口语交际和幼儿教师职业口语的运用中，态势语具有不可忽视的作用。成功的口语交际和教育、教学活动，不仅得力于优秀的有声语言，也必然伴随着和谐、得体的态势语。

态势语有以下三方面作用。

（1）补充、强化口语信息。在口语交际活动中，说话人的身体姿势、举手投足、神情容貌，始终伴随着他的有声语言，发送着各种信息。通过动态的、直观的形象，与有声语言协调统一，同时作用于人们的视觉和听觉，拓宽了信息传输渠道，补充和强化了有声语言的信息，使有声语言的表现力和感染力得到升华。

（2）沟通、交流情感。如果说"言为心声"，那么，态势语则是无言的心声，是交际双方心理状态和情感的自然流露或有意识的表现。人们可以通过态势语表情达意，也可以通过态势语观察、分析对方说话的内容是否表达了真情实感，达到双方交流、沟通的目的。

（3）调控交际活动。在口语交际活动中，态势语所表达的情感信息往往具有暗示作用。说话者或听话者有意识地通过身姿、手势、表情、目光等手段传递信息，可以调动或影响口语交际对象的情绪，启发或引导对方的思路，调节口语交际的气氛，使口语交际中的主动权掌握在自己手中。通过态势语辅助有声语言调控交际活动，可以化不利的、被动的局面为有利的、主动的局面，以达到口语交际的目的。

二、态势语类型

1. 身姿语

身姿语包括行姿、站姿、坐姿等，是构成口语交际中说话者和听话者整体形象的重要因素。

行姿，是一个人在行走时的具体姿势，是说话的前奏，是给听众的第一印象。教师在行走时，应掌握正确的行走姿势，身体协调，姿势优美，步伐从容，步态平稳，步幅适中，步速均匀。

站姿，是讲话的基本身姿之一，一般分为两种形式：一是自然式，两脚基本平行，相距与肩同宽；二是前进式，两脚一前一后，相距适中。无论哪种姿势，都应肩平、腰直、身正、颈直，身体重心均匀分布在两腿之间，或根据表达的需要落在前脚上。上身可略微前倾，给人以亲切、自信的感觉。

坐姿，是双向性会话式语境中说话双方的基本身姿。坐姿是一种静态的姿势，指除了下肢以外的上身各部位的姿势。要注意头部端正、躯干挺直、手臂摆放自然等。

课堂上教师的身姿语是学生的第一印象。教师的身姿要端正、稳健、挺直，给人以精神饱满的感觉。

2. 手势语

手的动作是态势语的重要组成部分。有人说，手是人的第二个五官。手势表达的含义相当丰富，可以大致分为四种：一是情意手势，主要用于表达说话者的情感；二是指示手势，用于指明要说的人、事物、方向等；三是象形手势，用来描摹具体的事物或人的形貌；四是象征手势，用来表达抽象的概念。

根据手的动作范围，一般将手势大体分为三个区域：上区为肩部以上，多表现积极、振奋、乐观、张扬等意义；中区为肩部至腰部，表现坦诚、平静、和气等叙述、说明的中性意义；下区为腰部以下，多表现憎恶、鄙视、压抑、否定等贬义。

教师在课堂教学中要"以手势助说话"，手势要目的明确，克服随意性，要针对不同教育对象、教学内容正确选用不同含义、不同区域、不同指向的手势；手势要适度，包括速度、频度、幅度、角度等。要注意克服教学中常见的不良手势，如抓耳挠腮、扣鼻子、手沾唾液翻书、用手指敲击讲台等等。

3. 表情语

表情是心灵的屏幕，它像镜子一样把交际双方复杂变化的内心活动反映出来。口语表达是要注意自身表情的明朗、真挚、有分寸，克制影响交谈效果的表情；听人说话时，要"听其言而观其色"，观察对方面目表情的变化，窥测对方的心态或言不由衷处。面部表情包括面部肌肉、眉、唇等的变化，其中微笑是面部表情的基本形式，学会在口语交际中多一些真诚的微笑，会有助于你与对方的沟通，有助于交际目的的实现。

教师在教学中的表情可以分为两种：一种是常规性的，做到和蔼、亲切、热情、开朗、常带微笑，这是教师面部表情的基本要求，它能使学生产生良好的心理情绪，创造和谐轻松的学习氛围。另一种是变化的面部表情，如随教学内容而产生的喜怒哀乐、随教学情境与幼儿发生的感情共鸣等，它能使课堂效果丰富、生动而充满活力和吸引力。教师的表情变化要适度，不能过分夸张，更不能板着面孔讲课。

4. 目光语

目光是面部表情达意最丰富的渠道，是表情语中的核心。要根据口语交际的需要恰当运用各种眼神来帮助说话。如：正视，表示庄重、诚恳；斜视，表示轻蔑；环视是与听众交流；点视，具有针对性和示意性；仰视，表示崇敬或傲慢；俯视，表示关心或忧伤；凝视，表示专注；漠视，表示冷漠；虚视可以消除紧张心理等。

教师的目光要保持神采，用丰富明快的眼神使口语表达更加生动传神。教师讲课时要扩大目光语的视角，始终把全班幼儿都置于自己的视野之中，并用广角度的环视表达对每个幼儿的关注。要用眼神的交流组织课堂教学，捕捉反馈信息，针对不同的幼儿使用不同的目光点视，如对听讲认真、思维活跃的幼儿投去赞许的目光，对思想开小差的幼儿投以制止的目光，对回答问题胆怯的幼儿投以鼓励的目光等。

第二节　态势语训练

一、态势语训练的基本要求

和谐是态势语运用的美学要求，包括态势语运用的得体、自然和适度。态势语的运用要同有声语言的内容、语调、响度、节奏等协调，要同说话者或听话者的心态、情感相吻合，态势语本身各构成要素（身势、手势、表情、目光等）之间要做到局部与整体的和谐。

二、态势语训练的一般原则

第一，以口语为训练载体。态势语作为口语交际活动的辅助手段，不可脱离口语而孤立地进行训练。态势语训练的基本形式应以"读——听——说"为载体。

第二，分解与综合相结合。根据人们的视觉观察习惯，态势语训练的程序首先宜从宏观着眼，注意总体轮廓形象，然后由宏观至微观，逐步进行局部态势语的分解训练，包括动作、手势、表情、目光等。态势语的运用始终应当是一个和谐、自然的整体，因此，态势语的分解训练是相对的，是指在训练过程的某一特定阶段中，有针对性地突出训练某项态势语；分解训练是为了更好地综合运用。

第三，由模仿、创造到自然运用。态势语训练的方法可以先由观察、分析入手，进行模仿性训练，再结合不同的口语材料，设计不同的语境，进行创造性训练，最后训练态势语的随情所致，达到得体、自然、适度的和谐境界，并能有意识地运用态势语调控口语交际活动。

三、态势语训练要领

第一，身姿训练要做到经常化。

每天有意识地做几次"坐如钟"（正襟危坐）和"立如松"（挺身直立）训练，逐步养成与人谈话时的良好的身姿习惯，纠正失礼、失当的不良身姿。

第二，手势运用要简洁、自然、适度、有力；要与有声语言和身姿协调，手随心行，话到手到，出势稳，停势准，收势慢。不要繁多、杂乱、生硬、造作。

第三，表情语和目光语的运用要与口语表达的内容和目的一致。表情与眼神的变化不要过于频繁，要适度。表情语与目光语是一个有机的整体，不宜再做分解训练。

思 考 与 练 习

思考题

1. 态势语训练有什么作用？

2. 态势语训练包括哪些内容？

3. 态势语训练的基本要求是什么？

4. 态势语训练应遵循哪些原则？

练习题

1. 态势语的分解训练：

（1）以"我的自画像"为题，在讲台上作三分钟讲话，请老师和同学们当场纠正你的不良身姿。

（2）对着镜子模仿并设计不同情境的话语表达时的各种手势。

（3）与人交谈时，注意通过察言观色来揣测对方的心理状态。

（4）讨论：教师的表情运用不当的常见情况有哪些？你认为这些表情语可能会对学生产生什么样的影响？

（5）就一个热门话题召开主题班会，注意观察发言人及全班同学的眼神变化，从中捕捉信息和情感，做好观察笔记。

2. 态势语的综合训练：

（1）观看优秀演讲家的演讲录像选段和优秀教师的教学录像选段，对其态势语进行赏析，并进行由分解到综合的模仿训练。

（2）构想生活中的某个情节片段，以哑剧的形式表现出来。可以一人表演或数人合作，表演后让同学说出大致内容或主要情节，测定态势语的表现力如何。

（3）以小组为单位，将一则成语或寓言改编成课堂短剧，设计与台词相应的态势语进行演练，在全班进行比赛。

（4）设想特定的教育、教学情境，分别扮演教师、学生、家长、校长等不同角色，进行对话，同时进行态势语的综合运用训练。

3. 给故事《瓜瓜吃瓜》设计肢体语言并讲述，注意用恰当的表情、眼神、动作等来表现瓜瓜这一人物的性格特征。

瓜瓜吃瓜

有个小朋友，他的名字可怪了，他叫瓜瓜，就是西瓜的那个瓜。他为什么叫瓜瓜呀？原来他生下来的时候，胖墩墩，圆滚滚，就像个西瓜。他爸爸正想着给他起个名字呢，他妈妈说："甭伤脑筋了，就叫他'瓜瓜'吧！"

瓜瓜可爱吃西瓜了，他一下能吃几大块，吃完了，把小背心往上一拉，挺着圆滚滚的肚子，用手一拍，嘭嘭嘭地响，说："西瓜在这儿呢！"

有一天，天热极了，瓜瓜又闹着要吃西瓜。妈妈拿出一个小西瓜，对瓜瓜说："就剩这个小的了，先吃着吧。一会儿，外婆要来，说不定会给你带个大西瓜哩！"

妈妈切开西瓜，上班去了。瓜瓜斜眼瞧了瞧那西瓜，撅起了嘴巴，心想：哼，这也叫西瓜？可他怪口渴的，又想：瓜小，说不定还挺甜！就拿了一块咬了一口，唉，一点儿也不甜。

他吃完一块，心里生着气，一甩手，把西瓜皮从窗口扔了出去，掉在胡同里的路上了。

剩下的几块，瓜瓜气呼呼地咬上几口，也一块接一块地往窗口外面扔，他想：要是外婆真的带个大西瓜来，又大又甜，那该多好呀！他就趴在窗台上，一个劲儿往胡同口望着，外婆每次上他家，都是从东口来的。

呦！来了个人，慢慢地走近了，是一位老奶奶，没错儿，是外婆来了。真的，还抱着一个大西瓜呢！

瓜瓜大声嚷嚷："外婆，我来接你——"就赶紧跑下楼去。

外婆听见了，心里一高兴，加快了脚步。走到垃圾箱旁边，不小心，一脚踩在西瓜皮上，滑了一跤，手里抱的大西瓜，啪嗒一下，摔了个粉碎。"哎呦，谁把西瓜皮扔了这一地！"

瓜瓜出门看见外婆坐在地上，连忙跑去把她搀起来，一边气呼呼地抬起脚，往西瓜皮上踩："该死的西瓜皮，哪个坏蛋扔的。"

咦，西瓜怎么这么小——坏了，可不就是他自己扔的吗？瓜瓜偷偷看了外婆一眼，吐了吐舌头，悄悄地把西瓜皮一块一块地拾起来，丢到路旁垃圾箱里去。

瓜瓜再看看外婆带来的大西瓜，瓤儿红红的，一定很甜，可惜碎了，沾上了泥。他只好咽着口水，拿起碎瓜块往垃圾箱里扔。

外婆不知道西瓜皮是瓜瓜扔的，只看见瓜瓜把西瓜皮扔到垃圾箱去，就说："真乖，都像咱瓜瓜这样懂事就好了。"

小朋友，你们猜瓜瓜听了外婆的话，心里是怎么想的？

下　篇

幼儿教师职业口语训练

第七章　幼儿教师职业口语概述

第一节　幼儿教师口语的基本要求

　　幼儿教师职业口语是教师在幼儿学习活动中为达到教育教学目标而使用的语言，是教师指导幼儿学习、引导幼儿探索与表达的最主要的手段，是教师传递知识、表达态度情感时最主要的工具，是教师的教育原则和教学策略最基本的体现。

　　一个教师，如果在语言修养上达到了较高水平，那么，教育、教学过程就会有一种无形的吸引力。苏霍姆林斯基说："对语言美的敏感性，这是促使孩子精神世界高尚的一股巨大力量。这种敏感性，是人类文明的一个源泉所在。"幼儿教师的职业口语不仅要符合一般的语言规律，还要符合幼儿教育的特殊要求，适应不同年龄幼儿心理特征和语言接受能力，这样才能达到预期的教学效果，实现教育目标。因此，掌握和运用幼儿教师职业口语艺术是幼儿教师的基本功。

　　幼儿教师口语的基本要求有：

　　1. 标准

　　幼儿教师职业口语一定要标准，这是由幼儿教师的工作性质决定的。作为教师，"为人师表"是最基本的要求，口语的示范作用更是重要的一个方面。幼儿教师的言传身教时时刻刻在影响感染着幼儿。如果说教师的行为是无声的语言、有形的榜样，那么，教师的语言就是有声的行动、无形的楷模。教师口语的示范楷模作用，决定了教师语言必须准确。

幼儿教师的职业口语应当是标准或比较标准的普通话，在语音方面，教师要使用符合普通话的标准发音，做到发音清楚、吐字准确，不使用方言，不念错字。在词汇方面，不使用方言词，不生造词，也要慎重使用尚不稳定的"新词"，尽量少使用像"很酷""SOHO 一族"等新词。在语法方面，力求避免搭配不当、语句不通等不规范现象。在修辞方面，避免用词不当、前后矛盾的话。总之，教师应当熟练掌握普通话在语音、词汇和语法方面的知识和技能，应当能够顺畅、准确地使用普通话。教师经常读错字音、说话语病较多、口头禅泛滥，时间长了就会对幼儿产生消极的影响。

幼儿教师职业口语，特别是教学口语，由于受到时间、空间和教学内容的限制，必须避免冗长、罗嗦，应做到简约、规范。用语准确，还包括语言的纯洁性，要戒除污言秽语，避免口头禅，学会使用礼貌用语。幼儿教师口语的语调要自然，不要做作。

幼儿教师语言的标准还表现在语言的逻辑性上。所谓语言的逻辑性，指的是教师在使用语言时必须使其内容符合事物的客观规律，必须根据思维逻辑准确运用概念，恰当作出判断。虽然幼儿的逻辑思维尚处在初级发展阶段，他们理解和掌握的许多概念基本上是一种日常概念，对科学概念的理解还有一定的困难，但这并不意味着教师就可以不注意自己的语言逻辑和事物的科学规律。相反，教师在使用语言时注意内容的科学性和表述的逻辑性，有利于幼儿掌握正确的信息，促进幼儿逻辑思维的发展。

2. 清晰

研究表明，"学生的知识学习效果同教师的表达清晰度有显著的正相关"，"教师讲解的含糊不清则与学生学习成绩有负相关"。幼儿教师口语必须做到字正腔圆，每个音节的读音都应清楚地传给孩子。因为教师发音清晰、准确与否，将对幼儿语言的准确性产生重大的影响。

3. 流畅

幼儿教师口语必须流畅。"流畅"是指幼儿教师说话时思路通畅、语句通顺、语流连贯、对答敏捷、不重复、不断线、不语塞。这种流畅具有音乐的美感，有节奏、有韵味，能引起幼儿童心的跳动。这种流畅具有慈母般的爱抚，能唤起幼儿情感上的共鸣。教师在讲说一段相对完整的话时要做到：不拌嘴，克服语流"拥挤"使人听不真切的毛病。

4. 儿童化

对幼儿教师来说，语言表达仅仅做到标准、清晰、流畅是不够的，还必须实现语言的"儿童化"，才可能吸引幼儿。口语儿童化，并不是指一味模仿儿童说话，而是指教师的口语应贴近幼儿的生活，反映他们的要求，表现他们的情感，符合他们的心理特征。

口语儿童化有以下几点要求：

（1）甜美。幼儿有一种本能心态，即期望得到教师的"爱抚"。如果教师用寡淡冷漠的语言给幼儿上课，幼儿会很敏感地觉察到，他们同样会以冷淡的态度回报教师，教师的教学自然收不到好的效果。所以，在教学中要有慈母般温柔的表情、声调，从而有效地激发起幼儿的内心体验，让幼儿在轻松、愉快的气氛中获得知识。

第一、教师要焕发童心，进入角色，用亲切、自然、纯真的表情和语言让幼儿感受天真烂漫之情。

第二、语调上要注意舒缓有致，语气上要注意柔和。巧妙地处理好轻重、停顿、儿化、变调，做到抑扬顿挫，同时还可采用形容词叠用、摹声等修辞手段，以达到娓娓动听的效果。

第三、为增加"甜美"效果，可适当用些"呀、啊、呢、啦"等语气助词。

（2）短小。幼儿的瞬时记忆不发达，因此他们对较长或复杂的语句理解较困难。如果一句话超过了8个词，那么幼儿就会听了后面而忘了前面。这就要求教师要用短小、富有节奏感、符合幼儿心理发展水平的语言给幼儿上课，幼儿才会乐于接受。

第一、多用"散句"。即将一个长句拆零为几个较短的词语单位来表达。但是要注意语法和语言规范。

第二、多用儿童熟悉的、富有表现力的词语与句式，避免过多生疏的附加成分。

（3）灵活。课堂中灵活地运用一些自然、亲切、似家常絮语、像亲朋叙旧的"插入语"，可以起到调节幼儿听课情绪，增强他们注意力集中的作用。

例如：

"教师向幼儿介绍涂色时涂动物脸要注意跳开眼睛。"

镜头一：

老师A：今天老师要小朋友给小动物洗洗脸。我们给小动物洗脸的时候，要洗得干干净净，肥皂水要洗满整张脸。能不能洗着洗着，把肥皂水洗到眼睛里去？所以我们帮小动物洗脸的时候，要注意别让肥皂水洗到眼睛里，洗到眼睛的时候要跳过去。

幼儿反应：热烈，作画时基本能自觉地注意用跳过的方法。

镜头二：

老师B：我们来给小动物的脸涂上颜色。涂颜色的时候要注意，脸上要画满，不能看见白颜色。涂到眼睛的时候要注意跳开眼睛。

幼儿反应：教师作讲解时反应不热烈，作画时不能自觉地注意跳开眼睛，要老师不断提醒。

分析：

这是新老教师两种不同的教学方法及教学效果。很容易看出，第一位教师是一位老教师，有着丰富的教学经验，她巧妙地运用了儿童化的语言，将涂色与洗脸联系起来，最为巧妙的就是运用肥皂水不要流到眼睛里这一手段，轻松地让幼儿明白了涂色跳开眼睛的道理，形象而生动。相对来说，第二位教师的语言就显得平淡多了，缺少儿童化成分，幼儿的兴趣提不起来，也不易接受，所以教学效果不佳。

第二节　幼儿教师口语能力的潜质

一、文化素养

幼儿教师优良的文化素养有利于培养幼儿的学习兴趣，启发幼儿的智力，也有利于自身素质的提高和教育威信的建立。幼儿教师要具备学前生理学、心理学和教育科学知识，具有广博的科学文化知识和艺术知识等。幼儿正处在成长发育阶段，幼儿教师必须从体、智、德、美各方面对幼儿进行培养教育。要做好教育幼儿的工作，帮助他们茁壮成长，首先要了解儿童，要了解他们的身心发展规律。有了生理学、心理学和教育学各方面的知识，才能真正了解幼儿，并针对幼儿的接受水平设计各种教育活动，达到教育目的。幼儿的知识经验少，对周围世界很陌生，渴望认识周围世界，好奇好问。幼儿教师只有具备广博的科学文化知识，才能激发幼儿的认识兴趣，解答他们的疑问，启迪他们的智慧。幼儿教师丰富的艺术知识，可以增强教育手段的感染力，给幼儿以美的感受。幼儿教师的文化素养是多方面、多层次的，只有在原有的基础上加宽加深，不断提高和更新，才能更好地跟上时代的发展，更好地教育幼儿。

二、思维能力

一个人的口语表达能力与其思维能力有着密不可分的关系，要想提高自己的口语表达能力，必须提高思维能力。

思维是人类特有的一种生理现象和心理现象，是人脑对客观事物的本质和事物内在的规律性联系的概括和间接的反映。语言和思维紧密联系在一起。语言不仅是交际工具，而且还是思维工具。

语言是思维的物质外壳；思维是语言的精神内核，对语言的产生、发展和使用具有决定性的作用。语言是人类在认识事物的过程中，由于交流思想的需要而产生的。随着人类思维的发展及对客观世界认识不断深化、精细，语言也日益复杂、丰富起来。没有真正意义的思维，就不能创造出复杂的、抽象的语言。

幼儿教师除形象思维和抽象思维能力外，还应当具备创造性思维能力。创造性思维是一种创新的思维，即全新的、前所未有的、具有一定社会价值和意义的思维。它不依赖现成的模式，不受已有的传统认识和方法的束缚，求新求异，能见他人之未见、想他人之未想、创他人之未创，产生前所未有的思维成果，给人们带来首创的具有社会意义的精神产品和物质产品。创造性思维是思维的最高水平，它融合了思维各种优异的智力品质，具体包括发散性思维、逆向性思维、条理性思维、开阔性思维、敏捷性思维、灵活性思维和新颖性思维。

三、心理调控能力

科技的高度发展，社会竞争的加剧，容易使人陷入紧张、焦虑、压抑、苦闷之中。尤其是幼儿教师的职业，在时间上具有延续性，在空间上具有广延性，在性质上具有琐细性，操心、嘈杂的日常管理和教育，使教师在与幼儿的交往中要耗费大量的心力。同时，在教育教学中平凡的角色责任与心目中的远大理想造成的冲突会导致其产生很大的压力。因此，幼儿教师必须具有较好的心理素质和人格特征，即积极、主动、乐观、自信、灵活、宽容，能勇于面对竞争的压力和工作的挫折，积极面对幼儿，善于化解人际沟通中的矛盾，努力改善日常生活的氛围，调节紧张、压抑的情绪、心境等。幼儿教师确需懂得心理的自我保健。一些研究表明：我国幼儿教师的群体人格特征主要表现为比较乐观外向、谦逊、顺从、心平气和、敢作敢为、幻想性高、创造性较低、感情用事。另外有研究指出，外倾型性格对于学术研究未必有利，感情用事可能导致缺少事业心。上述研究都提示幼儿教师要注意不断提高和改善自身心理素质和人格特征，增强其适应性。因为，良好的心理素质和人格特征是幼儿教师素质全面提高的有力支撑，只有这样，才能使自己在从事的工作中始终保持一种积极向上的精神面貌。

幼儿教师怎样进行自我心理调控呢？

马克思主义认为："外因是变化的条件，内因是变化的根本，外因通过内因才能起作用"。在心理健康的维护中，心理咨询可以说是外因，而自我调试是内因，我们应该更多的关注后者。

具体讲，幼儿教师心理健康的自我调试可以尝试以下 10 种办法，简单易行，容易取得好的效果。

（一）清醒地认识自我

幼儿教师要正确的认识自己，对自己形成深刻正确的认识，才能形成正确的教育观、人生观，才能勇于面对人生中的种种压力。俗话说"知己知彼，百战不殆"就是这个道理。

（二）善于调控自己的情绪

对情绪的控制能力是一个人 EQ 高低的主要判断标准，掌控了自己的情绪也就掌控了自己的未来。幼儿教师要善于时刻调节自己的情绪。尤其在一些恶劣环境，要三思而后行，培养自己的忍性，沉着冷静，学会冷处理，不可冲动。

（三）善于做自我激励

自我激励包含两方面的意思：① 通过自我鞭策保持对学习和工作的高度热忱，这是一切成就的动力；② 通过自我约束以克制冲动和延迟满足，这是获得任何成就的保证。有研究表明，善于做自我激励的人往往容易成功。

（四）善于换位思考

当问题发生时，多站在别人的角度思考问题，就能用一种平和的心态面对发生的所有事情，也就能理解他人的言行。

理解别人是一种能力，也是一种素质，善于理解别人的人一般会有好人缘，也往往容易得到别人的理解。

（五）建立良好的人际关系

在家靠父母，出门靠朋友。幼儿教师要善于建立良好的人际关系，与各种朋友亲密相处，参加各种社交活动来充实自己的生活。

（六）建立合理的期望值

幼儿教师要建立自己对生活和事业合理的期望值，不可过低，这样容易使人没有上进心。更不可过高，那样容易使人因遭受失败而对生活失去信心。

（七）合理的宣泄

把自己的内心矛盾与痛苦情绪体验宣泄出来，减轻心理上的压力，减轻或消除紧张的情绪，易使人恢复平静的心情。幼儿教师要掌握一些简单的宣泄自己不良情绪的方法，比如哭，摔不易破坏的物品，到大山深处高声大喊等。

（八）学会幽默

幽默是人际交往的润滑剂。幽默是一种生活态度，幽默是放松自己和他人的一种过程，适当使用会起到意想不到的效果。

（九）升华消极事件

升华可谓是由于压力促使改变的惟一一项可为社会所接受的正面变化。升华是把无意识冲突转化为积极的形式，当自己处于一种必然的消极环境中时，要把消极环境的各种因素做积极化升华，这是个人在私心与文明社会的限制之间，做一折中的调节方式。

（十）善待人生中的各种机会

有人说智商高的人会发现机会，情商高的人会抓住机会，那就让我们善待每一次人生的机会，特别是要多给自己一次成功的机会。

四、应变能力

所谓应变能力就是当环境、条件、对手等发生变化时，能够及时采取措施，迅速加以应对的能力。

应变能力需要必要的知识、敏捷的头脑和丰富的经验，要想能够随机应变，就要养成事先策划、周密计划的习惯，做任何事情都须尽量如此。

作为一名幼儿教师，我们每天要面对幼儿、家长、同事、领导，更需要我们具有较强的应变能力。

首先，扩大个人的交往范围。

无论家庭、幼儿园还是小团体，都是社会的一个缩影，在这些相对较小的范围内，我们可能会遇到各种需要应变能力才能解决的问题。因此，只有首先学会应变各种各样的人，才能推而广之，应付各种复杂环境。只有提高自己在较小范围内的应变能力，才能推而广之，应付更为复杂的社会问题。实际上，扩大自己的交往范围，也是一个不断实践的过程。

其次，加强自身的修养。

应变能力高的人往往能够在复杂的环境中沉着应战，而不是紧张和莽撞从事。在工作、学习和日常生活中，遇事沉着冷静，学会自我检查、自我监督、自我鼓励，有助于培养良好的应变能力。

再次，注意改变不良的习惯和惰性。

假如我们遇事总是迟疑不决、优柔寡断，那就要主动地锻炼自己分析问题的能力，迅速作出决定。假如我们总是因循守旧，半途而废，那就要从小事做起，努力控制自己，不达目标绝不罢休。只要下决心锻炼，人的应变能力是会不断增强的。

第三节　幼儿教师禁忌语

在幼儿园这个集体中，幼儿与教师联系最为广泛和密切，幼儿与教师接触的体验也最为敏感和细微。教师的一个眼神、一下手势、一丝微笑，都会使幼儿获得温暖和自信；一句关怀、鼓励、赞赏的话语，会让幼儿从中受到激励与启迪；一番耐心的分析、亲切的批评，会引起幼儿深刻的思考……可见，一个教师的道德修养，无论就其正面还是负面来看，对孩子们心灵上的影响，都是终生难忘、不可磨灭的。当幼儿从熟悉的家庭来到陌生的幼儿园，会因恋家哭闹不停，幼儿在这个时候需要的是妈妈般的关心，但在幼儿园总有个别教师有时因心情不好，会把孩子作为发泄的对象，说出了一些忌语："哭哭哭，一个人坐在那里哭个够吧，没有小朋友跟你玩。""老师最讨厌整天哭的孩子。"对于接受能力较慢的孩子，有些老师总是又叫又吼："又蠢又笨，什么都不会，烦死人，回家叫你妈妈教你。"对爱

"捣乱"的孩子，有时也不问缘由就大声呵斥："你给我站着。""你给我听着，不许……，不许……。"这些刺耳的忌语，深深伤害了孩子们的自尊心和自信心。

幼儿教师为人师表，自身应该具有健康的心理素质，每讲一句话，都要考虑到它对孩子心灵的影响，把气发泄在幼儿身上，那是很不公平的。迁怒幼儿，不仅仅是对幼儿的伤害，其刁钻刻薄、惯于透过于人的恶习也给幼儿树立了一个极其恶劣的"榜样"，其后果是非常严重的。赵寄石教授说："每瞬间，你看到孩子，也就看到了自己；你教育孩子，也就教育了自己，并检验自己的人格。只有尊重儿童，才能帮助儿童树立自信。"老师的一言一行于不经意中对孩子起着潜移默化的作用，因此，幼儿教师应加强教育言行的修养和情操的陶冶，规范自己的教育行为，满腔热情地工作，为幼儿播下一生受益的种子，给幼儿一个快乐的童年，使他们永远记住幼儿园这一人生的乐园。

一、教师出现禁忌语言的原因

教师出现禁忌语的原因，主要有两个方面：

（一）近年来，幼儿教师的身心健康受到关注。人们日益重视教师中出现的"职业疲惫"现象，发现教师中较为普遍地存在着头疼、易疲劳、抑郁、紧张、焦虑等多种不良症状，而这些症状的出现频率、强度和持续性与部分幼儿的调皮、不听话、行为不良等密切相关，显示出幼儿的发展与对教师教育教学的反应在教师身心健康的维护中具有重要影响。一些研究指出，相对于其他职业，教师的工作压力较大，而且有相当一部分教师感到压力过大；另一方面，教师在应对工作压力，特别是在面对幼儿引起的各种应激问题时受到幼儿的消极影响。在教育活动中，幼儿的反应和表现如果不能达到教师预期的目标和要求时，都可能使教师产生挫折、烦燥、生气等强烈的消极情感体验，处于应激、紧张、焦虑、抑郁等不良情绪状态。长此以往，教师的心理健康就会受到影响。所以在幼儿园中会经常出现一些过激、偏差行为，如大声斥责幼儿，对幼儿发脾气，讥讽、污辱甚至恐吓等，出现一些禁忌语。

（二）有些教师经常在无意之中"出口伤人"。一些禁忌语显然已是一些教师训导幼儿的"熟语"甚至"口头禅"，也使一些幼儿不得不多次直面和接受的"家常便饭。"禁忌语已经成了一些教师的习惯，有些教师以为禁忌语是一件小事，随便脱口而出对幼儿没有什么影响，从表面上看，教师禁忌语反映出教师自身文明素养较差，缺乏基本的自律意识和尊重幼儿的观念，但从根本上讲，教师禁忌语的使用会对幼儿的一生产生消极的影响。

二、教师的不当用语对幼儿造成的影响

（一）人身攻击

1. 某教师看见一个瘦小的幼儿吃饭慢，就对孩子说："你还不快点吃饭，瘦得像个吸毒的，你妈妈是不是吸毒的？"

2. 当某些教师看不惯动作较慢的孩子时，就会对孩子说："你蠢得像头驴。"等等。

智力再愚钝的孩子也能体会出这类话包含的"恶意"，心灵会受到莫大的伤害。此外，孩子可能会因此信以为真而自暴自弃，最后丧失自信。

（二）威胁恐吓

1. 当小朋友非常调皮的时候，老师怎么说他们也不听，老师就会很生气的恐吓他们

说："再调皮就把你们统统丢下楼去。"这时，小朋友就乖乖地听话。

2. 在幼儿园里，有些孩子不乖，老师就会对他们说："你们谁不乖就让你去喂狼。"等等。

这类虚张声势的威吓和言过其实的表扬一样，同样让孩子丧失对老师的信任。

（三）绝对否定

1. 老师叫孩子吃药，孩子一时听不到，老师就对幼儿大吼到"你耳朵聋了。"

2. 有些孩子吃饭时比较好动，老师就会对他大声说："你从来没有好好地吃过一顿饭。"

批评孩子并没有错，但如果把话说"绝"，反过来可能会引发孩子的一种叛逆心理，从而导致最后拒绝接受批评教育。

（四）居高临下

1. 幼儿不听话时，老师就对幼儿说："你不听话也得听。"

2. 某幼儿不听话，老师当着孩子的面，对保育员说："他要是我儿子，我早就把他丢出家门了。"等等。

教师老是"高高在上"，孩子在接受批评时心里就不平衡，这样即使你的批评百分之百的正确，孩子也会出现"口服心不服"的反应，最后总是事倍功半。

（五）其他

"看见你，我就烦！""你的眼睛是干什么用的？""住嘴！""他那么脏，不要跟他玩。""我教了这么多年，没见过像你这样的。"等等。

随着孩子年龄的增长，他们会渐渐地分辨出这些话中的分量，教师这些带有讽刺性、污辱性、蔑视性、过激性、指责性、训斥性的语言，在无意之中"出口伤人"，刺伤了幼儿的自尊心，恶语相向，让幼儿心理得不到健康发展。

估计很少有老师能拍胸脯说自己从未对孩子说过以上的话，就算说过了也会不以为然。相信大多数教师说这些"禁忌语"时，出发点确实是为了孩子的发展进步，但是未必就能收到他们想像中的效果。孩子的心智发展是不成熟的，他们在教师的语言中看到的是教师对自己的责备，他们会以为老师不喜欢自己，从而产生自卑的心理。

三、教师应怎样减少不当语言的现象

（一）出现"职业疲惫"的教师，要及时地摆脱这种消极的情绪状态，保持愉快、健康的心态去工作。

幼儿教师应该对自己所从事的职业有一个正确、理性的认识，并能与现实有良好的接触并做出良好的反应。正确、客观的对待自己，没有明显的自卑感。针对自身的不足，要不断充电，随时把握新的信息，提高自己的素质。培养自己乐观、豁达的人生态度，对待挫折和困难，要充满信心和希望，始终保持愉快的心境。

善于调整和控制自己的情绪，工作中注意克服情绪化和行为上的偏激，不将不好的情绪带入教育、教学活动中，影响幼儿；注意满足身心需要，减轻内在的压力；对待事情要放宽心胸，不为小事斤斤计较，对别人取得的成绩要认同，并虚心向强者学习；适当的进行宣泄，不要过分压抑心中的情感，可以经常和家人、朋友外出娱乐等。

幼儿教师在工作过程中，要克服疲惫心理，使自身的工作始终处于一个积极的状态之中。不随意放弃工作目标，善于分析情况，克制自身在实现目标过程中出现的消极情绪。可以努力形成自己的职业特长，在竞争中找到自己的优势，这样容易使自己拥有一种成就感、优越感。精通工作的各个环节，对工作有轻松感、胜任感。把工作当成一项创造性的工作来做，使工作充满乐趣。

（二）努力提高语言素质。语言并不是一种孤立的现象，它和思想品德、文化素质等密切相关。幼儿教师的语言素质首先是一个师德修养问题。一个品德高尚的教师，他的语言应该是热情洋溢的肺腑之言，能够促进幼儿的智力开发，能够激发幼儿的学习兴趣，能够培养幼儿健康向上的情感。其次是专业知识修养和语言修养。教师要尽量扩大知识面，掌握幼儿教育的发展规律，不断收集专业信息，博采众长，以提高自己的知识水平和专业水平。同时注意积累词汇，加强语言的基本功训练。只有这样坚持不懈努力，才能提高语言的科学性和艺术性。

四、禁忌语示例

1. 应说："做错了事不要紧，相信你一定会改正。"
   忌说："再犯错误，我们就不要你了。"
2. 应说："别着急，你一定会学会的。"
   忌说："别人都会，就你不会。""你怎么这么笨。""白痴""笨蛋""木头"等。
3. 应说："对不起，老师讲（做）错了。"
   忌说："小孩子，你懂什么，老师还会讲（做）错吗？"
4. 应说："你真爱动脑筋，能发现这么多问题。"
   忌说："烦死了，就你问题多。""就你聪明！""闭上你的嘴。"
5. 应说："我知道你能和大家一样遵守纪律。"
   忌说："你要死啦，什么样子。""就你管理不好自己！""又是你，真讨厌！""给我回家去，明天别来了！""走开，我不想见到你。""你只会做坏事，你再这样就让大灰狼吃掉你。"
6. 应说："不要紧张，你好好地听一听、看一看，想一想，一定能回答出来的。"
   忌说："怎么不说话，成哑巴了。""你没长眼睛（耳朵）！""像你这样，还想上小学。"
7. 应说："闭上眼睛，你一会儿就能睡了。"
   忌说："再不睡觉，下午就别起床。"
8. 应说："没关系，老师帮你换洗一下。"
   忌说："你真烦人，怎么又把大（小）便弄在身上了。"
9. 应说："每样菜都有营养，吃了身体好。"
   忌说："就你挑食，再这样，下次就别吃饭了。"
10. 应说："我们一起分析原因，请你密切配合，共同教育好你的孩子。"
    忌说："你的孩子今天又犯错误了，回去好好管管他。"

思考与练习

思考题

1. 幼儿教师口语有哪些要求？

2. 幼儿教师应具备哪些文化素养？如何加强我们的文化素养？

3. 提高应变能力应从哪几个方面入手？

4. 幼儿教师为什么要注意禁忌语？

练习题

1. 围绕下列题目，进行发散思维训练：水、手、书、星星、时间、镜子。

2. 将下列成语扩展成一个个生动的小故事：

  画龙点睛　　惊弓之鸟　　开卷有益　　滥竽充数　　狼狈为奸

  刻舟求剑　　盲人摸象　　毛遂自荐　　负荆请罪　　揠苗助长

3. 成语接龙训练。开头者先说一个成语，递接者以其成语的末尾字音（或谐音）为自己所说的成语的字首，依次类推。

4. 游戏快要结束了，但小朋友还在摆弄玩具，面对这个情境，不同的教师用语不同。

教师 A："小朋友，游戏结束了，快把玩具放回原处！"

教师 B："玩具小鸭走累了，该休息了。让我们看看哪一只先回家好吗？"

哪位老师的话更受小朋友的欢迎，效果更好？为什么？

5. 仿照例子，对下列事物按正向思维、逆向思维分别列出不同观点。比一比，谁列的快、列的准。例：

天平：正——公正无私的楷模

反——谁多给一点就倾向谁

镜子、伞、月亮、茶杯、蚕

第八章　教学口语训练

第一节　教学口语的使用原则

教学口语是科学和艺术的结合。教学口语的科学原则，是指教师的语言表达形式要符合语言的语音、语义和语法规范，要清晰明了，有逻辑性。科学的语言能保证教学中以准确的语言清晰地传授正确的知识，同时又能使幼儿接受正确的语言的熏陶。教学口语同时还应具有艺术原则，使语言生动、形象，更富表现力。有艺术性的语言能吸引幼儿的注意力，调动幼儿更大的兴趣，增强幼儿学习的积极性和主动性。

一、教学口语的科学原则

（一）规范性

规范性是指教学口语应当遵守国家的规定，在语音、语汇和语法等方面符合汉民族共同语——普通话的规范。

据科学实验证明，幼儿期是语言发展的关键期，幼儿语音的模仿能力强，词汇量增加速度快，理解和表达能力发展迅速，而且大部分是通过自然观察和模仿得来的，因此教师的语言是幼儿有声语言的楷模。幼儿教师良好的语言能力对幼儿语言发展起到积极的促进作用，反之，则可能会产生消极的影响。

（二）逻辑性

逻辑性是指教学口语符合事物的客观规律，根据思维逻辑恰当地使用概念，正确地进行判断，严密地进行推理。用精确的词汇表达知识的内涵，用言简意赅的语句表达丰富的内容，用层次分明的语序表达明确的目的。

1. 教学思路清晰

教学思路的清晰取决于教师对教学活动的设计是否做了必要的准备，对教学活动目标、环节是否通过备课和钻研教材做到心中有数。对教学内容、指向和过程等有了清楚的认识，教学口语才能按照既定方向导入教学中去，才会环节与层次分明。

例如："请你摸一摸"（小班）

师：请小朋友摸一摸桌上的棉花球和玻璃球，捏一捏有什么感觉？

儿：玻璃球滑滑的，捏不动。棉花球软软的，能捏动。

师：捏得动，叫软。捏不动，叫硬。谁告诉大家玻璃球、棉花球是软的，还是硬的？

......

师：现在请你们再摸摸砂纸，摸有砂的一面，什么感觉？摸它的反面又有什么感觉？

儿：这面砂纸滑滑的，反过来那面粗粗的。

师：滑滑的就叫光滑。粗粗的就叫粗糙。砂纸有砂的一面是粗糙的，反过来那面是光滑的。

在这个活动中，教师让幼儿亲自感知，激发他们在自我感知的基础上进行表述。在这一过程中，教师始终在用语言引导幼儿的思维与表达，当幼儿说到玻璃球"捏不动"、棉花球"能捏动"时，教师巧妙地插进了"硬"和"软"的概念，既使幼儿自然接受，又能准确、科学地概括上述两种事物的性质。

2. 教学线索缜密

在教学中，以知识的由浅入深、幼儿思维发展的由简单到复杂为教学线索安排好教学过程，各环节之间要具有紧密的内在知识逻辑联系，才会衔接紧凑，缜密严谨。

例如：科学活动"动物真有趣"（大班）

教师要求幼儿形成"动物"的概念，常见的办法是说出"动物"定义，这位教师却用了一段提问语，让幼儿在回答中学会"动物"的概念。

师：什么是动物？

幼：会爬。会爬会走的都叫动物。

师：鱼不会爬、不会走，只会在水里游。鸟会飞，它们是不是动物？

幼：它们是动物，因为它们会活动。会活动的生物叫动物。

师：能活动的生物叫动物，可是，飞机会飞，是不是动物？

幼：飞机自己不会飞，是人开的，它没有生命，不是动物。

师：对了，能自己活动的生物叫动物。

这段极朴素明快简洁的教学语言是一段具有紧密内在联系的语段。教师提出的几个问题，紧紧围绕着"动物"的概念而设计，先让幼儿通过对猪、鸡、蚯蚓等动物会走、会爬的归纳，认识到动物的一个特点；然后再进一步发问，让幼儿把会爬会走的特点扩大归纳为"能活动"；接着从反面发问，澄清模糊认识；最后说出"动物"定义。这种由具体到一般归纳的顺序，充分体现了教师教学语言缜密的内在逻辑联系。

3. 安排好教学环节结构

在段与段之间转换、一个内容向另一个内容转换时，有意识地总结一下再引出下文，可以使教学更加严密。

例如：科学活动"亲亲小草"（小班）

教师组织幼儿到户外草地上游戏。

教师：小朋友们，春天到了，小草长出来了，我们去跟小草交个朋友吧。

一到草地上，孩子们快活极了，在老师的鼓励下，有的趴在地上和小草说着悄悄话，有的蹲着轻轻用手梳理着小草。一会儿工夫，已和小草交上朋友的孩子们和老师做着跑、跳、爬、滚等游戏。

教师引导幼儿交流分享对小草的发现。

师：刚才，小朋友在草地上发现了什么？

幼：小草。

师：请小朋友看一看小草的样子，摸一摸小草的感觉，闻一闻小草的味道，再把发现告诉老师。

幼：小草绿绿的，好漂亮呦！

幼：小草一支一支地长在地上，像一根根牙签。

幼：小草软软的，用手摸一摸很舒服。

幼：小草有一种淡淡的香味，很好闻的。

师：在草地上玩有什么感觉呢？

幼：小草刺刺的，我们跑的时候脚会痒痒的。

幼：草地软软的，像铺着一层棉被，可以在上面打滚呢！

幼：小草湿湿的，我们爬的时候手和裤子都湿了，有点凉。

幼：我刚才跑的时候摔了一跤，都不会疼。

师：原来小草还会保护大家，你们知道小草还有什么作用吗？

幼：大片大片的小草，会让城市变得更漂亮的。

幼：我看见草地上有很多的小虫子，小虫子的家一定和小草的家在一起。

幼：我看见小蜗牛和小蚂蚁了，它们的家也一定和小草在一起。

幼：妈妈说，我家的院子里要多种些小草，这样空气就会更好了。

师：可爱的小草本领真大，我们应该怎样保护它呢？

幼：我们不能拔小草。

幼：不能在草地上吐痰。

幼：还要给小草洗澡，让小草干干净净的。

幼：我要告诉爷爷开车的时候，不能把车子开到草地上，这样小草就不会被压死了。

幼：我看到有人在草地上小便，以后我要告诉他们，这样是不对的。

师：小朋友都是小草的好朋友，都知道怎样爱护小草，小草开心极了。教室里有很多材料，我们把小草开心的样子表现出来。

4. 解释和讲解要简洁精确

在解释概念、讲解技巧时，首先要简洁明快，多选用口语化的词语，不用晦涩艰深的词语，选用的词语应没有言外之意，没有比喻意、象征意；多用短句，不用或少用关联词语和修饰限制性词语。其次要通俗精确，准确地把握知识的内在结构，抓住关键词和要点。

例如："神奇的纸棒"（小班）

在活动过程中，老师发现一个小朋友将老师事先准备好的纸棒放在嘴边说话，便对其他幼儿说："刚才老师看见金一冰小朋友对准纸棒在说话呢，现在我想请你们每一个人找一个好朋友，一个对着纸棒说话，另一个用小耳朵听，听听你的好朋友说了些什么？"幼儿玩了一会儿后，教师提问："小朋友听到你的好朋友说的话了吗？"幼儿纷纷抢着回答。教师小结："这个长长的、圆圆的、空心的纸棒，能把我们的话传出去，我们给它起一个名字，叫传声筒。"

教师在这里给"传声筒"下的定义，虽然不是一个特别严密的科学定义，但是用了"长长的、圆圆的、空心的"三个定语就把传声筒的基本要素概括了出来，帮助幼儿整理出了零散的日常经验，促进了幼儿思维水平的提高。

5. 句子完整，句意贯通

不完整的句子让幼儿听不明白，缺少主语、谓语或宾语的句子可能会造成幼儿理解困难。上下句之间、几个相连的句子之间，要有语意上的衔接，形成一个有一定中心的句群。如果没有语意的贯通，就会让幼儿感到困惑，抓不住重点。比如下面两段教学口语的句意就是不连贯的：

（1）研究昆虫是一件很有意义又很有趣的事情。世界上有许多昆虫。世界上有很多人在研究昆虫。昆虫有的益于人类，有的不益于人类。研究昆虫的大科学家有谁呢？

（2）小朋友们！今天穿蓝衣服的站在讲桌右面排成一排，穿黄衣服的站在讲桌左面排成一排，穿红衣服的站他们中间，排成一排，穿花衣服的跟我来！好，现在散开，坐在地毯上。听我指挥：穿毛衣的站起来，穿运动衣的蹲下，穿夹克衫的跑到我这里来。

（三）针对性

针对性就是针对不同的学习环境、不同年龄或水平的幼儿运用不同的语言。

因材施教是教学的重要原则之一，它要求教师在教学过程中从幼儿实际出发，根据不同阶段的具体情况，采用不同的方法，进行不同的教育，使每个孩子都能在各自原有的基础上得到充分的发展。教学口语也必须遵循这一原则。

幼儿的年龄不同，他们的思维能力、知识水平、对语言的领会和接受水平有很大差别。所以，在小班、中班、大班的幼儿学习活动中，教师应有针对性地选择恰当的教学口语。

1. 小班（3～4岁）幼儿的教学口语

小班幼儿神经系统的发育还很不完善，知识经验少，理解能力差，所掌握的词语有限，思维处于具体形象阶段的初期。因此，教师在对小班幼儿说话时，应抓住具体、形象这两个关键。

（1）词语简单易懂，多用单句、短句。

对小班幼儿说话时，所用词语应简单易懂，有时需要多用叠音词，如高高的、圆圆的、大大的、红红的。句子多为简单的单句。在向幼儿提问时，要问的非常具体，答案最好是一句话，最多不要超过两句话，其备选答案也要单一。

（2）表扬或批评内容具体，有感情色彩。

幼儿的情感非常容易受暗示，教师的情绪、情感在很大程度上影响着幼儿，幼儿也会根据老师的情绪反应判断自己行为的正确与否。因此，教师在表扬或批评幼儿时要加进自己的情感色彩，语言要具体，便于幼儿理解。

例如：

"今天芳芳自己穿好衣服了，老师特别高兴。"

"今天小刚洗手的时候没玩水，老师可喜欢他了。"

（3）态势语稍多，语气稍夸张。

小班教师在讲故事的时候，要有较丰富的态势语（不能过多）。恰当的态势语可以辅助教师的口语表达，也可以帮助幼儿加深理解教师所说的内容。

（4）语言拟人化。

小班教师的语言拟人化成分较多，这与这一阶段幼儿具有"泛灵"特点有关。小班幼儿认为猫、狗、大树、房子等都和人一样会说话，具有人的"灵性"。

例如：

"请你听一听，现在是什么乐器在唱歌？"

"今天小鸡到咱们小一班来当小客人，小朋友快欢迎它。"

（5）语速慢，多重复。

小班教师在说话的时候，语速要稍慢，语调要柔和，且重复的次数稍多，以便与小班幼儿接受能力相适应。

2. 中班(4～5岁)幼儿的教学口语

中班幼儿的思维仍处于形象思维阶段，教师的语言仍然离不开具体、形象的特点。但是，他们毕竟比小班幼儿有进步，主要表现为知识经验丰富了一些，语言的接受能力和表达能力都有所增强。和小班教师相比，中班教师的话语有如下变化。

（1）句式多样化，语言表达的内容更丰富。

由于幼儿认知能力的提高，教师表达时的自由度加大了，不仅可以使用单句，而且还可以使用简单的复句句式，用词也多样化，语言表达的内容随之更丰富。

例如：

"假设你正在过小桥，迎面走来了一个人，你怎么办？"

"现在我们来玩一个游戏。你们身后有许多小旗子，请你们辨认一下哪些是国旗。每个人拿一面国旗到老师这里来。"

（2）提问的内容稍宽泛，答案有多种。

因为中班的孩子思维能力比小班有所提高，所以中班教师在提问时就没有必要像小班教师那样提备选答案单一的问题，而是可以提备选答案有多种可能的问题，以启发幼儿在回答问题时从多种角度进行思考。

例如：

教师：叶子都有什么用？

幼 A：蔬菜的叶子能吃。

幼 B：树叶能挡太阳。

幼 C：叶子榨出来的汁能喝。

幼 D：有的叶子是药，能治病。

（3）语言重复次数少。

中班教师在给幼儿布置某项任务或提出某项要求时，不必像小班教师那样反复叮嘱，说一遍或两遍就可以了。

3. 大班(5～6岁)幼儿的教学口语

大班幼儿的思维水平虽然还处在形象思维阶段，但由于神经系统的发育已趋于完善，他们已有了初步的抽象思维能力，与此相对应，教师的话语有如下特点。

（1）语言中出现一些表示类别概念的词。

大班幼儿对事物的类别有了初步的认识，这时教师要教他们一些表示类别概念的词，如家禽、家畜、交通工具、塑料制品等。

（2）复句增加。

大班幼儿对事物及其关系有了进一步理解，教师在口语表达中可增加复句的数量及难度。

例如：

"因为陈洁小朋友是个好孩子，所以大家都喜欢她。"

"刚才许多小朋友讲述了自己最喜欢的人，有的说喜欢爸爸，有的说喜欢妈妈，有的说喜欢奶奶，这些小朋友讲得都很好。"

（3）语言更简洁。

教师在小班需要说较具体的话，在大班可以说得较概括、简洁。

例如：

"今天明明表现不错。"

"8 的相邻数是几？"

二、教学口语的艺术原则

（一）形象性

教师口语的形象性是指教师要善于创造直观形象，唤起幼儿对具体事物的真切感知。幼儿的思维方式以形象思维为主，他们更容易理解和接受直观、生动、具体的教育影响，需要借助形象来认识事物。因此，幼儿教师的教学口语必须具有形象性。形象性语言能激发幼儿积极的联想和想象活动，激发幼儿参与学习活动的兴趣。

1. 描述具体细致

在幼儿学习活动中，教师应该注意选用能描述事物外形的大小、形状、颜色，事情发展的原因、经过、结果，人物形象的表情、动作、语言、心理等的具体细致的语言。

例如：

"小朋友闭上眼睛，听听窗外的雨声像什么？哗哗——像小河在流。嘀嘀嗒嗒——像钟表响。睁开眼看看雨像什么？像梳子一样密，像针一样细，一串串的多像穿起来的珍珠；望远处看，还像一道门帘。"

2. 运用多种修辞方法

修辞能从某种角度反映事物的属性、联系及发展规律。灵活、恰当地运用修辞方法，可以把呆板的变为活灵活现，把深奥变为简单生动，能调动幼儿的注意、想象、联想、情感等心理活动。

教学口语运用的修辞手法有比喻、拟人、夸张、引用等。请看下面教师在教学中适当运用修辞方法的例子。

（1）幼："老师，叶子掉下来的时候，树妈妈会疼、会死吗？"

师："不会的，树妈妈的心脏在根部，只要根是健康的，大树就不会死。树掉叶子，就像我们人掉头发一样，是不痛不痒的，一段时间后它还会生长出好多的新叶子！"

（2）教师对幼儿说：

"昨天我去商店买东西，长长的柜台里边站着两个售货员。左边那个售货员满脸笑容，远远地对我点头；右边那个售货员愁眉苦脸，不爱搭理我。你们猜我到哪一边买东西了？"

3. 运用拟声词、摹色词、叠音词

用这些有色、有声、有形的词语，可以收到栩栩如生的效果。请看以下实例：

（1）有位教师在教钢琴曲《骑木马》时，这样说："嗒嗒嗒嗒，嗒嗒嗒嗒……远处传来了马蹄声，声音渐渐近了，一个小朋友骑着马，飞快地跑着……

(2)"小朋友，你们知道今天是什么日子吗？今天是阴历腊月初八，食堂里的叔叔阿姨给你们做了一锅香喷喷、热腾腾的腊八粥，好吃极了！粥里有红红的枣、黄黄的豆，还有……你们看看还有什么？"

4. 语言有动态感

幼儿的天性是活泼好动的，依据这一心理特点，教学时要多用动态词语。如：

(1)体育活动中，一位教师对幼儿说："今天我们来扮演解放军叔叔好不好？我们把这些沙包当手榴弹扔出去炸碉堡！"

(2)"眼睛会说话"（中班）

教师一边操作卡片"眼睛和心情"，一边扮演眼睛进行自述："我在生气的时候会瞪着眼睛，我在高兴的时候会眯着眼睛，我在伤心的时候会垂下眼睛流泪，我在惊奇的时候会睁大眼睛，我在注意听讲时眼睛会一动不动，我在害怕的时候会闭上眼睛。"

（二）情感性

情感性是指教师在幼儿学习活动中必须充分调动自己的情感，使教学口语充满强烈的情感感染力。

教学口语的情感来源于幼儿教师浓烈的职业热情：热爱纯真的幼儿、热爱教师职业、对幼儿充满期望，这样才能以忘我的情怀、饱满的情绪、亲切的话语面对全体幼儿，才能控制愤怒、焦虑、沮丧、失望等不良情感的困扰，保持轻松、愉快的工作情绪，言语中处处透露出积极、乐观、向上的情绪，才能克服职业倦怠，倾注真挚的热情，不断创造出给教师和幼儿带来美感的教学情境。正如苏霍姆林斯基说："在知识的活的身体里要有情感的血液在畅流。"

1. 用充满积极情感的语言去激发幼儿参与活动的热情

教师要注意选择使用一些富于情感表现力的词语、句式，流露出真诚、丰富的情感，调动起幼儿兴奋、热情等良性情感。

例如："认识水果"（小班）

老师引导幼儿进入角色："水果丰收啦，许多小动物要去摘果子，大家多快乐啊！请小朋友把动物头饰戴上，我们也去找找水果在哪里吧！"

小班幼儿的情感非常容易接受暗示，教师用"水果丰收了"、"多快乐啊"这些表现情感的句子，营造欢快的活动气氛。

2. 用语音、语调、节奏、态势语传情达意

语音悦耳动听，语调愉快柔和，节奏明快富于音乐美，会让幼儿得到美的享受，面露微笑，活动轻松，是进入幼儿情感世界的"通行证"。教师要善于运用语气的轻重缓急、语调的高低曲直、节奏的快慢起伏，表现丰富的情感变化。

3. 激励幼儿奋发向上的激情

教师对幼儿正确的回答，富于创造性的举动，应用热情洋溢的话语加以肯定和赞扬，同时，教师还应配合微笑、点头、注视及抚摸、拍头等态势语动作，让幼儿感到老师的体贴、关爱和信任。

例如：一个孩子用与众不同的方法玩橡皮泥，教师看到了，对他说："哦，你用勺子来

压橡皮泥，真是个好主意！我也要像你这样做，不过我还要用勺子把儿来压橡皮泥，你看好玩吗？"

教师对幼儿富于创造性的举动进行了由衷的赞扬，还表示向他学习，令幼儿非常兴奋。

（三）趣味性

趣味性是指教学口语能契合并调动幼儿的兴趣，把幼儿潜在的学习积极性充分调动起来，使他们愉快、自觉、主动地学习。

教学口语趣味性的前提条件是：怀着一颗不泯的童心，以儿童的眼睛去观察，以儿童的耳朵去聆听，以儿童的心灵去感受生活，汲取幼儿生命节奏中的活力和光彩，分享幼儿成长过程中的纯真与好奇。这样，才能表达出符合幼儿认知心理和水平的富有童趣的语言。

1. 语言内容的趣味性

（1）幼儿的认知思维是一种以自我为中心的思维，他们总是生活在现实和幻想交叉的两个世界里，所以幼儿在活动过程中，极容易沉浸到老师创造的情境中去。如"造句旅游"（中班）

教师出示纸盒机器人，并以机器人的口吻对幼儿说："我是小铃铛，说话声音响，谁想和我做游戏，快来摸我的大肚皮。摸出卡片讲一讲，回答正确红灯亮。"请一幼儿上来摸卡片，并大声地看图造句，如"小朋友在看图。"教师以机器人的口吻评价："回答正确，的、的、的。"按机器人，使其头上的红灯亮三下。

（2）幼儿的自我中心思维导致幼儿的泛灵观念，即将世上万事万物都看作有生命的、有情感的东西，教师应当根据幼儿认知心理的这一特点，借助幻想、夸张、拟人等艺术表现手法，增强教学口语的表达效果。

（3）游戏是幼儿的天性，幼儿通过游戏来学习知识，来体验生活。如果把教学活动变为游戏活动，教学口语充满游戏的乐趣，幼儿就会乐于参与。

例如，一次语言活动，教师让中班的幼儿进行故事表演《微笑》，给他们戴上事先准备好的头饰。幼儿很兴奋，随着音乐，扮演起了各种小动物。一会儿，有些幼儿就忘记了自己的任务，其中一个扮演小蚂蚁的小朋友在一旁玩起了其他东西。教师看到了，她大声对其他小朋友说："小伙伴们，小蚂蚁迷路了，哪个小动物愿意做好事帮他找回自己的同伴们，把微笑留给他？"其他小朋友听了，都纷纷过去帮他找到自己的同伴，并使他重新进入了角色中。

2. 表现形式的趣味化

（1）情绪投入。教师应该情绪饱满，作为活动的参与者和幼儿一起分享喜悦，分享乐趣，兴致勃勃地和幼儿一起探索发现。

（2）神态逼真。教师的面部表情、态势语动作要和说话的内容相吻合，面部表情丰富，能以眼神吸引幼儿，并以手势辅助说话，就会使语言更富情趣，更能吸引幼儿。

第二节　教学口语分类训练

一、谈话用语

幼儿园通过谈话发展幼儿语言，一般有两种形式，一是日常生活谈话，二是谈话课。日常生活谈话属于教育口语的范畴，这里的谈话用语指的是作为教学形式的谈话。幼儿园的谈话课，是一种有目的有计划地组织幼儿学习的语言教育活动，这种活动旨在创造一个良好的语言环境，帮助幼儿学习倾听别人谈话，围绕一定话题进行谈话，学习与别人交流的方式、规则，培养与人交往的能力。谈话课对幼儿运用口语与他人交流的能力发展起着重要的作用。

（一）谈话课的要求

1. 谈话课要有一个具体、有趣的中心话题

新《纲要》语言领域目标第一条指出："乐意与人交谈，讲话有礼貌"。谈话课重在幼儿的交流，但交流什么，幼儿会用什么态度交流，如何交流，这是完成这一目标的关键。

在谈话课中，引导幼儿集中关注并用语言进行交流时，一个谈话者全体参与共有的中心话题限定了幼儿交流的范围，从客观上主导了幼儿话语交流的方向，使幼儿的交流带有了一定的讨论性质。

谈话课中有趣的话题包括以下三个方面。

（1）谈话内容有一定的新鲜感。在谈话课中，使幼儿感兴趣的常常是具有一定新鲜感的内容，以往曾经反复提起的话题幼儿就不会感兴趣。

（2）幼儿对中心话题有一定的经验基础。完全陌生的话题不可能使幼儿产生谈话的兴趣，如果幼儿对话题具有一定的经验基础，就会引发他们浓厚的兴趣，积极参与其中，有许多话要讲。

例如，幼儿对鞋有自己的经验基础，但也存在着一些问题。针对新学期幼儿穿新鞋这一情况，教师从感受鞋的美这一话题入手，提出开放性的问题，如"看哪个小朋友穿的鞋最漂亮？""谁最会穿鞋？""怎样保护我们的小脚丫？"等，这些问题既能联系幼儿已有的经验，又能让幼儿产生浓厚的兴趣，愉快地参与活动。教师关注幼儿在活动中的情况，捕捉教育契机，以集体、小组的形式，运用谈话、情景表演等手段形成幼儿之间、教师与幼儿之间宽松、和谐的自由商讨氛围，使幼儿在合作中大胆思考、大胆创造，积极参与谈话，发展了幼儿语言表达的能力。

（3）话题与幼儿的共同关心点有关。

在一定时间内幼儿可能会对某一问题特别关注，如新近播放的卡通片、发生在幼儿身边的特殊事件、某一节日等等，这都能使幼儿产生交流和分享的愿望，都可以成为有趣的中心话题。教师要善于捕捉和分析这些话题。

2. 谈话课应具有宽松的氛围、自由交流的语境

谈话课宽松自由的氛围，主要靠老师有意识的创设，教师可以不要求幼儿统一认识，不特别强调规范化的语言。教师应积极营造出一种宽松的氛围，让幼儿感到轻松自然，不

由自主地参与交谈，大胆地发表自己的看法，积极说话。

自由交流的语境，引导者也是教师。不过此时教师的指导作用以间接的方式出现，教师常常改变自己的角色，以幼儿同伴的身份出现，参与谈话，给幼儿以平等自由的感觉。教师的引导作用往往用提问的方式引出话题或转移话题，引导幼儿谈话的思路；也可以用平行谈话的方式对幼儿作隐性示范。教师应积极鼓励每位幼儿积极参与谈话，真正形成双向或多向交流，充分调动幼儿的兴趣，增进幼儿谈话的积极性。

例如：

教师在和幼儿玩"娃娃家"过程中的交流。

顾　　客（教师）：售货员你好！

售货员（幼儿）：顾客你好！你想买什么？

顾　　客：我要买奶粉，要两袋。你能给我两袋不同的奶粉吗？

售货员：可以。这两袋是不同的。

顾　　客：这两袋奶粉有什么不同？

售货员：一个袋上印牛头，一个袋上不印牛头。

顾　　客：太好了，谢谢你，再见！

在"娃娃家"这个宽松的氛围中，教师以玩伴的身份出现，情绪饱满、兴致勃勃地和幼儿玩"娃娃家"，把幼儿当作"售货员"，同他平等交谈，听说交替，对答自如，在交谈中自然地教给幼儿"分类"的知识。

（二）谈话用语的技巧

1. 提问技巧

谈话是以对话形式进行的，所以提问是谈话教学的基本方式。教师应掌握提问的技巧。教师要善于提问，这不仅是上好课的关键，而且对幼儿思维水平和口语表达水平的提高，都有直接的作用。因此教师应力求使自己的提问富于启发性、具体、明确，使幼儿能够理解和回答上来。例如"我喜欢的糖果"，提问要紧紧围绕主题进行，可以问"你自己带来的糖果有什么特别的地方？""你最喜欢哪种糖果，为什么？""你觉得哪种糖果最有趣，为什么？"教师的提问和引导是沿着"我喜欢的糖果"这个话题，逐层开拓、发展着幼儿的谈话内容，给幼儿提供了学习运用新的谈话经验的机会。

2. 范讲技巧

教师在谈话课上适当的范讲，能引起幼儿谈话的兴趣，在谈话内容及语言表达上起示范作用。教师范讲的内容要接近幼儿生活，有启发性，是幼儿感兴趣的事情。在语言表达上要生动、简练，接近幼儿口语，符合本班幼儿的接受水平。

教师范讲很重要，但究竟在什么时候讲适宜，要根据本班的具体情况和话题而定。一般来说，初次进行谈话活动，或幼儿年龄小，语言基础不太好时，教师范讲可以放在前面，起到一个示范和引起话题的作用；比如让刚升入大班的幼儿讲"暑假中我最高兴的一件事"，幼儿常常不知选择讲哪件事好，这时教师就可以示范，讲讲自己暑假游园的见闻，以引起幼儿的兴趣，起到引起话题的作用。有时为了使话题能深入下去，教师范讲可以放在中间，以活跃课堂气氛，丰富谈话内容，并在提高表达能力方面起引导作用。有时教师可用范讲做谈话课的总结。

3. 评议技巧

评议是提高幼儿谈话水平的一个重要环节。评议方法应灵活一些，可以及时地评议幼儿谈话的优缺点，特别要注意评出幼儿谈话中的优点，也可以在最后总结时进行评议。除了评议幼儿谈话情况外，对整个谈话课的内容也要做出总结，使幼儿对谈话的主题有一个明确的认识。

评议可由教师评，也可启发幼儿互评。

二、活动用语

幼儿园的教育工作目标是促进幼儿素质的全面提高和个性的充分发展。幼儿素质的提高和个性的发展是通过活动实现的。活动是幼儿主要的学习方式。在幼儿园的教育环境中，幼儿的活动是在老师的组织下进行的有目的的学习活动，在这些活动中，教师起着重要的指导作用。他们要通过示范、讲解、提问、练习等多种方法，点明操作规程、用具、技巧，指导幼儿活动，使幼儿通过指导，学会知识，懂得道理，掌握技能。

活动指导用语主要有导入语、讲解语、提问语、过渡语、应变语和结束语。

（一）导入语

导入语是活动开始时教师为吸引幼儿注意力，引出活动的内容而使用的语言。导入语的使用，是为引出活动的内容，引起幼儿学习的浓厚兴趣，激发幼儿积极的思维活动，活跃学习气氛。

良好的开端是成功的一半。设计导入语应选好导入点，从幼儿身边的人和事引入。导入语设计贵在新颖、有趣，能激发幼儿学习的积极性，唤起学习的冲动和愿望，为以下内容的展开做好铺垫。

导入语的类型很多，如谜语导入，故事、诗歌导入，提问导入，表演导入，教具导入等等。

以下是几种不同的导入语：

1. 我的爸爸(小班)

师："我们每个人都有一个爸爸，各人的爸爸都不一样。今天请小朋友来说说你的爸爸是什么样子的？他在家里做些什么事情？"

这段导入语目的性很强，由于幼儿对自己的爸爸比较熟悉，所以，一下子就可以进入到中心话题。

2. 认识鱼(小班)

师：老师今天钓了许多鱼，小朋友高兴不高兴？现在老师把鱼盆搬到你们面前，让你们仔细看看。你们看鱼在干什么？鱼看见小朋友非常高兴，它们在水里游来游去，还要跟小朋友说话哩！你们听！（打开录音机）

鱼："小朋友，你们好！你们知道我是谁？我的名字叫鱼。你们看，我身上有些什么？"（关录音机）

师：小朋友，鱼请你们看它身上有些什么，大家仔细看，看清楚了就说给鱼听。

这一常识活动的目标是"认识鱼"。教师采用直观导入的方法，将活蹦乱跳的鱼摆在小朋友面前，使用拟人的话语让幼儿跟鱼更亲近，更富有人情味。导入语亲切、自然、生动，有启发性。

3. 美工——听诗绘画"未来的天空"

（课前，组织幼儿观察画有太空飞行物的图片）

教师：画画儿前，我们先来听一首好听的诗。（打开录音机，播放配乐诗《弯弯的月亮》）

弯弯的月儿，小小的船，

小小的船儿两头尖，

我坐在船上往上看，

只看见闪闪的星星、蓝蓝的天。（可反复一次）

谁能告诉老师，刚才诗中的小朋友坐在小船上看见了什么？（幼儿回答）

如果你坐在上面，能看见什么？

幼儿讨论后，请他们把说出的和想象的景象画在作业纸上。

教师用儿歌将幼儿引入美妙的想象世界，让幼儿联想到天空的奇妙景象，思维活跃，为后面的绘画活动准备了丰富的素材。

（二）讲解语

讲解语是教师讲述、阐释活动内容的语句。幼儿教育教学活动中，教师讲解的内容很多，讲解主要应讲清"是什么"、"为什么"、"怎样做"等问题。讲解语要求规范、准确、形象、生动，还要带有趣味性、启发性，使幼儿觉得学习是一种快乐，而不是一种负担。

讲解语常与示范结合使用。语言的示范要清楚、响亮，富于表现力；动作或用具的示范要面向全体幼儿，使大家都能看到并听清楚。

例如：

"教孩子洗手"讲解语

小朋友，吃饭之前，我们要把手洗干净。大家先看看老师是怎么洗的。我先把手放在水里浸一浸，然后涂上肥皂。现在跟我搓手：手心搓搓，手背搓搓，要用劲搓。现在可以用水冲了，要把肥皂沫冲得干干净净。洗好了，要五个指头冲下，让水滴在地上，再用毛巾把手上的水擦干净，擦过以后，毛巾挂在原来的地方。好，现在请小朋友们像老师这样洗手。先怎么样？……好肥皂不要涂得太多，脏的地方要用劲搓几下……洗好了，五个指头要怎么样？对，要朝下，不要乱甩手，把水甩到别人的身上就不好了……好，我们都学会洗手了——都记住，吃饭以前要洗手！

洗手是最常见的生活小常识，这位教师的讲解语通俗、平实，孩子们一听就明白。她娓娓道来，从容不迫，按照习惯的操作流程，一边演示，一边解说，语序自然连贯，选词用语贴切，使孩子们很快掌握了这个生活技能。

（三）提问语

提问是幼儿集体活动指导中最常见的方法。提问语能引起注意，启发思考，在回答问题的过程中培养幼儿的口语表达能力，发展智力。提问前，教师要设计好提问语。问题要明确易懂，便于幼儿主动思维，积极寻求答案。不要提那些幼儿回答不了的问题，或简单到只用"是"、"不能"就能回答的问题。善于运用提问语，最能体现教师的教学艺术，正所谓"引导之法贵在问"。

1. 提问的语句形式和语气特点

（1）设问——教师自己设问，自己作答。

（2）商问——教师采用和幼儿商量、探讨的语气发问。

（3）反问——这是一种寓答于问的问法。

2. 运用提问应注意的问题

（1）提问语要适时，即在幼儿有思、有疑正要发问而又苦于不知怎样发问之时提问。

（2）提问要适度，即提问语的难度与深度要适度，不能让幼儿答不上来或答得太轻松。

（3）提问语要适量，提问的总量不宜过多，不要使幼儿产生厌问、拒问、厌答的消极心理。

一般来说，小班可以提一些范围小、单一的问题。如"这是什么？""小白兔的眼睛是什么颜色的？"中、大班则可以提一些描述性、概括性的问题。如"蜻蜓为什么是益虫？""小鸟在树上是怎样捉虫子的？"中班的孩子思维活跃，要因势利导，所以提问要"有难有易，相得益彰"。太容易的问题不会引起孩子太大的兴趣，而过难又会使他们失去兴趣。提问做到难易相间，可以适时调节孩子们神经的兴奋程度，感受到付出思考后获得成功的愉悦感。大班的孩子喜欢挑战，"举重若轻，连环追问"是非常适合的。如请孩子回答一个看似简单的问题，"是 3 还是 4"。接着追问"为什么是 3"或"为什么是 4 而不是 3"。大班的孩子喜欢作证明给大家看，也喜欢这种追问的紧张节奏，获得刺激的感受。

例如："多彩的扇子"提问语（中班）

夏天，你感觉很热的时候，最想要什么，最想做什么？（回答：吹吹风，扇扇子，喝冷饮，开电扇……）

现在，请带扇子来的小朋友给大家看看，介绍你带的是什么样的扇子？

大家看一看、玩一玩自己的扇子，有什么感觉？

你最喜欢哪一把扇子？（回答略）为什么？（回答：漂亮、风大、轻）

电风扇用处很大，能给我们带来凉风。我喜欢电风扇，因为它又方便，风又大，又省力，只要一通电，不用手就扇起来。这里有很多电扇：吊扇、台扇、落地扇，你喜欢哪种电扇？

教师在介绍电扇这一科学知识时，采用了提问的方式，教师的提问有以下特点：

一是改变了过去封闭式的、集中性的问题，运用开放性的问题，使幼儿从多方位思考。例如第一个问题，假如以前就可能会问"今天老师带来一样东西，你们看看是什么？"幼儿答出是扇子然后引入正题，而这个活动的问题具有多元的特征，激发幼儿多方面思考，回答是多种多样的。有的说"吹电扇"，有的说"到外面凉快凉快"，有的说"喝冷饮"。教师这一问题让幼儿结合生活经验来说，多种答案都是正确的。从这许多答案中，他们也了解了扇子的功能，学会了在综合比较中认识事物，所以这样的问题是开放性的。

又如第二个问题"请带扇子来的小朋友给大家看看，是什么样的？"目的是让幼儿拿出各种各样的扇子亲自观察，充分感知，获得直接的感性经验，而不是只看老师拿的一把扇子。

二是提问的顺序有利于促进幼儿的思维发展。可以使幼儿先获得感性经验，零碎片面的知识，然后再进行分析、综合，掌握较全面的知识。例如第三个问题"大家看一看，玩一玩自己的扇子，有什么感觉？"这个问题引起幼儿热烈讨论，大家分析了各种扇子，最后综合成这样几条：扇子的颜色不一样（有大红的、桃红的），形状不一样（有圆形、方形、长方形、半圆形、桃形），材料不一样（有的是鹅毛扇，有的是绢扇，有的是竹子做的，有的是挂历纸做的），感觉不一样（有的硬，有的软，有的光滑，有的长刺）。这些综合知识的得来，主要得益于教师启发性的提问。

（四）过渡语

过渡语是教学环节中起连接过渡作用的话。过渡语又称衔接语、转换语等，是教学从一个环节到另一个环节，从一个问题到另一个问题之间的过渡用语。巧妙的过渡语可以起到自然勾连、上下贯通、逻辑性强的作用。过渡语也是引路语，提示和引导幼儿从一个方面的学习，顺利地通向下一个方面的学习。幼儿教学中的过渡语应简洁、巧妙、机敏、藏而不露。过渡语也是粘连语，常常是一个词、一句问话或一个感叹、一个要求。它可以把一节课的内容衔接成一个整体。

例如：

渐渐变(节选)

（讲台前放一台录音机，录音机里播放着悠扬的"蓝色多瑙河"乐曲，声音由小变大……）

师：小朋友，听听这乐曲是怎么变的？

幼：开始声音小，以后录音机开大了，声音就大了。

师：声音是怎么大起来的？是一下子大起来的吗？

幼：是慢慢变大的。

师：现在我让乐曲由大变小，你们听听。

齐：声音从大变小了。

师：怎么变的？

幼：录音机拨那个，就从大变小了。（应为：扭动录音机钮，声音就从大变小了）

幼：是慢慢变小的。

师：再听由小变大是怎么变的。

幼：有那么一点儿声音，慢慢就大了。

师：慢慢变大，就是渐渐变大。再听，怎么变？

幼：渐渐变大。

师：听，怎么变？

幼：渐渐变小了。

师：对，声音可以渐渐变大，也可以渐渐变小。现在我们看看吹气小狗。（慢慢吹气，塑料小狗渐渐鼓起来）

（北京大方家幼儿园　　特级教师李培美）

上述课堂实录中，教师运用了过渡语，连接了"由小变大""由大变小"和"渐渐变小"的声音变化，让幼儿感受"渐渐变"的含义。最后一句过渡语，使幼儿由对声音的认识转向对其他事物（如吹气小狗）的认识，把知识向外扩展开来。这些过渡语在讲解语中，自然地连接着一个个环节。从用语上说，它们有的用了疑问句，有的用了陈述句，有的用了祈使句，都简洁明确。

（五）应变语

在教育教学活动中，常常会出现一些意想不到的情况，要求教师能根据突发情况作出灵活反映，并按照幼儿接受能力灵活地调整自己的语言，使事情向良好的方向发展，这就是应变语。

应变语的技巧，可以通过语气、语调、语速、重音的变化，也可以通过调整句式，增加重音和委婉语来适应教学中的变化。遇到意外情况，教师要灵活机敏，有宽容精神，要因势利导，言语要和蔼，切不可因为觉得自己下不来台而一味责备孩子，使孩子在压抑的情绪中学习。

例如：

1. 计算活动中，教师不小心把贴绒降落伞碰掉了。孩子们立刻发出"咦……"的声音，有的还大声喊："降落伞飞下来了！"教师一点也不慌，灵机一动，对孩子们说："你们数一数，有几个降落伞落下来了？还有几个在黑板上贴着？一共有几个降落伞？"

2. 观察活动中，当教师引导幼儿观察公鸡头部时，公鸡突然扇动翅膀，幼儿的情绪也随之高涨起来，注意力全部集中到公鸡的翅膀上去，而且高兴得欢呼起来。这时老师灵活地加以引导："啊！公鸡看到这么多的小朋友在看它，高兴得拍起翅膀来了。公鸡想：小朋友，我的头上很美丽，谁能看到我头上有什么呢？"于是幼儿的注意力又很快转移到原来的观察顺序上了。

以上的例子都成功地运用了应变语，教师临阵不慌，正视偶发现象的存在，并以此借题发挥求得转机。

（六）结束语

结束语是活动结束时要说的话，主要是归纳总结活动内容，便于幼儿记忆，巩固知识、技能。有些活动内容没有完全结束，也可以留下问题，引发思考。如"今天咱们玩了'小马运粮'的游戏，学会了怎么助跑、跨跳。下次咱们再玩'追尾巴'游戏，练习在指定地点散开跑。小朋友喜欢玩吗？"

结束语要简洁明了，清晰精当，简单重复。语速可放慢，语气有肯定和强调的意味。在结束语中可以加入评价，对表现好的幼儿给以鼓励。如"明明能坚持到底，真是好孩子！""芳芳今天专心画画儿，画得特别好，老师奖她一朵小红花！"

例如：

"认识彩虹"结束语（中班）

教师朗诵《美丽的彩虹》，放映幻灯片《彩虹》，提问彩虹出现的时间、地点，彩虹的形状、颜色，并在做三棱镜实验、吹肥皂泡游戏后，进行小结。

结束语：雨过天晴，天上还有许多小水点，这些小水点把太阳光分成红、橙、黄、绿、青、蓝、紫七色，天空中就出现了彩虹。后来，太阳把水点晒干了，天上的彩虹就不见了。

经过多种形式的感知后，幼儿最终要知道彩虹是什么，怎样形成的。所以教师要在幼儿感性认识的基础上，经过概括总结使之升华为理性认识，从而增加知识，加深认识。这个结束语在提高幼儿抽象思维能力方面显然起了重要作用，而且语气肯定，语句概括精当。

思考与练习

思考题

1. 教学口语有哪些使用原则？

2. 谈话活动中有趣的话题包括哪几个方面？

3. 活动用语包括哪些内容？

练习题

1. 分辨下列三段教学口语是针对哪个年龄段的幼儿说的。（提示：教学目标是比较大小、多少、颜色，并分类）

（1）桌子上有一堆扣子，教师说："我不知道这里有没有白扣子。啊！这里有一颗！这里还有一颗！这一颗比我刚才找到的第一颗小一点。"

（2）在儿童将所有的扣子按绿色和金黄色两种不同的颜色分类之后，教师问："绿色扣子都相同吗？它们都是一样的吗？"或者"绿色的扣子和金黄色的扣子有没有相同的地方？"

（3）教师问："你能不能告诉我为什么把这些扣子放在一起？""还有什么区分扣子的方法？"

2. 你认为下面教师的回答是否合适，为什么？如果不合适，该怎么回答？

一个幼儿园小班孩子问："老师，为什么孙悟空会腾云驾雾哇？"

教师答道："这是假的。人不是鸟，怎么能飞呢？"或答道："孙悟空只是个神话人物，腾云驾雾只不过是古人想飞向天空的愿望而已。"

3. 下面哪段话的效果好一些，为什么？还可以怎么说？

（1）小朋友认真听着，等我吹哨子以后，"狐狸"要一个接一个在"森林里跑"，"猎人"必须站在投掷线后，现在各就各位！

（2）小朋友要仔细听，我慢慢说，你们可要认真听啊，别说话，别玩东西，等我吹完哨子以后，"嘟"（吹哨子）哨子就是这声音，记住啊，我吹完哨子以后，当"狐狸"的那个队，要一个接一个在那儿跑，那儿是森林。当"猎人"的那个队要在这儿站，这儿是投掷线。听清楚了吗？要不要我再说一遍？好，现在开始吧！

4. 情境训练：

（1）两人一组模拟小班幼儿和老师，以《春天》为主题，讲讲春天的景色。

（2）请试着为大班幼儿解释一种自然现象，比如风、雷、雨、雾等。

5. 任选下面的活动，设计导入语和结束语。

（1）学折小鸟（中班）

（2）有趣的鞋（小班）

（3）夏天的味道（大班）

6. 为以下的活动设计讲解语。

（1）中秋节（中班）

（2）认识纸（小班）

（3）有趣的书（大班）

7. 仔细阅读下面的案例，分析教师的导入语、提问语，并自己设计结束语。

活动名称：语言活动——漱口（小班）

活动目标：

1. 懂得要保护牙齿，养成漱口的良好习惯。

2. 掌握正确的漱口方法。

3. 学习儿歌《漱口》。

活动准备：

1. 教具：老虎、狐狸头饰各一个，医生的服装一件，手电筒一个，钳子一把，医药箱一个。

2. 学具：每个小朋友口杯一个，盆一个。

3. 排练好表演故事《老虎拔牙》。

活动过程：

一、请幼儿欣赏故事表演《老虎拔牙》，并向幼儿提问。

1. 老虎为什么要拔牙？

2. 老虎为什么会牙痛？

二、狐狸医生检查幼儿的牙齿，与幼儿探讨：

1. 吃糖以后应该做什么？

2. 怎样保护牙齿？还可以用什么方法？

三、教师小结：我们吃了糖等食物后要漱口，早上起来要刷牙，这样才能保护好我们的牙齿。

四、教师示范漱口的正确方法，并引出儿歌《漱口》。

五、讲解漱口的正确方法：含一口水在嘴里反复漱，一次没有漱干净的话，要多漱几次。同时教幼儿学习儿歌。

六、请个别幼儿表演，对幼儿给予鼓励。

七、全班幼儿一起表演，教师给予评价。

八、全班幼儿听音乐《牛牛的牙齿》做动作。

九、为了鼓励幼儿，请幼儿品尝糖果，带领幼儿集体漱口。

十、结束教学。

第九章 教育口语训练

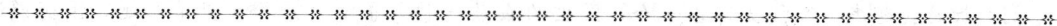

第一节 教育口语的使用原则及特点

"人生百年，立于幼学"。1903 年是中国人独立设置幼儿园的开端，为促进幼儿教育的发展，幼儿师范教育也走上中国教育的大舞台。随着社会的发展和人们教育意识的提高，儿童早期的智力开发和教育越来越成为社会关注的焦点。在幼儿时期进行情感、品德、行为习惯的培养，是对幼儿进行素质教育的重要内容。《幼儿园教育指导纲要(试行)》中指出：幼儿园德育教育应以情感教育和培养良好行为习惯为主，注重潜移默化的影响，并贯穿于幼儿生活及各项活动之中。幼儿园教育过程就是教育者把道德规范、社会规则内化为幼儿德行的过程，这个过程的完成必须借助于幼儿教师的教育口语。因此，幼儿教师教育口语有其独特的使用原则和特点。

一、教育口语的使用原则

《幼儿园工作规程》总则第三条中提出："幼儿园的任务是：实行保育与教育相结合的原则，对幼儿实施体、智、德、美诸方面发展的教育。促进其身心和谐发展。"第五条明确了幼儿园教育的主要目标是："培养诚实、自信、好学、友爱、勇敢、爱护公物、克服困难、讲礼貌、守纪律等良好的品德行为和习惯以及活泼、开朗的性格。培养幼儿初步的感受美和发现美的情趣和能力。"同时强调了幼儿园教育工作的原则是："体、智、德、美诸方面教育应互相渗透，有机结合。遵循幼儿身心发展的规律，符合幼儿的年龄特点，注重个体差异，因人施教，引导幼儿个性健康发展。"

上述要求决定了教育口语应从促进幼儿发展，让幼儿体会或感受情感、情绪出发，并将其贯穿于幼儿日常生活和各种教学活动之中。这就要求幼儿教师要有高超、纯熟的语言技巧，善于捕捉幼儿细微的情感、情绪变化，随机进行教育。在对幼儿进行教育的过程中，不能只靠单纯的说教，要将德育因素融入日常生活和各种教学活动之中，渗透在幼儿游戏、学习、劳动、娱乐的整个过程之中，渗透在幼儿与同伴以及成年人的各种交往关系之中，而这种渗透应遵循以下四个原则：

(一) 民主性原则

《幼儿园教育指导纲要(试行)》明确要求："创造一个自由、宽松的语言交往环境，支持、鼓励、吸引幼儿与老师、同伴或其他人进行交谈，体验语言交流的乐趣。"因此，在教育的过程中营造民主的谈话氛围，鼓励幼儿大胆表达，促进幼儿语言的学习和发展，同时将道德观、价值观、人生观等教育内容蕴含其中，就可以让幼儿在轻松、没有压力的语言环境中受到潜移默化的启迪。国内外前沿幼儿教育理论的观点认为：儿童语言学习是开放而平等的学习，在各项活动中，教师应引导幼儿对道德、情感、社会规则等问题进行对话和讨论，帮助幼儿正确地认识世界，促进幼儿健康、全面的发展。

贯彻民主性原则，要求教师首先要热爱和尊重幼儿，通过语言或非语言的方式来关怀幼儿、信任幼儿，使幼儿生活在充满爱、相互尊重、宽松自由的环境中，从而为幼儿实现在认知、社会性、情感、人格等方面的健康发展提供良好的心理背景。为了体现对幼儿的热爱和尊重，老师应常以商量的口吻和讨论的方式指导幼儿的活动，支持幼儿的求异和探索，理解幼儿的失误，并帮助幼儿积极主动地战胜困难，从而培养幼儿的独立性和自信心。所以老师应经常说："你好！"、"请……"、"没关系。"、"能不能……"、"让我们一起来好吗？"、"你说应该怎样呢？"、"你来试试看。"、"如果需要什么帮助就和老师说。"等，不能习惯于用"要这样做！"、"那不行！"、"不许……"、"不能……"等。

研究表明，专制型教师的领导风格往往压制幼儿的观点和主张，使幼儿对自己评价低，也可能比较逆反、具有攻击性；放任型教师的领导风格易使儿童的行为放纵，情绪波动大，容易产生嫉妒、敌意，缺乏同情心；而在民主加权威型教师的领导风格影响下，幼儿的自信心强，独立自主，主动性、合作性也较强。

【范例分析】

一天上午，特级教师郦海英领着一群幼儿往教室走，刚到拐角处，幼儿们突然不见了。正当郦老师纳闷之时，一群幼儿"嚯"地一声又出现了，他们的小手纷纷握成了冲锋枪状，对着郦老师"嗒——嗒——"地"扫射"。只见郦老师"哇"地叫了一声并作倒地状。这时，幼儿们高兴得蹦跳起来，高呼："我们胜利喽！哦，我们胜利喽！"郦老师让幼儿们宣泄了一阵，开始发问了："枪是专门打谁的？"幼儿们争先恐后地回答道："打大灰狼！""打坏人！"。"对，那么，只有在老师做大灰狼的时候才能打。"就这样，幼儿们既做了游戏，同时又受到了教育。

教师在改善师生关系的过程中，只有怀着主动真诚的态度，才能平静坦然地接受幼儿们面对面的提问，而幼儿们也能在教师创设的宽松民主的氛围中大胆地表达自己的心声，用心和教师交流。教师站在幼儿的角度上审视自身的言行，便是对幼儿真正的接纳和尊重。

（二）肯定性原则

孩子的心灵总是很纯真稚嫩的，如果不注意保护和扶持，不仅会挫伤向上的主动性、积极性，而且会使其易遭受邪恶的侵蚀。作为教育者，首先要热爱、尊重幼儿，细心体察幼儿的感受，要时常蹲下来，以平等的语气与幼儿交谈，用幼儿的眼光去看世界。只有当幼儿体验到被尊重、被肯定、被接纳，幼儿才有可能形成积极的自我意识，才有可能更主动地、不断地进行自我完善。

苏霍姆林斯基的一个著名口号是"要让学生都抬起头来走路！"陶行知先生也曾说过："人人都说小孩小，谁知人小心不小，您若小看小幼儿，便比小孩还要小。"这些都说明了幼儿教育的真谛：即尊重幼儿、肯定幼儿、相信幼儿。

在教育的过程中，教师充分肯定幼儿的优点，对培养幼儿的自信心有极大的帮助。自信心是人对自身价值和能力的充分认识和评价，是激励个体自强不息地实现理想的内在动力。幼儿是非观念模糊，不会正确认识自己，只能通过成人的评价了解自己，教师有意识地加强其自信心的培养至关重要。作为幼儿教师，要善于发现幼儿的闪光点，及时给予表扬和肯定，使幼儿认识到自己的长处，相信自己的力量，就会更积极更自信地参与各项活动。

（三）浅显性原则

幼儿思维的具体形象性特点决定了他们更容易理解和接受直观、生动、具体、浅显的教育影响。特别是对观念的感知和理解，更需要借助于形象。因此幼儿教师必须善于运用语言创造直观形象，来帮助幼儿理解和感知各种抽象的事物、词语、概念。

有这样一个故事：一次，教育家孙敬修爷爷看到几个小朋友在折树枝，便走到他们身边，弯下腰将耳朵贴到树枝上认真聆听。孩子们好奇地问："爷爷，您在听什么？"孙敬修老爷爷说："我在听小树的哭声。"孩子们更好奇了："小树也会哭吗？""是啊，你们折它的胳膊，它当然要哭了。它还说，它和伙伴们绿化我们的城市，长大后为建设祖国服务，好孩子都应当爱护它们。"孩子们听了以后，脸红了。后来他们自动组织起护林小组。这就是符合孩子特点的教育方式，没有说教，孩子的心灵却受到了巨大的震撼。

例如，在音乐课上学唱《拔萝卜》时，要通过对歌词的学习教幼儿学会合作、学会团结，可以让幼儿说说："为什么老爷爷、老奶奶、小弟弟……都没拔起大萝卜？""怎样才能拔起大萝卜？"通过这首歌曲的学习，许多幼儿在平时经常会说："我和×××一起抬的桌子。""我和×××一起扶起他"。虽然幼儿不会说出"我们团结协作"这样的话，但已有了团结协作精神的体验。意大利著名教育家蒙台梭利博士曾指出：我们无法将"忍耐"的美德教给三岁的幼儿，但是靠幼儿本身在现实环境中体会却是可能的。

在活动中，常常会遇到幼儿不诚实的行为，如果教师就诚实和正直作长篇说教，对幼儿来说，只不过是耳边风；如果因为不诚实就惩罚幼儿，不仅效果不显著，也许还会有副作用，甚至使幼儿错上加错。例如，某个幼儿打了其他小朋友，因害怕惩罚而对老师说了谎，在这种情况下，老师的注意力可能集中在说谎这个问题上，并为此更加严厉地批评幼儿。而正确的做法应该是老师先明确自己的态度。你可以告诉幼儿："我知道你是怕我不高兴，所以不想告诉我真相。但是我亲眼看见你打了小朋友。如果你下次对他有礼貌些，我想他会把他的玩具给你玩的。"

教师是幼儿的直接榜样，自身的思想品德修养时刻影响着幼儿。如与儿童一起户外活动时，老师不小心摔倒碰破了膝盖，她自言自语地说："没关系，一会儿就会止血了。"儿童听到老师这样浅显的语言以及看到老师的行为表现后，就会以老师为榜样，也变得大胆坚强起来。

（四）针对性原则

"一个幼儿一个样，每个幼儿不一样"，幼儿教师所运用的教育语言应当因人而异，因学习内容而异，因学习环境而异，因时间变化而异等，这是针对性原则的要求。比如，班上有小朋友爱动手攻击别人，在学习到相关内容如歌曲《好朋友》时，便可以请他来表演如何帮助小朋友，让他边唱边演，老师再从旁边引导，让这个幼儿反省自己平时的错误，让团结友爱的种子在全体幼儿心里生根发芽。

日常生活中，有针对性的提问、机智的点拨和诱导幼儿联想等都是老师启发幼儿主动、大胆地探索外部世界，建构自己的知识和经验体系的重要方式。

（五）积极情感性原则

爱幼儿是向幼儿进行教育的前提，也是使幼儿身心健康发展的重要条件。教师对幼儿的爱不仅是一种感情，更是一种社会责任。在幼儿教育中，情感教育能促进幼儿健康、全面地发展，而幼儿期正是情感教育的关键时期，幼儿教师在情感教育中的积极性评价，会更加尊重幼儿、关爱幼儿、保护幼儿。在幼儿情感教育中融入积极评价，能帮助幼儿认识到自己的不足，培养幼儿的自主意识，激发幼儿的创新思维等等。

1. 以称赞为杠杆

在节日期间，幼儿园通常会组织一些"庆祝节日"的相关活动，幼儿教师应该结合节日设计活动，在实践中以称赞的方式将幼儿的情感激发出来，从而培养幼儿的良好习惯。例如，三八妇女节活动开展之前，教师可以采取问话的方式让幼儿了解三个问题：第一，父母从事什么样的工作？第二，父母是怎样工作的？第三，父母最喜欢吃的是什么食物？面对这些问题，单纯的孩子们会主观地回答，答案千奇百怪。但是，也有一些孩子不知道父母从事什么工作，喜欢吃什么食物。从这里我们看出，孩子们并不了解父母。因此，可以具体设计一些关于妈妈的活动，如以"我为妈妈做好事"为主题的系列活动。让孩子们尝试性地帮妈妈做一些简单的家务。在活动中对幼儿加以引导并真心地称赞，使母子关系得到加深，逐渐消除幼儿以自我为中心的不良心理。

2. 以鼓励为助推器

在"七巧板"节目的启发下，幼儿教师可以以班级为单位开展"巧巧手"活动，为孩子们提供一个可以亲自动手、动脑的平台，从而激发思维。"巧巧手"活动实践中，教师需要鼓励孩子们敢于实践与创新。幼儿之间存在着一定的差异性，因此，要有针对性地对不同能力的幼儿找出适合他们的发展空间，为幼儿提供一个能操作不同难度材料逐渐成长的平台。

例如，"巧巧手"活动的目的是让幼儿会使用筷子夹东西，帮助孩子们手部肌肉的锻炼，培养手、眼协调的能力。实践中，有位小男孩动手能力比较弱，在这个活动之前也没有接触过筷子，性格较为内向。活动开始之后，他虽然拿着筷子却不敢下手。经过一番指导，终于成功，让这位小男孩对筷子夹东西有了一些粗浅的经验，并树立了一定的信心。在小男孩有进步的同时，应该乘胜追击，对他讲："既然海绵已经可以夹得如此顺利，不如我们换换口味？想不想吃桂圆、栗子这些东西呢？"于是，他选择了夹栗子，虽然试了很多次才成功，但是脸上也露出了满足的笑容。接着寻找类似相对更难夹的物体，虽然还是有些费劲儿，但却乐此不疲。正是这样的信任与鼓励，给予了孩子们勇气。只要教师愿意去关注、多关注这类的孩子，久而久之他们一定会变得动手能力强，性格也变得外向。

3. 以暗示为载体

以班级为单位举办的"精彩游戏"活动中，教师可以采取暗示的方法，保持寓教于乐的教育氛围，引导幼儿懂得要按规矩来办事。例如，在玩"五子棋"游戏时，教师先将游戏规则告诉孩子们，并督促他们严格遵守规则，不能为所欲为。假如幼儿根据规则来玩，玩得比较出色，教师要及时表扬他是一个有能力的人，这样能有效激发他对良好道德行为的积极性情感。假如幼儿在游戏中违反了规则，教师可以以队员的身份参与到游戏中，将游戏的规则暗示给他，培养幼儿的坚持性，形成守纪律的良好品质。因此，游戏不仅能让幼儿表现道德行为，而且能通过不断地挖掘，将幼儿心中的道德心理因素激发出来，为形成幼儿良好行为提供一条有效的途径。

总之，积极情感在幼儿情感教育中的充分发挥，能有效促进孩子们的成长。以赞扬与鼓励的方式，让孩子们在点滴中进步，称赞不能夸大，要合适。因此，幼儿的积极情感要有针对性，要保持幼儿的积极性情绪，我们相信只有"夸得好"，才能保障幼儿健康成长。

二、教育口语的特点

1. 开启心扉 萌发道德情感

幼儿的道德行为和道德判断是在掌握语言以后才逐步产生的，所以对幼儿来说，重要的不是灌输道德认识和道德观念，而是促进其道德情感的萌发。语言活动的初期，随着在日常生活中自己良好的行为获得成人"好"、"乖"的评价，幼儿开始理解哪些是"好的"行为、哪些是"不好的"行为。随着语言和认知的进一步发展，3岁以后幼儿的道德感开始形成，他们通过交往和模仿学习，逐渐掌握了一些行为规范和各种道德标准，还开始关心自己或别人的行为是否符合道德规范，并由此产生相应的满意或不满意的情感，各种道德习惯也逐渐形成。

在教育活动中，教师不能片面地强调幼儿对于义务、责任的认同，孤立地要求幼儿做出分享、谦让和友爱等行为，而应当在幼儿一日活动中随时抓住有价值的教育契机，注重加深幼儿对各种行为后果的感受、体验，同时在教师的参与下，使他们在感受与体验中分辨出正确的行为，感受积极行为所带来的愉快。教育题材俯拾即是，在各种活动和一日生活中，老师应注重挖掘德育因素。如音乐课上学唱歌曲《分果果》，老师可联系多数独生子女对长辈的关怀只知道接受不知道回报的实际，让幼儿从"李小多分果果"中受到教育，联想到要关爱家中的长辈。在日常学习中形成谦让的好习惯，逐渐养成"心中有他人"，尊重长辈的良好品德。

有些学习内容并不直接含有德育因素，但教师要联系实际，渗透德育内容。如教数字"1"时，可以引导幼儿每天节约一分钱、一滴水、一粒米；手工课上让幼儿剪剪、贴贴、画画，自制一些漂亮的小玩具，然后启发他们将自己制作的东西送给贫困地区的小朋友，让他们从小就助人为乐，从而形成善良的道德品质。

【范例分析】

小班老师带领幼儿玩体育游戏，老师担任兔妈妈，全班小朋友扮演小白兔。游戏开始了，老师对大家说："小白兔，跳到草地上，去找最嫩的青草吃吧。"正当大家在"吃青草"时，一位小朋友忽然跳到老师身边，非常认真地说："我找到了一个萝卜，我要吃掉它。"老师立刻抓住幼儿想象的情境，引导幼儿继续想下去，问他："草地上的萝卜是谁种的呢？"幼儿思索了一会答道："是山羊公公种的。"这时其他小朋友都围拢过来，老师面向大家问道："山羊公公种的萝卜，我们能不能拿呀？"大家回答："不能。"老师又问："那我们该怎么办呢？"幼儿说："还给山羊公公。"老师用赞扬的口吻说："对了，把萝卜还给山羊公公，我们请兔哥哥带你们去送萝卜好吗？"说完，老师随即请了一个幼儿扮兔哥哥，并提醒大家说："山羊公公可能正在睡觉，大家要轻轻地敲门，讲话时要有礼貌。"老师说完，立即用小椅子搭了一个山羊公公的家，自己由扮演兔妈妈变成了山羊公公，蹲在"家"里。小朋友跳过来做敲门状，嘴里发出"笃笃笃"的声音，老师用低沉的声音问："谁呀？"小朋友答："小白免。"老师又问:"你们有什么事吗?"小朋友说:"这个萝卜是您种的吗?"老师说:"啊,是的。"小朋友说:"我不知道,拔起来了,还给您。"老师表扬了大家,又轻轻提示兔哥哥说出:"山羊公公,时间不早了,妈妈要我们早点回家,再见。"大家高兴地跳回去了。

在这一段借题发挥的活动中,老师始终注意调动幼儿的想象和语言的积极性,并且将动作练习、语言练习以及品德教育巧妙地结合起来了。

总之,在教育中如果要做到明理启智、萌发幼儿的道德情感,就应重视引导、启发而不是教导。幼儿道德行为的养成不能依靠成人的要求和说教,缺乏情感体验的道德认知是苍白无力的。研究表明,过于强调道德认知,而忽视道德情感,会导致道德认知和道德情感的分离,无法形成道德信念和道德行为。例如,幼儿教师常说:"要互相谦让,懂得谦让的才是好孩子。""你打人不对,快说'对不起'。你(指被打的幼儿)快说'没关系'。"结果孩子根本不理解实际的意义,常常出现下列情景:两名幼儿争抢玩具,其中一名幼儿竟理直气壮地喊:"老师你看,他不谦让我。"再如,一名幼儿把别人打哭了,可他只毫无歉意地说了一声"对不起"就离开了,走了几步似乎想起了什么,又回来对还在哭的同伴大声指责:"你还没说'没关系'呢!"这些实例说明了教师说教式的教育语言难以促进幼儿良好道德品德的形成。

2. 简洁规范 便于模仿学习

幼儿期正是学习语言的黄金时期,幼儿语言的获得主要是通过自然观察和模仿而习得的。在学前阶段,幼儿接受语言的能力是有限的,所以,幼儿教师在教育过程中,语言必须简洁规范。

在幼儿园这个特定的环境中,"暗示"往往带有示范性。比如:"我这样慢慢地倒牛奶,牛奶就不会洒出来。"这样的陈述实际上是暗示幼儿,把牛奶倒进杯子里是应该慢慢地倒,否则会洒出来的。显然,这样的解释比直接说"要慢慢倒"效果更好。同时,老师积极的语言不仅能稳定幼儿情绪,还能激发幼儿积极的情感。老师不经意的一句夸奖,如:"你真棒!"、"你真聪明!"或者一个微笑和抚摸,能让幼儿保持一天愉快的情绪体验,并会继续努力。由此看来,老师简洁规范的语言对幼儿身心发展有着很大的影响。教育过程中老师应牢记"好孩子夸出来,坏孩子骂出来"的道理,前苏联教育家加里宁说过:"一个老师也必须好好检点自己,他应该感觉到,他的一举一动都处在最严格的监督之下,世界上任何人也没有什么东西,能比幼儿的眼睛更加精细、更加敏捷……"作为一名教师,应该处处严格要求自己,言传身教,为幼儿作出语言表率。

3. 直白具体 易于领会理解

幼儿年龄小,对老师的语言只能按表面的意思去理解,所以教育口语的使用就必须具体、直白,这样才便于幼儿领会教育的目的。教师在教育幼儿时一定要注意以正面教育为主,切不可说一些幼儿听不懂的"反语"。例如,有一个初入园的小班小朋友,在回答老师的"人有几只眼睛"的问题时说"有三只眼睛"。老师非常生气,于是说:"人的眼睛有四只。"幼儿马上点点头跟着说:"是四只。"这样的语言只能造成幼儿的思维混乱,是对幼儿不尊重的表现。

4. 生动有趣 实现心灵交流

幼儿阶段无意注意、无意记忆占主导地位,思维具体形象,所以不喜欢听呆板、枯燥的说教，而喜欢听有声有色、趣味化的语言。例如，教幼儿有礼貌，说"请"字，就可以说："汽车来接熊猫了，小朋友快说，请熊猫上车吧。"要教幼儿说"再见"，就可以说："娃娃要睡觉了，小朋友快说，明天见（或晚安）。"用这样的方式幼儿就容易学会。

与幼儿进行语言沟通时，教师本身的语言素养非常重要。鉴于幼儿的知识经验和理解能力较差，教师的口语表达应符合幼儿的接受水平，如说话的态度温和，使幼儿有一种安全感，乐意接受；语气坚定，使幼儿感到老师充满自信并受到感染；表述简单明了，使幼儿容易听懂；尽量用愉快的声调并走到幼儿身边说话，而不是粗暴的呵斥命令。教师应讲究语言艺术，始终用积极的语言与幼儿谈话，告诉幼儿应当做什么，而不是指出他不应当做什么。比如说"请轻轻地搬椅子！"而不说"别把椅子碰得叮当响！"；说"请把积木放在筐子里！"而不说"别把积木放在地上！"教师的语言不仅是向幼儿传递信息、进行思想教育的重要手段，也是幼儿模仿的对象，教师应该为幼儿树立语言的榜样。

第二节　幼儿教师的语言素养及其思考

在幼儿园，教师教学语言的使用及其使用方式对幼儿的学习和发展、师幼之间和谐关系的建立，具有重要意义。现从幼儿互动教学的现状入手，从幼儿教师的语言要求出发，提出幼儿教师应当加强自身的语言修养。

一、对当前教师教学语言现状的分析

教学语言在广义上指人们通过无声的或有声的方式，借助于体态、文字和口语表情达意。笔者尝试对当前幼儿教师的教学语言方面的现状问题进行分析。

1. 用语不规范

在观察中，我们发现教师的语言较随意，表达不够准确，如经常会冒出"把手拿出来"、"一只椅子"等语言。有些教师的语言松散、零乱，还常伴有口头禅，导致教学语言不严谨，影响教学活动的效果。由于教师来自不同的地方，家乡语言的惯性使他们的语言方言化，而且语言是否规范也没有得到大多教师的充分重视。

2. 命令强制性

在师幼的言语交往中，教师凭借自己的权威地位，师幼言语交往呈现出单向化和单一化的特征。经常可以看到在课堂上，教师处于主导地位，直接将教学的内容教授给幼儿，并没有对幼儿的回答进行适宜的反馈，教师的言语缺少启发性，完全是一种灌输。幼儿逐渐成为教师权威言语的纯粹接受者。教师和幼儿之间缺乏双向言语对话。

二、重视幼儿园教师语言的必要性

（一）从幼儿的身心特点分析

幼儿处在身心的初长期、意识的朦胧期，决定了幼儿教育的特殊性，也给幼儿教师提出了更高的要求。幼儿教师的一言一行乃至着装打扮都会给幼儿幼小的心灵留下深刻的印象，甚至会影响他们的终生。

（二）幼儿教师语言的要求

1. 规范性

教师是孩子心目中的"偶像"，是他们积极模仿的对象，因此，教师首先要保证自己语言的规范性、准确性、科学性。教师的语言是幼儿语言的样板，教师只有使用规范的语言，才有可能对幼儿产生正面的示范效应，所以教师必须使用标准的、规范的普通话，在语音、词汇、语法等方面都要符合国家普通话的要求，做到发音清楚、吐字准确、不念错字、不使用方言。

2. 人性化

教师语言的选择和运用必须考虑幼儿现有的语言接受能力，力求"因人用语"。比如，对性格不同的幼儿，语言的使用就应不同：比较内向、较为敏感、心理承受能力较差的幼儿，教师应更多采用亲切的语调、关怀的语气、鼓励的语言对他们说话，以消除幼儿紧张的心理。

3. 艺术化

教学语言作为一种富有创造性的教学方式、方法，以审美性为基础，是一种"刻印着人类审美的语言"。幼儿教师面对的是一个特殊群体，幼儿的年龄、思想等特点决定了幼儿教师的语言四化。

（1）"趣"化。"趣"化就是要求教师的语言要形象、生动，富有趣味性。既不能太过"儿童化"，将汽车说成"嘟嘟"，也不能太过"成人化"，将早晨景色描述成"雄鸡报晓"。教师趣味性的语言是应该能够贴近幼儿心理的，能使语言更具活力，比空泛的说教更具效力。有一次午饭时，孩子们很吵，于是教师说："咦，我们教室里什么时候飞进来那么多小蜜蜂，嗡嗡嗡嗡的，多吵呀！我们快把它们请出去，别打扰我们吃饭了。"孩子们听了都笑了起来，笑过之后便安静下来吃饭了。这就是富有趣味性语言的魅力。此外，生动形象的语言还能激发幼儿的兴趣，把幼儿潜在的学习积极性充分调动起来，使他们在愉快地气氛中自觉、主动地学习。如进行故事教学时，教师讲故事的语言就应该夸张、生动，富有趣味性，比如用又粗又涩的声音扮演鸭爸爸；用恶狠狠的腔调演绎大灰狼；用阴郁沉闷的怪声表现老巫婆等等，这样一个个活生生的人物就把幼儿带入了童话世界，之后的交流、教学也会进行的顺利且充满活力。相反，空洞无物、枯燥无味、呆板无力的语言会使幼儿昏昏欲睡，毫无兴趣。因此，我们要善于从幼儿活动的实际出发，抓住幼儿的特点，使用生动、形象、富有感情、具有感染力、贴近幼儿生活的语言，有效地激发幼儿活动的兴趣。

（2）"激"化。"激"化就是要求教师的语言应具有激励性。鼓励和支持幼儿是幼儿学习和发展的重要前提，当幼儿遇到问题不能正确解决，感到灰心与无望时，教师就要帮助幼儿，用积极的语言引导幼儿去探索。如在进行科技活动时，经常会有幼儿不敢自己动手操作，总想依赖教师，这时教师就可以说："你去尝试一下，失败了也没关系呀!"、"你试试看"、"再想想，就能想出来了。"、"这件事应该难不倒你的。"等等这样的语言来激励幼儿。这些语言对即将失去信心的幼儿来说，无疑是一种支持性的力量，可以成为幼儿解决问题的动力。当幼儿有自己的发现和看法时，教师也应及时鼓励，不要吝啬"嗯，真不错"、"你真行"、"你的想法很特别!"等等这样的语言，因为这些语言能给幼儿极大的鼓舞并能激发他们进一步表现的欲望。

（3）"诗"化。富有诗意、具有韵律美、节奏明快的语言可以使教学出神入化，起到画龙点睛的作用。如，小班幼儿自理能力比较差，经常将鞋子穿反，在教幼儿穿鞋子分清左右脚时，不用枯燥的说教，而是告诉幼儿："左边的鞋是鞋爸爸，右边的鞋是鞋妈妈，爸爸和妈妈一对好朋友，永远不吵架。"在教幼儿叠衣服时，幼儿教师要告诉幼儿："扣子找扣眼，袖子找袖子，衣服弯弯腰，帽儿点点头。"这些节奏明快，朗朗上口的儿歌使幼儿在诗情画意的氛围中轻松自然地学会了穿鞋子、叠衣服等本领，不仅提高了自理能力和审美能力，而且陶冶了幼儿的情操。在绘画教学中，教师可以将所画的内容按步骤、要求编成生动形象、简短易懂的儿歌，边画边说。比如，教幼儿画鱼时，教师可以一边画一边说："一条小鱼水中游，摇摇尾巴点点头，一会上，一会下，游来游去真自由。"这样就逐步画出了鱼身、鱼尾、鱼头、上鱼鳍、下鱼鳍和鱼泡泡，这种"诗"化的语言不仅激起了幼儿绘画的兴趣，帮助了幼儿顺利地完成了绘画活动，而且发展了幼儿的语言能力。可谓是事半功倍。

（4）"简"化。幼儿年龄小，理解能力较弱，这就决定了教师在使用语言时应当避繁求简。教师在与幼儿交谈时应使用句法结构较为简短，词汇涉及范围较小的语句。比如，当幼儿不愿意吃胡萝卜时，教师如果说："胡萝卜里含有大量的胡萝卜素，可以转化成维生素A，给身体提供所需要的营养，预防各种疾病，提高免疫力，所以小朋友们都要吃胡萝卜。"这样的话孩子们很不容易理解，自然效果就会不尽如人意。但如果简单地说："胡萝卜很有营养，吃了对小朋友的身体有好处。"孩子们应该会对胡萝卜有新的认识。因此，教师的语言应力求简单、平白，不使用让幼儿理解感到困难的长句、复合句、并列句或功能词等。

4. 形象化

幼儿的思维方式以形象思维为主，他们需要依据视觉形象、听觉形象及其他感官形象来认识事物，这就要求幼儿教师的口语要具体、鲜明，要有动态感觉，有情感色彩，能唤起幼儿对具体事物的真切感知。

三、幼儿园教师提高语言素养的途径

（1）重视理论学习，加强训练，帮助教师掌握各种技能技巧。

对于如何加强语言修养问题，我们认为，首先，每一位幼儿教师都应该学好普通话，要正确掌握普通话的发音技巧和音变规律，熟练运用现代汉语的修辞方法，使自己的语言规范，合乎逻辑，表达准确，吐字清晰，具体形象，富于美感。其次，要广泛阅读文艺书籍，特别是儿童文学作品，不断加强自身的文学修养，从丰富的文学遗产中充实、丰富自己的语言，提高语言素质。第三，要热爱儿童，理解儿童，真诚地对待儿童，把幼儿当作自己的朋友。

（2）针对幼儿特点，加强对幼儿反应的敏感度，给予积极的表扬和鼓励。教师在教学活动中要善于"察言观色"，提高对幼儿反应的敏感度，从中获得反馈信息，不断调整言语活动的方式和内容。因此，教师要善于通过幼儿外部的语言行为来把握幼儿的心理或思维状态，对自己的教学语言策略作出及时调整，具体来说，对性格较为敏感、容易紧张、心理能力较差的孩子，教师应更多地采用亲切的语调、关怀的语气对他们说话，消除幼儿紧张的心理；对反应较慢的幼儿，教师的语言在语速上应当适当地慢一些，显得更有耐心；对性格较急的孩子说话时，教师的语调要显得沉稳，语速适中，使幼儿焦躁的情绪得以缓和等。比如，幼儿不能理解教师的"反话"，当教师用讽刺、挖苦的语言对幼儿说话时，他们听不出老师的正话反说。教师不论何时何地何事，当有必要向幼儿说明事理时，都要心平气和地向幼儿明示。教师的鼓励对幼儿来说是一种力量，如"嗯，真不错"、"好样的"、"好孩子，继续做下去一定行"等语言，加上教师亲切的表情、爱抚的动作，会使幼儿受到极大的鼓舞，能够增强幼儿的自信心，对幼儿的身心发展是极为有利的。

（3）语言生动，掌握语言的艺术性，提高幼儿学习兴趣。幼儿的认知、思维能力还比较差，思维发展以具体形象思维为主，对于熟悉和了解的符合感性经验范围内的事物容易理解，而对于距离自己生活经验比较远的事物则很难理解和把握。教师就要运用生动、形象、富有动感、富有色彩的教学语言开启儿童的智慧之门。

第三节　教育口语分类训练

一、沟通语训练

（一）沟通语的作用

沟通语是指教师在体察幼儿特定处境的前提下，迅速选择恰当的语言以争取对方认同或配合的言语策略和技巧。

首先，教师与幼儿的良好沟通，能让教师更好地了解幼儿的兴趣、需要、性格特点及心智发展水平，从而进行更有针对性的教育。同时，也有益于教师反思以往教育方法的失误与不足，及时调整教育方法和教育策略，使教育达到事半功倍的效果。

其次，沟通语能起到适时监控的作用。通过沟通能够充分了解幼儿的内心世界，及时发现幼儿的心理变化或心理异常，并及时调整教育方法或给予相应的补救措施。

再次，幼儿也可以通过与教师的良好沟通，感受到教师的期望与关爱，拉近与教师的心理距离，获得安全感，从而会在教师面前更真实地表现自己，乐于表达自己的所思所想，更好地发挥自身的独立性和创造性。

最后，教师与幼儿的良好沟通，不仅能使幼儿的语言表达能力得到锻炼和提高，同时对提高幼儿的生存能力和社会交往能力也起着积极的作用。

【范例分析】

娇娇在尝试剥香蕉皮，这是她第一次独立地给自己剥香蕉，老师微笑着坐在旁边，眼里满是信任和鼓励，终于剥好了，老师高兴地说："娇娇能剥香蕉皮了，真能干。"娇娇兴奋地把香蕉举到老师的嘴边，咯咯地笑着。老师也高兴地说："娇娇真乖，你自己吃吧，谢谢你。"娇娇吃完香蕉，随手将香蕉皮扔到地上，就去拿玩具熊。老师说："娇娇，香蕉皮想回家，它的家在垃圾桶里，吃完香蕉把香蕉皮送回家去，好吗?"娇娇将香蕉皮拾了起来，放进了垃圾桶，又要去拿玩具熊。老师说："娇娇，吃完香蕉的手脏了，小熊会不喜欢你抱的，洗洗手再去抱小熊吧。"老师陪着娇娇来到了洗手池旁，和娇娇一起洗手……

这位教师在具体的情境中，根据幼儿的表现，运用恰当的沟通语，有针对性地、及时地、艺术地纠正了幼儿的不足，达到了教育幼儿的目的，同时也使幼儿感受到了教师的关爱。

（二）沟通语的技巧

1. 沟通的两种基本形式

教师与幼儿沟通主要有非言语沟通和言语沟通两种方式。无论哪种方式都要求教师与幼儿间建立一种友爱、信任的关系，这是沟通成功的基础。

（1）非言语沟通。非言语沟通主要通过声音、视觉、嗅觉、触觉等多种渠道传递信息。对幼儿来说，教师的微笑、点头、抚摸、搂抱、蹲下身听幼儿讲话等，都远比言语更容易表达教师对他们的尊重、关心、爱护和肯定，所以非言语沟通是教师与幼儿之间交流的重要途径。心理学实验也表明，身体肌肤的接触有利于安定幼儿的情绪，让幼儿感到温暖、安全。比如，对一个知道做了错事，充满害怕情绪的幼儿来说，教师亲切地搂抱他一下，摸摸他的头，远比说一句"我原谅你了。"更让幼儿感到安心，更能让幼儿理解到"老师原谅我了。"

运用非言语沟通应掌握以下技巧：

① 亲情式的非言语沟通。这种非言语沟通的基本特征是：教师面带微笑，伴有与幼儿拥抱、抚摸、拉拉手、摸摸头、拍拍背、亲亲脸、梳梳头、理理衣服等动作。这种非言语沟通方式有着非常强大的亲情感，在这个过程中，教师的母性（或父性）得到激发，爱护幼儿的情感得到加强，自然地替代父母的一些职责；幼儿则感到如同和母亲（或父亲）在一起，母爱（或父爱）需要得到满足，有安全感，心理安宁。因此，在这个由教师与幼儿的亲密关系营建的亲密区内，师幼之间尽情互动，教师更进一步地了解了幼儿，幼儿也更大胆地进行探索，获得了发展。

② 平等式的非言语沟通。这种非言语沟通的基本特征是：教师与幼儿交流时弯腰、低头、下蹲、上身前倾、眼神注视、微笑，这正是幼教界长期以来提倡的"蹲下来和孩子说话"的具体体现。

这种非言语沟通方式给幼儿的感觉是亲切、平等的，教师不再是"高高在上"的，教师与幼儿的交往互动俨然成了同伴与同伴的交往互动。这能使幼儿比在普通的师幼交往中更敞开心怀，自然且不拘谨，而且比在亲情式的非言语沟通方式中营建的师幼交往中更自立。

③ 感染式的非言语沟通。这种非言语沟通的基本特征是：教师用积极的情绪（面部表情、肢体动作等）、夸张的动作感染幼儿，让幼儿得到极强的心理暗示，积极投入到活动中来。感染式非言语沟通有很强的感染力，能产生涟漪式、浸入式的情感效应，获得渐进而又深度唤醒情感的效果，使教师与幼儿达到双向投入、深度互动的境界。

④ 回应式的非言语沟通。这种非言语沟通的基本特征是：一般由幼儿主动发起非言语互动，教师在亲密区和社交区内做出适当的体态或表情等非言语回应，如眼神、注视、微笑、点头等。这种非言语沟通方式简单、便捷、面广、量多且有效，使教师与幼儿在交流的刹那间，达到心灵的会意与沟通。

⑤ 示意式的非言语沟通。这种非言语沟通的基本特征是：教师与幼儿在已达成默契的情况下，教师使用师幼间无需解释、已习惯使用的非言语手段，如手势语的招手、食指掩口等来达到信息交流的目的。这种非言语沟通方式简单、快捷，能使教师与幼儿在看见的第一反应内心领神会，减少了语言交流时可能存在的语意理解差异，使师幼关系更加融合。

⑥ 巡视式的非言语沟通。这种非言语沟通的基本特征是：教师用目光巡视活动中的每一个幼儿或在幼儿间来回走动，表情或肯定、或否定，或动作辅助。这种非言语沟通方式以教师观察为主，适用于一日活动中对幼儿的体态进行观察。教师在一日活动中使用这种

沟通方式，对在自然状态下的幼儿体态进行观察、记录、分析，可以获得发起互动、评价幼儿、改进教育活动的第一手资料。

⑦ 鼓励式的非言语沟通。这种非言语沟通的基本特征是：当幼儿取得某方面进步时，教师即时地对幼儿翘起大拇指、微笑、点头、拍手等。赏识教育的倡导者周弘就提倡，对待儿童、对待他人，多举大拇指，尽量不要伸食指，其实就是让人们使用鼓励式的非言语沟通方式。

这种非言语沟通方式对幼儿有极大的鼓励作用，能让幼儿产生成功感，提高自信心；即时的积极反馈使幼儿能更清楚地认识到自己什么可以做、什么做得好，从而更加自主地发展。

⑧ 仰视式的非言语沟通。这种非言语沟通的基本特征是：教师在与幼儿交流时，教师让自己的面部略低于幼儿的面部，呈教师仰视幼儿、幼儿俯视教师的状态。

每个人都渴望别人在乎自己，希望引起别人的注意。对幼儿来说，教师略低的身体和仰视的神态，说明教师注意自己、在乎自己，从而更加有安全感、自信、自尊而又自重。

总之，非言语沟通在具体运用时要因人而异，对态度认真的幼儿，用比较夸张的点头微笑，竖起拇指鼓励；对注意力不太持久的幼儿，投以慈爱、询问、理解的眼神；对在自由游戏中有独特创意的幼儿投以赞许的目光。

（2）言语沟通。

非言语沟通固然重要，但毕竟是辅助性的手段，正常的人际交往离不开言语沟通，尤其是随着幼儿年龄的增长，对言语的理解能力增强，需要用言语来表达自己的需要和丰富的内心世界，教师要更进一步地了解幼儿，理解幼儿，尊重幼儿，达到心灵交汇，就必须掌握言语沟通的技巧。

① 说话要选择恰当的语调。对幼儿说话，语调一定要自然，有时可以用高低缓急等表达方式来使语言形象化；音量不要大得听起来不舒服或低沉得听不到，在重要的地方要加重语气；有时可以运用停顿，幼儿听到老师停下来不说话，会感到好奇，这就会达到引起注意的目的。

幼儿的语言仍在发展阶段，很难听懂复杂的语句，因此教师使用的语言要简明、生动又不流于庸俗，容易被幼儿理解和接受；教师也要时常提醒自己，不要说得太多，会使幼儿感到厌倦，无心听讲。

② 恰当地运用言语沟通的辅助手段。

A. 蹲下来与幼儿说话。采用这种沟通方式，能促使幼儿意识到自己同教师是平等的、受尊重的，易于产生接受教育的良好心境，如果总是仰视老师，幼儿就会产生自卑感、距离感。比如，在户外玩游戏时，名名不小心绊了一跤，眼泪在他的眼睛里直打转，老师很自然地蹲下来，亲切地说："你已经不是小宝宝了，绊一下没关系的，对吧？来，老师拉你一把。"名名一下子就收住眼泪，拍拍自己的屁股，勇敢地站起来玩去了。老师常常蹲下来与幼儿沟通，也是了解幼儿内心世界的一种方式。

B. 斜对着或与幼儿并排进行沟通。教师与幼儿说话，不仅不宜站着，而且要注意与幼儿之间的距离和位置要适当。一般老师与幼儿说话的距离不超过 1 米，如果与幼儿单独说话不要超过 1 尺。另外，与幼儿谈话时，斜对着或并排坐（并肩同行）朝着一个方向，更易使幼儿感到轻松自然，没有压力，幼儿愿意听也乐于接受。

总之，要提高与幼儿言语沟通的质量，最根本的是教师要转变观念，要把幼儿当成具有独立人格的人看待，要保持一颗童心，从幼儿的世界出发，接纳并体会幼儿的感受和想法。另外，还要承认个体差异的存在，能根据幼儿不同的特点进行沟通。

【范例分析】

以下是某幼儿园实习教师与幼儿的对话。

实习生：小龙，吃午饭了！

幼　儿：老师，我不饿，我不想吃。

实习生：不可能，早晨你就没吃多少啊！

幼　儿：我真的不饿，真的不想吃！

实习生：上午你活动量大，挺累的，还不饿？你该吃饭了！

幼　儿：我不饿，就是不想吃。

实习生：付老师（指导老师），小龙不吃饭，怎么办？

在这样的对话中，我们不难看出，这位实习生完全没有考虑幼儿的感受，没有问清幼儿不想吃饭的原因，只是为了要完成某个环节的组织或从自己的主观经验出发，把要求生硬地强加给幼儿，从而导致沟通失败。如果换一种沟通方式，老师设身处地地站在幼儿的角度考虑问题，就会感到幼儿在向老师表达"不饿"这一信息的时候，其实是想让老师了解自己的感受，以求得老师的理解和帮助。

同样的问题请看指导教师是怎样与幼儿沟通的。

指导教师：小龙怎么了，为什么不吃饭？

幼　　儿：老师，我不饿，我不想吃。

指导教师：你早晨吃得那么少，但还不觉得饿，是吗？

幼　　儿：是的。

指导教师：有时老师也这样。

幼　　儿：老师有时也这样，为什么？

指导教师：可能是身体不舒服，也可能因为饭菜不可口，你呢？

幼　　儿：我身体不太舒服，肚子有点疼。

指导教师：那让老师帮你看看好吗？

幼　　儿：谢谢老师，不用了，现在没事了。（边说边向饭桌走去）

指导教师：小龙真棒！

在这里，我们听到的是两个独立的人之间的平等对话。在这样的交谈中，教师注意倾听，并能准确地捕捉幼儿言语背后要传达的信息，尊重幼儿的感受，给予的回应充满了对幼儿的理解和关爱，从而实现了较好的沟通。

2. 言语沟通技巧分类训练

（1）引发交谈的技巧

引发交谈是指教师要找到与幼儿交谈的切入点，具备能够激发幼儿乐意与之交谈的能力。

首先，教师要选择幼儿最有需要又最感到安全的时候，鼓励幼儿说出最容易最需要说的话，同时要善于捕捉幼儿表面言行后的信息并给予迅速积极的反馈。

其次，要善于发现幼儿感兴趣的话题，敏锐地抓住时机，创造谈话的良好氛围，将幼儿自然引入交谈之中。

幼儿们在活动中通常是喜欢与教师沟通的,可如果教师对幼儿的见闻、问题、感受等缺乏兴趣或共鸣,就不会收到预期的效果。

【范例分析】

请看下面幼儿园实例。

幼　　儿:新老师(指实习老师),你看《淘气包马小跳》这本书可有意思啦。

实习生:老师不是让你背诵唐诗吗?谁让你看别的书的?快,把书放回去。(幼儿一下子没了情绪,指导教师看见了马上主动与这个幼儿打招呼,交谈起来)

指导教师:呀!尧尧,你特别喜欢马小跳,是吗?

指导教师:老师也喜欢马小跳,那你知道马小跳有什么特点吗?

指导教师:马小跳最要好的朋友都叫什么名字啊?

指导教师:你真行,这些你都知道,你看书可真认真。

指导教师:要是你背诵唐诗也这么认真,那就更好了。

指导教师:来,咱们先背诵唐诗,然后老师再和你一起看马小跳,好吗?

显然,实习生、指导老师与幼儿交谈的态度、方式不同,其结果也截然不同。实习生在与幼儿的交谈中命令多于情感的交流分享,究其原因,是缺乏与幼儿沟通的意识,更欠缺抓住契机引发与幼儿交谈的技巧。所以在沟通的契机到来时,没有把握机会,反而因不顾及幼儿的感受,伤了幼儿的自尊心,甚至会把幼儿对老师逐渐敞开的心灵之门关闭了。

(2)倾听的技巧

倾听是教师与幼儿沟通的必要前提,认真倾听幼儿说话,也是触摸幼儿内心世界、了解幼儿的好途径。但在实际工作中,真正掌握倾听艺术的教师并不多。有的因工作忙碌,在与幼儿的沟通中不能认真、耐心地倾听;有的不愿用幼儿的视角倾听。因此,常会觉得幼儿说得可笑、幼稚、不可思议而不屑倾听,从而难以做到与幼儿互相倾诉,彼此聆听,因而很难了解幼儿的心声,自然也就很难与幼儿进行有效的沟通。

教师的倾听分积极聆听和消极聆听两类。

所谓积极聆听,是指当教师与幼儿进行交谈时,教师要允许幼儿尽情地宣泄。当幼儿向你说出你不感兴趣的话题,教师也应耐心倾听,表示你还关注他的谈话内容,你可以使用"嗯"、"是吗"、"后来呢"等词语,表示你在认真倾听,鼓励幼儿说下去。这样,可以增加幼儿对教师的信任感,使幼儿更愿意向老师倾诉,有助于教师了解幼儿的兴趣与发展水平,提高幼儿的语言表达能力和社会交往能力。

消极聆听并非教师充耳不闻,置之不理,而是指教师只是聆听幼儿的陈述,对幼儿的交谈、陈述不做主观反应。这种聆听为小组或结伴交谈的幼儿营造了一种良好的沟通氛围,是教师了解幼儿的个性、知识面、兴趣及需要的最自然、最有效的途径。对个性比较独立且善于言辞的幼儿而言,教师这种聆听情境,可以让他畅所欲言,可以尽情地倾诉自己的喜好和苦衷。但对个别比较胆怯、缺乏自信或比较封闭的幼儿而言,教师只采取消极聆听时,幼儿就会因得不到老师的积极反馈而停止交谈,从而达不到真正了解幼儿的目的。

(3)结束谈话的技巧

指导教师适时地结束谈话,让幼儿表现出满足感。即使由于客观原因必须结束谈话,也要让幼儿感到,老师很想听他讲话,只是条件不允许,还会有向老师倾诉的机会。

实践证明，沟通的效果如何，并不完全取决于交谈时间的长短，尤其在幼儿园，每个环节的安排是相对紧张的，教师应具备根据实际情况引出话题的能力又要有结束话题的能力，与幼儿的沟通不能漫无目的，想到哪说到哪，有头无尾，草草收场或不了了之。比如，晨间接待时，小朋友玲玲正和老师聊着她昨天和妈妈出去玩的趣闻，可又有幼儿来了。这时，如果老师急忙去接待刚来的小朋友，玲玲在一边就会受冷落，影响沟通的热情。因此，教师要停住话题用"我们一会接着说好吗?"来结束谈话。

（三）使用沟通语的原则

1. 平等的原则

建立人格的平等关系，是师生间沟通的基础，也是幼儿是否愿意、喜欢和教师沟通的关键。我们成人间的沟通，是基于双方人格的平等。而与幼儿沟通时，我们往往会因为他们年龄小、知识少、还不懂事，更因为教师的权威地位而忽视这点，以希望、说教的方式来与他们沟通，"你应该这样做，而不要……"忽视了幼儿作为完整个体的独立性和自主体，使幼儿感受到来自权威的压力，这些都不利于师生间的沟通。因此，教师在日常生活中，要注意创设主动与幼儿沟通的时机，放下做教师的架子，虚心向他们"请教"，做几回学生。

2. 尊重的原则

尊重的原则体现在教师与幼儿沟通中教师对幼儿所持有的态度，这种态度往往会直接影响到师生沟通的顺利进行。沟通中，教师如持有尊重的态度往往就像催化剂一样，加速师生沟通的进程，并且会激励幼儿再与教师沟通的欲望，会调动幼儿与教师沟通的积极性。反之，则会打击幼儿与教师沟通的积极性。在沟通时，我们常常会发现，幼儿希望老师全神贯注地看着他，有时，他们怕你看不见，会凑到你的眼前，跟你大声说。三岁后的幼儿，又常常会让成人觉得他们很不听话，经常出现与成人对抗的情绪，而这些举动的出现，实源于幼儿内心尊重的需要。这时，教师要注意幼儿的这些心理需要，在与他们沟通时，教师要以积极地态度来尊重幼儿，认真地倾听他们的诉说，对诉说的内容要做出积极地反应，点点头、微笑、询问、运用鼓励性的言语，身体的接触等表示，使幼儿感到与教师交流中有一份被关注、被重视的尊重感，由此产生心理的极大满足，使幼儿与教师的情感产生共鸣，带给幼儿积极愉快的情绪体验。

3. 接纳的原则

接纳的原则是指教师在与幼儿沟通中，对幼儿的情绪及发生的行为问题，不急着作出判断的评价，而采取一种宽容的方式，表示接纳。即站在孩子的角度，去用宽容的态度，在充分理解幼儿的基础上，进行沟通。这时，幼儿在情感上易于接受教师的启发和劝导，有利于问题的解决。如李娜小朋友，性格活泼开朗，走路一蹦三跳，喜欢唱歌跳舞。可她刚到幼儿园的时候，不像现在这样，总不能和别的小朋友玩在一起，小朋友说她抢玩具，不给大家玩，她马上就钻到桌子底下去，谁也不理睬。这时教师告诉她，好玩的玩具大家都想玩，怎么办呢? 别人的玩具能抢吗? 想一个办法来解决，在这样宽松的气氛里，教师和她讨论了如何与小伙伴进行交往和游戏，如何协调自己和同伴的关系，并且，在以后的活动中，尽量创造机会多让李娜和小伙伴一起游戏，同伴告她状的声音渐渐减少了，李娜脸上的笑容也越来越多。教师要接纳幼儿，等他们情绪的"风雨"过后，再与幼儿细作理论，这时，幼儿能接受教师的引导和帮助，从而有效地保护了幼儿的自尊，更好地解决问题。

4. 适时的原则

适时的原则是指教师要把握与幼儿沟通的时机。沟通时要注意把握沟通的时间、地点、考虑幼儿所处的环境，以及幼儿的生理状况及情绪，通过这些，调整与幼儿沟通的内容，积极寻求主动与幼儿沟通的契机。只有把握了这些，才会使沟通产生事半功倍的成效。例如，幼儿在专心致志于某一件事，或很入迷地玩游戏时，教师最好不要打扰他，当他完成了或需要帮助时，教师再过去，抓住这样的时机与他沟通，会使沟通的进程和内容都收到意想不到的效果。

二、劝慰语训练

1. 劝慰语的作用

在幼儿园里，幼儿们往往会因为自己不适应、意愿未达成等造成不快，因此，教师要善于分析导致幼儿不快乐的原因，给予适当的劝慰。教师的劝慰语，要真诚地表示同情和理解，使幼儿尽快地走出不良心境。

2. 劝慰语的技巧

（1）对性格外向幼儿的劝慰，教师要直接明了，并设法淡化、转移其注意力；对性格内向的幼儿的劝慰，要表现出同情理解、有耐心，要给予积极的暗示，并不厌其烦。

（2）要读懂幼儿的心，不把自己的意愿强加给幼儿。

案例分析

教师正在组织活动，天色突然暗下来，电闪雷鸣，下起了雷阵雨。这时，全班幼儿乱作一团，有的幼儿高喊："下雨啦！下雨啦！"并高兴地在雨中又跳又笑(性格外向的幼儿)；有的幼儿则跑到老师身边害怕地搂着老师(性格内向的幼儿)。老师轻轻地拍着身边的性格内向的幼儿说："不要怕，有老师在呢。"然后，老师又对性格外向的幼儿说："快进到教室里，让雨淋湿了会感冒的，感冒多难受啊！"听老师这么一说，那些幼儿很快安静下来，并纷纷跑回教室。接着，教师一边组织幼儿观察夏天的雷雨，一边教幼儿学唱歌曲《夏天的雷雨》，幼儿玩得十分高兴。

以上实例告诉我们，不同的幼儿，教师的劝慰应有所不同，需要教师在工作中善于观察和把握幼儿的不同脾气，施以不同的劝慰。

三、说服语训练

1. 说服语的作用

说服语就是使幼儿听从和接受某种意见、主张、措施或办法的一种教育口语。它是教育幼儿的一种本领，也是一门艺术。

幼儿教师要善于运用说服语让幼儿学会识别和感受他人的情绪情感，控制自己的消极行为，从而进一步做出互助、分享和谦让等积极行为。如幼儿在撕书时，教师对他说："你把书的衣服撕破了，它多难受啊！"这样的方法远比训斥、责怪、大骂效果要好得多。

【范例分析】

一天下午，户外体育活动，教师提供了多种活动材料，不少男孩子选择了呼啦圈，他们把呼啦圈当成方向盘，自己当司机玩起了"开车"的游戏，不一会车速变快，像是在"赛车"，老师的心一下子紧了起来，怎么说服幼儿减慢车速，避免发生碰撞和意外呢？老师是这样说的："今天的司机真遵守交通规则。司机朋友，你们都工作半天了，该下班了吧？""司机"一听，就放慢了速度。老师马上又说："能告诉老师，你们开的都是什么车吗？"幼儿们七嘴八舌地报自己"车"的车名。接下来老师提出了问题：呼啦圈除了可以当方向盘开车，还可以怎么玩？并让幼儿们尝试说出自己的玩法……

在幼儿活动出现不安全因素时，这位教师并没有采取紧急制止的办法，而是巧妙地根据幼儿的认知水平做了委婉、积极的暗示，既表达了教育的意图，又成功地说服了幼儿，使他们改变了活动方式。

2. 说服语的技巧

（1）教师要充分了解幼儿，在这个基础上，才有可能有效地说服幼儿。从教育活动中师幼双方平等关系看，说服不应当是教师的"独白"，而应当是师幼互相影响的过程，因而，要使幼儿被教师的"说"所"服"，在"说"前、"说"中，教师必须了解说服对象的情况和心理，对症下药；同时要设身处地地理解说服对象，了解说服对象的需要和接受理解的方式，要"投其所好"。

在说服的过程中，教师还要给予幼儿适当的"说"的权利和机会，而不是把幼儿当做无知的人。因为对于教师的"说"，幼儿可能"服"，也可能"不服"，只有幼儿把他的"不服"说出来，教师才能进一步"说"，从而达到说服的目的。

（2）教师可以摆事实、讲道理，指出危害，提出要求。说服要围绕一个中心，解决一个主要问题。说服中的"说"不是说教、指责，而是劝说、感化，以此使幼儿明理、达理，最终"服""理"，所以，幼儿教师切忌主次不分，武断轻率，说大话、套话、空话，甚至用老师的身份压制幼儿等。要多从正面诱导，热情诚恳，既要求严格又态度和蔼，使幼儿心服口服。

【范例分析】

（有个幼儿把苹果吃了一半就扔在地上）

老师 A：是谁把苹果扔在地上的？是谁干的？谁丢的？站出来！（幼儿一愣，没动）

老师一连串的质问显得咄咄逼人，显然，老师是在用她的身份压制孩子，她那种溢于言表的严厉，让幼儿产生了抵触和恐惧。

老师 B：地上丢的是什么呀？哦，半个苹果，没吃完就扔了，多可惜呀，多浪费呀。怎么办？我们小朋友都是懂事的孩子，谁能把它捡起来清洗干净啊？（扔苹果的幼儿立刻捡起苹果）。

老师弱化了指责，用委婉的方式指出了扔苹果的危害，同时还表达了某种宽容，并诱导幼儿主动"站"出来改正错误。

（3）教师还要情理结合，以情动人。教师可用短小精悍和富有哲理的寓言故事、童话故事、名人故事及一些科学常识等加以讲解，使幼儿明白道理。

大班有一位小朋友站队时总是拖拖拉拉不想站，他不是在教室里磨蹭，就是跑到一边去玩。一天，课间操站队时，那位小朋友还在后面磨蹭着，这时一群大雁正好从头顶上飞过，老师把那位小朋友叫过来，拍着他的肩膀说："你看见了吗？这群大雁排队排得多整齐呀，它们一会儿排成个'人'字，一会儿排成个'一'字，没有一个不守纪律的。你知道它们为什么没有一个不排队的吗？"这个小朋友说："不知道。"老师接着说："因为那样会脱离集体，会掉队，掉队就会迷失方向，遇到危险。""哦，我懂了，老师，连大雁都知道排队，我以前还不如大雁呢，我要向大雁学习。"从此以后，这位小朋友站队时真的不再磨蹭了。

在这里，幼儿教师非常巧妙地运用了一个科学常识，合情合理地教育了孩子，效果非常好。

四、激励语训练

1. 激励语的作用

激励就是激发和鼓励。激励语具有很强的鼓动性和激发性。幼儿自身的性格爱好还不确定，情感起伏不稳定，经常是随教师的活动、语言而变化。幼儿的兴趣和热情很大程度上需要教师的激发。陈鹤琴先生的"活教育"理论认为，"积极的鼓励胜于消极的制裁"。由此可见，鼓励和激励比批评意义更重大，当我们用语言、行为等来积极肯定幼儿的想法、行为时，可使幼儿受到鼓舞，精神感到振奋，还可调动起幼儿的积极性，将各种规则和要求转化为幼儿自觉的行动。

不同幼儿对激励语言的接受和理解也不同。因此，怎样激励幼儿的兴趣和积极性是一门艺术，不分场合、不讲分寸、不看对象地随意激励，将会导致激励失败、失效。因此，这就要求教师懂得使用激励语言的技巧，讲究使用激励语言的策略和方法。

2. 激励语的技巧

（1）对性格外向的幼儿要在"抬高"中"煽动"。

对于热情但容易冲动的幼儿，老师要语气肯定，语言富于"煽动"性，目光直视，并适当增加态势语，使幼儿的情绪高涨；同时还要善于趁热打铁，点出问题核心，委婉表明态度和要求，有意抬高幼儿的"境界"，达到使其"热情澎湃"而自愿采取行动的效果。

有一次，幼儿园组织幼儿看动画片，而性格外向的朋朋却在小声唱歌。老师悄悄走到她的身边，没有打断她，老师听见她唱的是英语歌《ABC》，在她脸上轻轻亲了一下，并竖起大拇指说："你唱得棒极了，以后把这首歌教给其他小朋友好吗？现在，我们还是看动画片吧！"朋朋听了用力地点点头。在教小朋友唱歌时，朋朋也格外卖力，劲头十足。老师又趁机说："朋朋可真了不起，不但自己会唱歌，还教小朋友唱歌，以后你把会唱的歌多教小朋友，让大家都学学，好吗？"朋朋一听，更高兴了，乐得都合不拢嘴了。

当幼儿没有达到教师的教育目标时，教师要多安慰、多肯定、多鼓励，让幼儿意识到每个人都有做得不好的地方，只要努力就会改掉坏毛病。不能采取讽刺挖苦甚至体罚的方式来刺激幼儿，那样很容易让幼儿失去自信。

（2）对性格内向的幼儿要在"抚慰"中"启发"。

对于幼儿来说，挫折、失败是难以避免的，多数情况下幼儿的表现是哭鼻子、发脾气，尤其是性格内向的孩子更是如此。这时候，老师恰当的激励语显得更加重要。老师应使用悦耳、活泼的语言，面带微笑的表情，给予幼儿更多抚慰，平息情绪，鼓励和引导他们参加活动。同时要注意启发幼儿能多角度、多侧面地思考和解决问题，帮助他们寻找原因，使他们思维活跃，性格开朗起来。

小班的一个幼儿性格很内向，他特别喜欢枪和汽车，看到小朋友拿着小汽车和玩具枪来了，就跟在他的后面，吵着要玩。可每次小朋友都不给他玩，他就到老师那儿哭鼻子告状。这时老师就先稳定他的情绪，帮他擦干眼泪，然后鼓励他："我知道你是个懂礼貌的好孩子，会对小朋友说'请给我玩一会儿好吗？'这句话，小朋友都愿意和懂礼貌的孩子一起玩。不信你去试试！"慢慢地，这个幼儿开始自己试着去用积极的方法解决问题了。

现在，孩子们的生活条件越来越好了，可是抗挫折的能力却越来越差了，对自己没有信心，很多幼儿遇到困难就退缩。但每一点微小的成功，却能点燃幼儿心中的希望之火。因此，注意观察幼儿，捕捉幼儿点点滴滴的成功，并在关键时刻适当地进行帮助，可使幼儿坚定战胜困难的决心，特别对于敏感、孤僻但又细心的幼儿，教师更需要用亲切、柔和的语气和和蔼的目光与其对话，用激励的话语帮助他们树立起信心，让他们积极参与到各项集体活动中来。

五、表扬语训练

1. 表扬语的作用

表扬语是指对学生良好的思想行为表现以及某种进步给予好评或赞美。《幼儿园工作规程》中明确指出：幼儿园教育应坚持积极鼓励、启发诱导的正面教育。适宜的表扬可以使幼儿的身心得到愉悦和满足，自信心、自尊心、上进心得到增强，有助于幼儿改正不良的行为习惯，保证幼儿的身心健康。

表扬和激励都是对幼儿良好的思想行为或表现予以肯定的教育形式，目的是调动其自身的积极因素，发扬优点，激励上进，使之健康成长。同时，用公开的形式对幼儿的某些方面予以肯定评价，这本身又是一种教育导向，是用榜样的力量影响其他幼儿的有效教育手段。但表扬语与激励语也有所不同，前者是对幼儿行为结果的肯定，而后者在肯定幼儿行为结果的基础上还寄予了一定的要求，给幼儿指出了以后努力的方向和目标。在与幼儿交往的过程中，并不是任何时候都必须对幼儿的行为表现寄予希望，有时候发自内心的单纯的肯定和赞赏更能够让幼儿倍感兴奋和激动。一位日本心理学家曾说："在每个幼儿身上都蕴藏着巨大的、不可估量的潜力。每个幼儿都是天才，宇宙的潜能蕴藏在每个幼儿心中。"天才的幼儿靠老师去发现，去培养。每个老师都要用激励打开幼儿的心扉，使他们长成参天大树。

2. 表扬语的技巧

（1）及时发现幼儿的"闪光点"。

虽然每个幼儿的个性特点存在差异，但他们身上都普遍存在着容易被忽视的可贵之处，即"闪光点"。对这些一"闪"而过的亮点，及时的表扬是对幼儿积极向上的心理愿望的"助燃"，否则，它会因时间的推移而减弱。任何借口的拖延或遗忘（即使事后再想起）都会使幼儿心灰意冷。因此，教师应善于挖掘幼儿的闪光点，及时的给予肯定和表扬，并且具体到为什么要表扬，什么地方值得表扬。

一次想象画活动，老师让幼儿互相评价。孩子们的画面十分丰富：有清洗地球、外星人跳舞、太空城堡等等。当评价苗苗的作品时，有的幼儿都笑出声来。她的画除了不规则的横线、竖线外，什么都没有画。苗苗举着画，耷拉着脑袋。问她画的是什么，她也不说。如果就此结束对苗苗的评价，无疑会影响她以后绘画的积极性，怎么办？只见老师笑着说："我们来数数看，苗苗的画中一共用了几种颜色？"孩子们纷纷数了起来。"8种。"老师又说："数数你们用了几种颜色？"有的说 4 种，有的说 3 种，"那你们说，谁用的颜色最多呢?"老师又问。"苗苗!"孩子们大声说。"苗苗真棒!"老师刚说完,大家都为她鼓起掌来,苗苗顿时神采飞扬。

在这里,我们看到,老师善于抓住苗苗的"闪光点",并及时"助燃",虽然没有用过多的表扬语,但却达到了保护孩子的自尊心的目的。

（2）分寸适度。

表扬要适度,言过其实的夸张称赞,会使被表扬的幼儿不能正确地看待自己,并助长骄傲自满的思想,极易产生负面影响。因此,表扬语既不能言过其实,又不能轻描淡写,要根据幼儿的具体行为和表现,作出适度的鼓励性评价。

同时,表扬还要适量。"量"的掌握,要从行为本身价值产生的效果与周围的关系全方位地考虑,如果缺少任何一方面,都会降低教师说话的力度。总之,多而滥的表扬,不但对幼儿起不到教育作用,还会使幼儿滋长不良的品格。

（3）形式活泼。

表扬语要避免过于单一,针对不同的情况,要使用不同的表扬语,力求表扬形式多样化,使幼儿始终保持活跃的思维状态。除了教师予以正确评价外,还可调动其他幼儿参与表扬和激励的教育活动,使被表扬的幼儿的优点得到广泛的认同。同时一个会心的微笑、一个赞许的眼神、一个亲昵的拍脸动作、一次和老师的拥抱都可用做表扬语的辅助形式。

（4）态度真诚。

幼儿年龄虽小,但对成人说话的语气、表情、动作还是相当敏感的。表扬语要避免语气平淡、语调平板,否则会削减表扬的力度,甚至适得其反。

六、批评语训练

1. 批评语的作用

批评语是对幼儿的缺点、错误进行否定性评价的用语。它是一种教育手段,为的是让幼儿引起警觉,自觉纠正缺点或错误,规范行为,有时还能从反面激发幼儿积极向上的动力。合格的幼儿教师既要敢于批评,又要善于批评。批评时必须注意方式方法,要从关心爱护的角度出发,平等地对待每一位幼儿。对于是非分辨能力还处于较低水平的幼儿来讲,不时"犯"些小错误是难免的,幼儿教师要根据幼儿出现问题的性质、幼儿对待问题的态度和幼儿不同的语言接受能力,有针对性地进行批评教育。

2. 批评语的技巧

（1）心态平和,真心实意。

实施批评必须先调整好自己的教育心理,控制好自己的情绪,只有这样言辞才会恳切,才不会说过头话,要用和善真诚的态度,饱含爱心、富有情感的语言指出幼儿的错误。

（2）就事论事,不算总账。

"算总账"式的批评是对幼儿作全盘否定,而且也不利于幼儿纠正错误,还容易在幼儿心中形成自我否定的心理定势,教师一定要就事论事,千万不要给幼儿作定性结论。

【范例分析】

收玩具的音乐结束了,大多数幼儿收好了玩具,只有文文还在玩具柜前玩着柜里的玩具。他好像没听见似的,嘴里不知嘟囔着什么,就是不动。实习教师是这样批评他的:

实习生：（很生气，冲他大声吼道）文文，我说的话你听到了吗？

文　文：（纹丝不动，冲实习生反问）我说的话，你听到了吗？我还要玩呢！

实习生：你每次都是这样，说什么你都不听，总是和我作对，你不是听话的好孩子。

文　文：（头也不抬，继续摆弄玩具）对，我就不听话，我就不是好孩子，我就要玩玩具。

在这里，实习生不但给文文"算总账"，还下结论说他不是听话的好孩子，因而，文文很反感，不但没达到教育批评的目的，还伤了孩子。

（3）简单明了，说清利弊。

少做理性的剖析，重在简单明了地指出其危害性，指出错误可能会造成的后果。

（4）不厌其烦，刚柔并济。

幼儿自控能力较差，教师的批评一般不能一次奏效，因此要经常指点。为了达到目的，这些包含批评因素的指点，可以语气强硬一些。

活动结束了，老师让孩子们把椅子放回原位，可很多小朋友用力地拽椅子，老师巧妙地说："拉椅子，声音怎么这么响？我听到小椅子喊疼。是哪个小朋友把椅子的腿拉疼了呀？"

在对幼儿进行批评时，老师必须让幼儿体会到关心和期待，必须坚持正面教育。用尖刻的言辞挖苦、训斥幼儿，不仅是批评语运用的大忌，更是教育的重大失误。

七、评定语训练

（一）评定语的作用

评定语，即在活动中使用的即时的、情景性的口头评价。它能灵活地点拨、引导、激励幼儿的行为和表现。教师应从多个角度，以公正的、发展的眼光去选择、关注幼儿的思维能力、学习方法，对每一个幼儿都抱以积极的态度，寻找和发现他们的闪光点，给予充分的肯定和欣赏，留住幼儿最宝贵的兴趣和好奇心，让评价语成为滋润幼儿心灵的甘泉。

心理学家威廉·詹姆士说过："人类本质中最殷切的需求是渴望被肯定。"正确的评价，适度的表扬是幼儿成长的沃土。在幼儿园，幼儿往往不大关心自己在做什么，但是对教师的评价却十分关注。他们喜欢把教师的赞誉、夸奖看做是自己积极行为的结果。可见，评价对幼儿发展的作用特别是其中的"赞誉"、"夸奖"等，是不可忽视的。因此，给幼儿适时使用一下"戴高帽"的手段，即教师对幼儿的行为表现等诸多因素做出的一种略高于事实的褒奖性评价，把他们的优点放大到可见程度，使幼儿看到自身的优势，从而增强争取进步的内驱力，引起更高层次的积极行为。

（二）评定语的技巧

评定语是教师教育教学中的口语技巧，是教师教育智慧的全面展示，更是教师文化底蕴、人格魅力、敬业情怀的真实体现，虽然多属即兴，却能体现出教师个人的良好素养。

1. 评定语基本方法

（1）诱发法：一般用于启发诱导幼儿思考、提问。如，"你看，大家的积极性多高，一个个都举手了，看谁说得最好！"

（2）试探法：目的在于引导幼儿思考。如"你的看法真有意思，你为什么会这样认为呢?"

（3）激将法：在遇到难题或气氛不活跃的情况下，可用"激将法"激发幼儿的学习积极性。如"这个问题是不是把大家难住了?"、"我看，这个问题未必有人会回答!"

（4）赞赏法：主要用于肯定、赞扬幼儿的问答。如"这个主意真不错! 你一定还有很多别的好主意!"

（5）协商法：可以用来帮助幼儿更正答案。如"咱们能不能把刚才的那个办法再改一下?"

（6）鼓励法：一般用于鼓励幼儿发扬优点，克服不足。如"你唱得很不错，如果再大声一点就更好了。"

（7）壮胆法：主要用于鼓励能力较弱或性格内向的幼儿。如"你前面讲得很好啊，真让老师高兴! 来，再接着说，没关系!"

（8）煽动法：旨在鼓励幼儿发言。如"这个问题老师也不明白，看谁最厉害，帮我们讲一讲怎么回事，我们为他鼓掌!"

（9）追问法：进一步激发幼儿思维，让其思考回答得更全面些。如"你说得对，还有别的想法吗?"

（10）补充法：用于补充、强调幼儿的答案。如"'小白兔'这个名字取得不错。如果我们再给他加上个'骄傲的小白兔'是不是更好啦?"

2. 评定语基本要领

（1）情真意切，让幼儿感到温暖。

教育，是一种温暖的抚爱，"没有爱就没有教育"。教师的评价性语言必须是发自内心的，对幼儿的赞美一定要真诚而亲切，应注意情感效应，要关怀幼儿的成长，理解和体谅幼儿，真诚地帮助幼儿。例如"说错是正常的，老师也会有说错的时候，没关系，再说一遍"，"扬扬，你终于牢牢地记住了这件事情，我真高兴"。当幼儿提出了一个有价值的问题时，老师可走上前去，握住幼儿的小手，注视着他的眼睛，夸赞道："你的眼睛可真厉害，能发现别人发现不了的问题，多了不起呀!"这样的评定语会使幼儿心花怒放，信心倍增。

（2）饱含激励，让幼儿获得自信。

幼儿在学习和生活中，都渴望得到一定的认可，获得成功感，不管是教师的评价，还是其他同伴的互评，哪怕只是回答对了一个提问，或是做了某件值得一提的小事，他们都会产生积极而愉快的心理体验。当幼儿愉快体验出现的时候，教师及时予以肯定和激励的评价，就会加重这种体验的感情色彩，从而使体验长时存留，促进积极行为的再度出现。因此教师只有发自内心地欣赏幼儿的成长，为幼儿的进步喝彩，幼儿才能在教师的赏识中体验和享受到被人尊重的快乐。这种激励方式的评价，能在幼儿的内心深处形成一股强大的心理推动，在潜意识中产生向表扬目标努力的追求。同时，教师的激励和赏识式的评定语还能使全班幼儿兴趣盎然，跃跃欲试，使幼儿的思维处于积极、活跃、自由的状态之中，积极主动地参与到课堂的实践活动中来。例如："好啊，这种做法很好，你真会动脑筋!"、"你的一双眼睛多有神! 准能看出来。"、"你演得真好，只要用心，什么事都会做好的!"、"这个句子你读得多好呀! 请你再读一遍，大家仔细听听!"、"你念得比老师还要棒，老师觉得，你长大肯定能当一名播音员!"如此亲切、热情洋溢的语言，幼儿一定会被感染、受鼓舞的。

（3）幽默风趣，让幼儿轻松接受教育。

幽默风趣的语言是口语交际的润滑剂。同样，运用幽默、风趣的评价语也是调节师生情绪和活动气氛所不可缺少的方法。富于幽默感的语言更容易使教师实现对教育过程的有效控制，更容易缓和师生间的紧张气氛，也更能使幼儿保持一种积极、乐观的态度，让幼儿在轻松愉快中接受教育，获得知识。

最后，评定语的使用还要注意将结果评价和过程评价、即时评价和延时评价结合起来。

另外，在幼儿园实践中，表扬和批评有时很难分开，因此，前文所述的激励语、表扬语和批评语，从某种程度上都可以认定是评定语的一种，在实践中要注意综合的训练和使用。

第四节　适应不同幼儿的教育口语训练

幼儿教师作为教育者始终都是同具有一系列心理特点的幼儿个人相处，而这些幼儿个体之间又存在着兴趣、个性、能力等的差异，对不同对象进行教育，就是认识教育对象的差异、承认差异、重视差异。在教育教学过程中，只有从幼儿的实际出发，区别对待，有的放矢，按照每一个幼儿的不同条件进行教育，才能使幼儿得到全面健康的发展。

人的个性包括有兴趣、习惯、智能、气质和性格五个方面，其中性格是个性的核心。我们所指的"不同个性幼儿"的教育，主要就是针对幼儿的性格这一核心而言的。所谓性格指的是一个人在待人处事时表现出的对人对己的综合心理特征。

对于教师的语言，不同性格的幼儿感受理解有差异，回应的形式也不一样，因此，教师要根据学生性格的特点，有针对性地运用教育口语。

一、面对性格外向幼儿的教育口语

性格外向幼儿的心理活动倾向于外部世界。他们对语言的理解反应比较敏锐，但是想得不细，直觉判断占主导地位，易于接受外部影响而改变自己的认识和态度。

对这类幼儿运用的教育口语，常用的方式有：

1. 直接说理

直接说理是直截了当地发表意见，讲述道理，或者在说理的前提下直接表扬或批评。教师运用这种方式时，语言要简洁，语气要肯定，适当增强用语的指令性。

2. 情感激励

情感激励是指教师运用口语中的情感因素，调动幼儿积极的情绪体验，促使他们积极向上。

这类用语要注意口语的用词选择。如幼儿取得好成绩，可用"老师真为你高兴!"、"祝贺你!"等褒义词，语调上扬一些，节奏轻快一些。在幼儿冲动时，教师要用平静的语调、劝诫性的词语使幼儿平静下来，比如"慢慢说!"、"老师相信你!"、"别着急!"等等。

二、面对性格内向幼儿的教育口语

性格内向幼儿的心理活动倾向内心世界，他们对批评、否定性的语言特别敏感，容易产生偏执、自卑的心理定势，情感含蓄，表现欲望不外露，对语言的回应比较迟缓，一般不善言谈。

对这类幼儿运用的教育口语，常用的方式有：

1. 诱导式

诱导式是用启迪的语言引导幼儿。运用这种方式，教师必须找准影响幼儿前进的思想障碍，用层层深入的说理方法，打通"关节"，打开幼儿心灵的锁。

2. 委婉暗示

委婉暗示是用暗示、婉转的言辞说话。运用这样的语言方式主要是避免矛盾激化，避免刺激对方，便于幼儿接受，有利于保护幼儿的自尊心。运用这种方法要注意恰当地使用同义词，如"错误"、"毛病"、"缺点"意义相近，但有轻重之分，选用时要慎重。提问要多用商询的语气。

除以上两种方式外，对性格内向的幼儿也要多用激励语，诱发他们参与活动的主动性和热情。用明确的目标激励幼儿，用已经取得的成绩增强他们的自信心，不对他们说泄气、失望的话，帮助他们克服自卑感。在言辞的选择上，始终保持对他们的信任、关切和期待。

思 考 与 练 习

思考题

1. 教育口语的使用原则有几条，具体是什么？

2. 幼儿园民主性教育口语的常用词语有哪些？

3. 结合幼儿德育教育的事例，简述教育口语的特点。

4. 沟通语在实际工作中有何重要意义？教师应掌握哪些言语沟通的技巧？

5. 劝慰语与说服语在使用时有何区别？

6. 激励语和表扬语的使用对幼儿的发展有何重要价值，两者有何联系和区别？试举例说明。

7. 在实践中，批评语可以改为表扬语吗？试举例说明。

8. 评定语的使用有哪些常用技巧和方法？针对不同性格特点的幼儿，你认为分别采用哪些具体方法比较好？

9. 评定语与激励语、表扬语、批评语有何区别和联系？针对不同性格特点的幼儿，在运用时有何共同之处？

练习题

1. 阅读老师工作日记《守秘》，完成下列题目：

(1) 这位老师为幼儿"守秘"是培养幼儿说谎的习惯吗？为什么？

(2) 老师在与幼儿交流过程中遵循了那些教育口语的使用原则？分析这样说的利与弊。

守　秘

昨天午睡起床，大部分小朋友都已穿好衣服到活动室了，可佳佳还躺在床上没有起来。我边给小朋友检查，边提醒她："佳佳快起床了，要不待会儿，我们下楼做游戏，你要排到最后了。"听我这么一说，她才慢吞吞地坐起身来。

立刻有小朋友告诉我："李老师，佳佳把床染红了。"我一眼望去，只见佳佳穿的粉红背心，在腰上有一大片湿，身下的被单也被印上了点点红色。我顺口问："佳佳是不是尿床了？""没有！"她马上大声回答，并摆出一副若无其事的样子解释说："那是我出的汗！"

"出那么多的汗呀？"我疑惑地问了一句，她回头似笑非笑地对我"嗯"了一声，我领悟到了佳佳的"用心良苦"。幼儿虽小，但她也想维护自己的自尊，她极力掩饰，说明她已觉得这样不好，我又何必一定要揭穿她极力想保守的这个"秘密"呢。

等小朋友都已坐下吃午点了，我对最后一个来检查的佳佳小声说："这是你出的'汗'呀？"她眼睛看着我肯定地点点头。我会意地说："是不是你睡得太香了，所以出这么多'汗'自己都不知道。"听我这么一说，她立刻满意地笑着点了点头。"那我们把湿衣服脱下来洗洗晾晾，干了再穿，不然那么多'汗'贴在身上多难受呀！"她高兴地拉着我的手，取来自己的花裙子和连裤袜，将全是"汗"水的湿衣服换了下来。一个下午我没有再提及此事，佳佳也像什么事都没有发生过一样和小朋友玩得很兴。

今天晨间活动，我问佳佳："昨天出'汗'的事儿告诉妈妈了吗？"

她有点不好意思地说："没有。"

"那下次你可别出那么多'汗'，把床和衣服都弄湿了。"

佳佳机灵地笑着说："下次我要出'汗'先告诉老师。"

我摸摸她的头，"一定！"我们俩都笑了。

2. 仔细阅读以下案例，结合教育口语原则和要求作简单点评。如果你是老师将如何对这几个幼儿进行引导，可以进行哪方面的引导？

幼儿间的"友谊"

陆原和傅予泽是好朋友，有一次，在自由活动的时候，他俩嚼着糖，说说笑笑地坐在聊天室里叽里咕噜地讲着悄悄话。一会，他们要到活动室外去，我就默许了。不一会儿，只听到"呜哇"大哭的声音，隔壁的小女孩跑来告状，说我们班的两个小朋友偷走了她的糖果，我一惊，心里怀疑是陆原和傅予泽干的。因为小女孩的衣物柜离我们室外的走廊很近，他俩今天又特别奇怪。

我出去把陆原和傅予泽叫来，与小女孩当面对质，他们一看到小女孩所剩的糖果，就低下了头，一声不吭，在我反复的询问下，他们不好意思地说："我下次再也不干了。"作为老师，看到自己的学生私自拿别人的东西感到很惭愧，不过他们承认得倒是很快，现在我只想弄清他们谁先想到的。

我问了他们很久，他们都不说，连哄带骗，他们还是不说。这时，我有些生气了，其他小朋友都停止了游戏。张钰杰用一双焦急的眼睛望着我，我有些不解。继续问陆原和傅予泽。他们还是不说，我以为他们害怕承担责任，就说："讲出来，你们还是好孩子，老师不怪你们，因为你们承认了错误。"他俩用无可奈何的眼神看着我说："不是我。"

这时，班上一个较为机灵的坐在陆原、张钰杰旁边的女孩说："老师是张钰杰叫他们去偷糖的，他这还有两粒糖呢。"说着，她揪过张钰杰的口袋，掏出两粒糖，那糖跟小女孩剩下的糖一模一样。张钰杰禁不住大哭起来。原来主谋在后面呢，真相大白了！

我问起陆原和傅予泽，为什么不说出张钰杰，他俩说："他是我们的好兄弟，我们不能出卖朋友。""是的，我们要讲义气。"

3. 阅读下列幼儿文学作品，同桌间互相交流，怎样挖掘作品里的教育因素进行教育？简要说出教学要求和教学步骤。

（1）诗歌

大　白　鹅

大白鹅，

头一昂，

眼睛生在脑门上。

说这个：

"戆，戆，戆！"

说那个：

"戆，戆，戆！"

"咚"一下，

撞墙上，

头上长出个红囊囊！

（2）故事

佳　佳　迟　到　了

妈妈抱佳佳上幼儿园，总是到得最早最早。

今天佳佳迟到了。佳佳很不好意思，低着头，眼睛偷偷向屋里瞧。阿姨看见了，笑嘻嘻地问："佳佳，你怎么迟到了啦？"佳佳说："我自己走来的。"阿姨抱起佳佳，亲亲她的小脸蛋说"佳佳，真乖。"

佳佳悄悄告诉小朋友："我迟到了，阿姨还表扬我哩。"小朋友嚷起来："我也要迟到！我也要表扬！"佳佳摇摇头说："不，我是自己走来的。"小朋友又嚷起来："我也要自己走来。"佳佳听了，又摆手，又摇头："不，不，在路上快点儿走，就不迟到了。"

第二天，许多小朋友都要自己走，他们蹦蹦跳跳走在妈妈前面……没一个小朋友迟到，佳佳到得最早最早。阿姨忙着给小朋友擦头上的汗水，一边擦，一边高兴地说："小朋友都乖！小朋友都乖！"

小朋友你望着我，我望着你，圆圆的小嘴巴，笑得像朵小喇叭花，真美。

4. 请根据下面的教育情景，设计相应的沟通语。

（1）明明家里买了一辆宝马车，到了幼儿园后，他没完没了地炫耀，看动画片他不看，做手工他不做，就是给小朋友讲他家的车……

（2）琳琳今天穿了一件新衣服，满心欢喜地跑到老师面前说："老师，你看我的衣服漂亮吗？"

5. 假如你遇到以下情况，应该说些什么话进行劝慰？

（1）一个孩子在活动时，不小心摔倒了，其实不是很严重，可她却哭个不停……

（2）刚刚入园的幼儿总是哭闹……

6.（1）阅读下面例子中教师的说服语，你认为丽丽能被老师说服吗？为什么？

中班女生丽丽患胃痛病，经治疗好转后，家长一让她上学，她就喊痛，家长发现她有时真痛，有时是思想病。

一天，老师见到她，轻轻地把她拉到自己跟前，半揽在怀中，关切地问："丽丽，你总是哪里痛啊？"她指给老师看了看。老师抚摸着她的胃部说："现在痛不痛啊？"孩子看着老师微笑的面庞腼腆地说："现在不痛！"老师说："现在不痛了，说明你的病情有好转，老师真为你高兴。我想你一个月来一人待在家里，多没意思啊！来幼儿园多好，能和许多小伙伴一起做游戏、一起玩耍。我看你不痛的时候还是来上学吧。上课时痛起来，就马上告诉我，我让你到我的办公室休息。如果你痛得坚持不下去了，我就马上打电话让你的妈妈来接你回去看病，你看怎么样？"

（2）阅读下面材料，设计说服语。

A. 元旦晚会的前一天，很多家长来到幼儿园帮助布置教室，一个幼儿也爬上了窗台，要帮着贴窗花，而且站在窗台上高兴地扭着屁股，十分危险……

B. 几个幼儿吃饭时有说有笑，有的甚至拿起花生米当子弹打小朋友，这样一来，其他很多孩子都效仿起来，教室成了"战场"……

7. 请根据下面情境，设计激励语。

做手工时，毛毛做得特别认真，但结果却很不理想，看着其他小朋友的作品，他感到很难过，竟然掉下眼泪……

8. 请根据下面的教育情景，设计有针对性的表扬语。

丽丽的性格非常内向，做游戏时，不和小朋友一起玩，唱歌时不张嘴，老师提问时也不说话。忽然有一天，老师发现丽丽手工做得非常认真，非常好。

当众表扬时，老师说……

单独谈话时，老师说……

9. 请根据下面具体情况，设计相应的批评语。

（1）假如你看到一幼儿把放在教室玩具架上的一件玩具放在自己的口袋里，你会怎样说？

（2）对爱说粗话的幼儿应怎样说？

10. 请对下面批评语发表自己的看法，如不妥，该怎么说？

A. "我说过多少次了，快起床，真够懒的！"

B. "就你话多，老师还没说完呢，别插嘴！"

11. 阅读下面材料，说说教师用了哪些评定语，这些评定语使用的好处在哪里？

老师走进教室后，发现纸篓旁边有许多很小很小的碎纸片，便随口问一句："是哪个小朋友撕的废纸啊？"顿时，孩子们的目光不约而同地集中在笑笑身上。"老师，废纸是笑笑撕的。""不是我！""老师，刚才我们在教室玩时，亲眼看见他撕的！""我也看见了，就是他撕的！""你们胡说，我根本就没有撕！"教室里这下热闹起来，你一言，我一语，吵得不可开交。

老师把目光投向全班，平静地说："谁扔的纸片并不重要，重要的是大家都要自觉地保持我们教室的清洁，哪一个小朋友愿意做环境小卫士，把纸片捡干净？"老师话音刚落，全班的小朋友都把小手举起来。老师说："大家这么热爱集体，关心班级，老师真的很感动，你们愿意做好事的精神值得老师学习。这么多小朋友举手，该让谁来做呢？"这时，笑笑连忙站起来，大声说："老师，让我去捡吧！"老师笑着对他点点头说："好！"笑笑马上跑到纸篓前，把地上的废纸片捡得干干净净，老师用赞许的目光看着笑笑，然后对大家说："笑笑

— 146 —

真能干，为了我们教室的环境卫生他不怕脏、不怕累，一个人把纸片捡干净，为班级做了好事，给大家做出了榜样。我们每个小朋友都要养成自觉保持卫生的好习惯，好不好？"

　　课间休息了，笑笑来到老师身边，低着头，不好意思地说："老师，这纸片是我扔的，我以后再也不随地乱扔东西了。"看着他那天真而又自责的样子，老师轻轻地抚摸着他的头，脸上不由地露出欣慰的笑容。

第十章　幼儿教师其他工作用语

第一节　幼儿教师其他工作用语的使用原则

幼儿教师其他工作用语，是幼儿教师同非教育对象如家长、上级、同事及社会各界人士间进行的，与教育、教学活动间接关联的工作性口语交际活动。幼儿教师其他工作用语既包含了一般口语交际的共性基本原则，又具有教师其他工作用语的个性的基本原则。

一、转换交际角色

幼儿教师在其他工作语境中，是教师角色，但不是教育者角色。在教育、教学活动中，幼儿教师口语交际的主要对象是幼儿，教师处于主导的权威性地位，养成了"教育者"的口语表达习惯。在幼儿教师其他工作语境中，交际对象变换了，不再是幼儿，而是幼儿以外的社会上的各种人，口语交际双方处于平等的地位。因此，幼儿教师要具备"角色转换"意识，要以"平等性"作为语言调适的原则，称谓要礼貌得体，择词用语要因人、因时、因地、因事而异，但都必须服从幼儿教师的特定工作目的，"根据话语输出和反馈情况控制好自己的言语行为，一旦发现偏离目的，就得加以调节，以保证交际任务的完成。"

例如：

在某次全国性的学术研讨会的小组讨论中，一位老年专家用方言讲话，有位青年教师提出抗议。

青年教师：（眼睛看着窗外）我最讨厌不说普通话了！

老专家：……（不语）

在座者：……（十分尴尬）

设想这位青年教师用另一种方式讲话：

青年教师：（目光恳切地看着老专家）李老师，我们很想听清您的高见，可惜我们听不懂您的方言。您能慢慢地用普通话吗？

在座者：对，您慢慢讲吧，我们都想听听。

老专家：（面带微笑，改用普通话）好吧，我试试。

教师对非教育对象说话时应努力克服"上对下"的职业习惯性的"语言定势"，做到平等交谈，而对长者说话更应该谦恭礼貌。上例中的青年教师的前一种说法用斥责的口气、厌恶的神情和情感强烈的感叹句对老专家说话，没有注意口语交际角色的转换。而后一种说法，注意礼貌称呼（"李老师"、"您"），运用带有请求性语气的疑问句形式作委婉表达，言辞恳切，目光协调，使口语交际目的水到渠成。

二、维护教师形象

幼儿教师在非教育、教学的语境中，谈话对象虽不是受教育者，但仍然要有"身份意识"，要通过得体的言谈，体现幼儿教师的职业修养和文化内涵，塑造庄重、文雅的教师形象。说话态度要谦和而自信，坦诚而大方；不要盛气凌人，不能猥琐卑下。

例如：

一位老师初访某学生家庭时，见客厅里有两位年纪相仿的成年男子，她根据与学生容貌相似的特征，向其中一位说道："我是某某的老师。如果没猜错的话，您就是某某的父亲。"对方点头称是。另一位则指着孩子的父亲插言道："他还是我们总经理。"老师微微一笑，答道："这一点我早从'学生登记表'中知道了。不过，我这次来可是找学生的父亲的。"巧妙的回答，把自己置身于与学生家长平等的地位上，接下来，她侃侃而谈，毫不拘谨，博得了家长的敬意。

三、营造和谐气氛

幼儿教师其他工作中的口语交际对象众多而复杂，年龄有长幼之分，知识水平、思想水平有高低之分，处境心情有好坏之分等等，这就要求幼儿教师在其他工作语境中进行口语交际时，要考虑不同对象的可接受性，以"心理相容"为口语交际的原则，通过不同风格的口语表达，调适并营造口语交际的和谐气氛。先"通情"，后"达理"，选择对方易于接受、乐于接受的言谈策略，择词用语可有深浅之分，表达方式可有曲直之分，口语风格可有雅俗之分等等。

例如：

一位老师与一位文化程度不高的家长的谈话。

老师：张师傅，你们家的小明的确不错，每次考试，他的成绩总是名列前茅。

家长：嗯……（低着头）

老师：……在我们班他真是凤毛麟角……

家长：嗯……菱角？菱角……（不解）

老师：不过，我们班成绩好的同学最近如雨后春笋，出了不少，张小明同学的优势已经不太明显了。我希望他能充分发挥自己的能量，同时，希望家长能好好配合我们。

家长：能量？

老师：言止于此吧。不知张师傅还有什么好的见解没有？

家长：见解？我能有啥办法去见解？见解……老师能见解的事就听老师的吧。什么菱角、能量都行……

上例中老师的话基本上是白说，家长没听懂，老师的谈话目的也没达到。原因有两方面：一是不看对象说话，二是书面语言太重。教师在使用交际口语时，一定要加强语言本身的转化意识：一方面要根据交际对象的年龄、职业、文化层次及交际目的等，交换不同的语言形式、说话方式；另一方面，要把书面语言转化为口语，以期营造和谐的交际氛围。

第二节　对不同工作对象的口语交际艺术

一、与家长谈话的艺术

家长是幼儿教师教育幼儿的主要合作者，教师与家长的谈话是间接影响教育效果的不可忽视的一环，在幼儿教师其他工作口语中占有重要地位。教师与家长的谈话，包括家访谈话、家长会谈话和接待家长来访谈话等。

1. 家访谈话

幼儿园教育与家庭教育密切相关，互通情况，争取家长配合，这是幼儿园教育不可缺少的一部分。因此，教师必须定期或不定期地做家访。幼儿的家长分布在社会各界，而且层次不同，性格各异，能否进行有效的家访，在很大程度上取决于教师的谈话技巧。幼儿教师必须具备与家长沟通的语言能力。

家访的目的是与幼儿家长互通情况、交流各方面的信息。它不仅能沟通师生之间的感情，解决一些在幼儿园难以处理的问题，还能使幼儿家长了解并支持幼儿园的工作，在对幼儿教育方面与幼儿园保持一致，形成教育的合力。

教师与家长谈话的特点是"一对一"。教师与家长谈话大体分为三个阶段进行。

第一阶段：向家长介绍幼儿园教育情况及幼儿在幼儿园的表现。这个阶段基本上是以教师独白的形式进行的。

第二阶段：向家长了解幼儿在家里的情况，包括幼儿家长的基本情况、家庭对幼儿的教育情况、幼儿在幼儿园外的情况等。这个阶段是以教师发问的形式进行的。

第三阶段：教师与家长共同研究教育幼儿的措施与策略。这个阶段基本上以双方交谈的形式进行。

家访前要做好准备：

第一，了解幼儿，把握家庭。家访前，对幼儿在幼儿园的表现应有一个全面具体的了解，优点有哪些、主要缺点是什么、应该加强哪些教育，有理有据，公正客观；对幼儿家庭应该有所了解，譬如家长的职业、家长的个性特征、家庭的基本情况、家庭教育情况等，以此确定说话的方式方法。

第二，目的明确，家访及时。每次家访的目的都应十分明确具体，或者因为幼儿存在某方面的缺点需了解家庭原因；或者因为幼儿有某方面的特长，希望得到家长的支持；或者因为家长忽略了某方面的教育而使幼儿存在某方面的不足，建议家长采取措施等等。根据家访的目的，谈话重点有所不同，同时必须及时发现问题，及时与家长联系，解决问题。家访必须从关心和教育幼儿的角度出发，而不是向家长告状，不是利用家长来整治幼儿。

家访谈话要讲究策略和技巧。交谈时，要营造和谐的氛围。谈及幼儿在幼儿园的表现要从正面肯定入手，创造良好的谈话环境。当与家长意见不一致时，要避免与家长争吵，更不能对家长下命令，对家长的建议和批评要巧妙地提出来。要创造同喜同忧、和谐融洽的谈话氛围。此外，还要把握好谈话时间，不要冗长拖沓。

2. 家长会谈话

家长会是由幼儿园或教师组织幼儿家长共同参加的集体会谈。教师应事先组织好讲话的主要内容和材料，包括幼儿园、班级概况，幼儿的学习情况及日常表现，需要家长配合解决的问题，以及家长们可能提出的问题、提问题采用的方式等，都要精心准备，以便在家长会上应对自如。

家长会讲话的特点是"一对多"，教师一方面要针对家长普遍关心的全班的"共性"问题重点说明，另一方面，又要针对每位家长所关心的自己孩子的"个性问题"分别说明。家长会上讲话的总的要求是从正面称赞入手，创造和谐氛围。不要点名批评学生，这会使家长难堪，更不要把家长会变成"告状会"。

例如：

一次家长会上，教师从不同角度表扬了全班每一名幼儿的优点，每位家长都很光彩，纷纷用满意、感激的眼光看着老师。接着，教师又把班上存在的问题不点名地归纳了一下，并提出了今后的要求。散会后，不少家长主动找老师说明自己孩子的缺点，探讨共同教育的方法。

欲扬先抑，点到即止，是家长会讲话的语言策略，能维护家长的自尊心，争取家长的主动合作。相反，当着其他家长的面批评孩子，甚至用讽刺、挖苦的言辞教训家长，是家长会讲话的大忌。

3. 接待家长来访谈话

接待家长来访谈话包括当面来访和电话来访。这种谈话教师无准备，家长什么时候来或来电话，讲什么，主动权都没有掌握在教师手中。

沟通是一门艺术，俗话说，"一句话说得人笑，一句话说得人跳"，意思是说，同样一句话由于表达方式不同，所收到的效果也不同。因此与家长交谈时，幼儿教师要注重以下沟通技巧。

（1）谈话要建立在平等的基础上。教师切勿以专家自居，以居高临下、发号施令的态度教训家长，"必须"、"应该"等词语要尽可能少说，更不能责怪家长，而要尊重家长，多倾听家长的想法。教师提出需要家长配合的事项时，宜采用商量的口吻，征求家长的意见。

（2）避免笼统地评价幼儿。教师在家长面前评价幼儿时要采用日常使用的通俗语句，让家长听得懂。在介绍幼儿的发展状况时，避免过于笼统，要尽量具体一些。比如，不要光说某某幼儿的小肌肉发展水平低于正常标准，而要补充一些实例或换成容易理解的说法，如"他还要继续学习串珠子，用剪刀剪东西，我们正在教他"。

（3）要用积极的态度肯定幼儿的点滴进步，让家长体会到你与他们一样为幼儿的进步而高兴。在充分肯定幼儿进步的基础上，教师可以向家长提出需要他们配合的教育计划，其中就包括幼儿仍需改进和提高的方面。

（4）不要将幼儿横向比较。教师与家长谈话时不要随意拿别的幼儿来进行比较。说别的幼儿好，家长会觉得自己的孩子处处不如人；说别的幼儿不好，家长也会怀疑教师在别人面前是不是也这样说自己的孩子。

（5）谈论幼儿的缺点时要注意方式。当谈到幼儿的缺点时，教师应从正面肯定入手，创造良好的谈话氛围，委婉地指出存在的问题。家长忧虑的往往不是孩子犯下的错误，而是教师对于孩子所犯错误的认识与态度。因此在原本就心情紧张的家长面前，教师要表明一种态度，即让家长明白：谈论幼儿的不足，目的是希望得到家长的支持，以便家园合作引导幼儿改正缺点，形成良好的行为习惯和学习态度。同时，教师应多站在家长的角度去关心幼儿，理解家长的心情。如果教师真诚对待每一个幼儿，那么教师与家长之间的交谈一定能顺利进行，家长也会感受到教师是真正喜欢和关注自己的孩子，从而更容易接受教师对孩子的评价，更愿意主动与教师交换意见。

二、与领导谈话的艺术

教师同领导的谈话，包括请示、汇报等内容。谈话的目的是希望得到领导的理解、信任和支持。教师同领导谈话时应注意以下四点。

1. 把握适当时机

与领导谈话的时机是否适宜，是决定谈话成败的不可忽视的因素。时机选择的恰当，便于实现谈话目的；时机不适宜，会给谈话带来困难。

2. 事先准备要点

在谈话时，要将谈话的要点明确地向领导汇报。如果有些问题需要请示，自己心中应有两个以上的方案，而且能向上级分析各方案的利弊，这样有利于领导做出决断。为此，事先应当周密准备，随时回答领导的问题，

3. 报告有理有据

美国广告大王布鲁贝年轻时，他所在公司的经理问他："印刷厂把纸送来没有？"他回答："送过来了，共有 5000 令。"经理问："你数了吗？"他说："没有，是看到单上这样写的。"经理冷冷地说："你不能在此工作了，本公司不能要一个连自己也不能替自己作证明的人来工作。"从此，布鲁贝克得出一个教训：对领导，不要说自己没有把握的事情。

4. 语言组织得体

教师同领导谈话，用语要注意谦敬、坦诚、简明。谦敬能使彼此保持良好心态，创造和谐的谈话氛围；坦诚是对工作负责的表现，应该如实反映；简明就是要把想说的主要问题开门见山地说出来，不绕弯子，不拖泥带水，做到言简意赅。

三、与同事谈话的艺术

1. 语境协调原则

语境是口语表达时所处的现实环境或具体情景。与同事交谈时，口语交际的语境已经有了变化，不再是对幼儿、对家长，不再是在教室、在课堂上，说话的时间、地点、场合、对象都不同，这就要求教师与同事交谈时，做到语言运用与所处的特定交际环境相适合。

2. 得体原则

在与同事交往时，要做到得体，即说话要符合表达者个人的身份、地位、文化修养等特点；符合交际任务、交际目的的要求；符合特定听众对象、交际环境及交际气氛的具体要求。

与同事谈话时用语要注意平等相待，真诚感人，语气要平和。谈话双方意见不合时，不要恶语伤人，冒犯对方；不要讽刺挖苦、穷追不舍。要从言语策略入手，说服对方。总之，要多点喜悦，少点愤怒；多点谦和，少点傲慢。

3. 尊重谅解原则

尊重就是重视并恭敬地对待听众对象。在与同事交往中的尊重，主要体现在三个方

面：一是尊重对方的人格，二是尊重对方的秘密，三是回避对方的忌讳。尊重除了在言语内容上表现出来外，还有一个十分重要的言语标志，就是运用敬辞尊称和必要的客套语。它是情感交流的一种必要的方式，也是说话人社会身份、文化修养、道德水平的一种体现。

　　谅解是一种宽大为怀的表现。言语交往过程中的谅解，就是在体察对方心理，领悟对方用意的基础上，不去挑剔或指责对方的言语疏忽或错误。尊重是相对于对方的平等地位或自己的优势而言，谅解则是相对于对方的言谈过失而言的。言语交往过程中需要谅解的情形比较多。例如，所表达的意思对方一时领悟不了或者误解了原意；对方说起话来，因水平所限或情绪激动等词不达意；在特定语境中，对方说话因一时情急而言词激烈，甚至说了过头的话而造成言语冲撞等等。发生这类情形，只要对方不是故意所为、恶意相加，就应该予以体谅，心平气和地用言语加以疏导，促使交谈的深入进行。

思 考 与 练 习

思考题

1. 家访时与家长谈话可分几个阶段进行？

2. 家访前应做好哪些准备？

3. 与同事谈话应遵循哪些原则？

练习题

1. 假如你是幼儿教师，你在大班幼儿家长会上将讲些什么？

2. 你组织了一场师生同台的"教师口语技能大赛"，想请校长、校党委书记同时出席并讲话，你怎样分别说服他们？

3. 与同学轮流扮演教师与园领导，做模拟性工作交谈。

4. 同事遇到喜事，如受奖、晋级、出版专著等，你去贺喜，该说些什么？

5. 小明的父亲来园说，近日小明口吃越来越厉害，心中十分着急，希望得到帮助。根据小明父亲的请求，设计一段话，帮助家长解除顾虑，并增长矫正口吃方面的知识。

6. 家访模拟训练：征求家长对教师工作及幼儿园工作的意见、要求。

7. 接待家长来访的谈话训练：

　　两位同学，一位扮演学生家长，一位扮演教师，谈话的内容、时间、心境、地点均由扮演家长的同学设置，并在交谈中交代出来。

第十一章 学龄前儿童语言能力培养

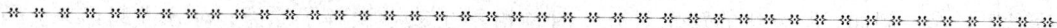

❖❖❖

第一节 学龄前儿童正常语言发展概述

儿童语言的发展是指儿童对母语的理解和运用能力随着时间的推移而发生变化的过程。尽管汉语是比较复杂的语言,但正常儿童到了三四岁时就已经掌握了汉语口语的主要部分,经过幼儿园教育,到了上小学前,他们已经能够用语言与他人进行简单的交际,在说话时正确地使用语言规则,还知道一定书面语言符号的意义。幼儿入园后,从家庭到幼儿园环境的变化及幼儿身心的发展使幼儿认知范围不断扩大,语言模仿能力迅速提高,为语言的发展提供了有利条件。因此学前教育阶段是母语学习的重要阶段,幼儿教师要遵循儿童语言的发展规律,在包括语言活动在内的幼儿园各项教育教学活动中,培养幼儿正常的语言能力,及时发现幼儿在语言学习中的异常现象,通过正确引导或适当纠正,使儿童健康地成长。以下分别从语言的语音、词汇、句子三方面介绍学龄前儿童正常语言发展的表现。

一、语音的发展

0~2岁的婴幼儿由咿呀学语阶段过渡到单双词句阶段。由于他们的发音器官不成熟,因此存在着许多语音错误。

3岁左右的幼儿发音器官不够完善,听觉的分辨能力和发音器官的调节能力都比较弱,对于区别较小的音,不易辨别出来;同时,又不会运用发音器官的某些部位,或者不能掌握某些发音方法,因而有发音不准确、不清楚的情况。

4岁以后的幼儿,发音器官已发育完善,如果坚持练习,进行反复的语言实践,幼儿就能掌握全部的语音了。但这时还会有个别幼儿对个别难发的音或某些相似的音感到困难,需要成人加以指导,反复练习。

到了6岁左右,幼儿在成人的正确指导下,能做到发音正确,咬字清楚,并能按语句的内容和情感的需要调节自己的音调,能清楚地分出四声。他们会有意识地对待自己的发音,同时也喜欢挑剔其他小朋友和周围成人发音的错误。会纠正、评价别人的发音。

3~6岁幼儿正处于学习口头语言的关键期,也是幼儿掌握语音的关键期,语音成为幼儿口语发展的重要因素。

二、词汇的发展

语言是由词以一定的方式组成的，词汇的发展可以作为语言发展的重要标志之一。

3～4 岁幼儿所掌握的词汇，大多以名词、动词为主。那些代表具体事物的名词和具体动作的动词是幼儿生活中常常经历和感知到的，所以容易掌握。幼儿运用形容词的能力也有了初步的发展，但只能掌握表明事物具体形态或性质的词，如大、小、冷、热、凉、长、短、高、矮等，运用起来也不够准确，常用大、小代替长、短、粗、细、厚、薄等。至于数词和量词就更难掌握了，他们常常以"个"、"只"来代替所有的量词，或者把量词相互用错，如："一只爸爸"、"一个裤子"、"一个饭"等。

5 岁左右是幼儿掌握词汇的数量逐渐增加的时期。幼儿对词义的理解较之以前深了，如 3 岁左右时只知道小孩有爸爸、妈妈，现在则知道大人也有爸爸、妈妈；对形容词的使用能做到理解词义，也能较为准确、恰当地使用。但他们对量词的掌握仍感到困难，只有那些能经常与具体事物相联系的量词，才能掌握熟练，如："一架飞机"、"一辆汽车"、"一只猫"等。表示时间概念的词，幼儿也经常运用不准确，他们常把昨天、今天、明天、后天等相混淆，如："昨天开运动会，我要赛跑。"

随着生活范围的扩大、知识经验的增加以及幼儿抽象逻辑思维和概括能力的发展，6 岁幼儿的词汇已经相当丰富，各类词汇都能掌握一些，对词义的理解也比较深刻。他们掌握了一些概括性的词汇，如玩具、水果、蔬菜、家禽等。对表明因果关系、条件关系的词汇，像"因为……所以……"、"如果……就……"等也慢慢能够运用了。

幼儿时期是掌握词汇最迅速的时期。随着年龄的增长，其掌握的词汇就会迅速增加。有研究表明：幼儿时期词汇增长高速期有两个，一个是在 3 岁，一个是在 6 岁，而 6 岁比 3 岁时增长更快。一般地说，3 岁幼儿能掌握 1000 个左右的词汇，到 6 岁就增加到 3000～4000 个了。

三、句子的发展

幼儿语句的发展主要表现在完整句的出现、复合句的发展、语句复杂程度提高、句型有所变化、具有明显语法意识等方面。

幼儿掌握语句规则是在与成人交往中，从自然地模仿成人语言习惯逐步过渡到掌握语法规则，将词组成句子来表情达意而实现的。

3 岁左右的幼儿已能用词组组成简单的句子来表达自己的意思，但句子经常不完整，常出现没有主语的短语或用词颠倒的情况，如"妈妈，吃药了。"（缺少主语我），又如"妈妈，我要铅笔，长的。"或把"我听不懂。"说成"我不听懂。"等。这时幼儿的语句非常简单，没有任何修饰成分，即使能说出"小白兔、大灰狼"等词，实际上也只是将这些短语作为一个词来学习、理解和运用的。如有的幼儿常说"灰的小白兔"，并没有区别出修饰词和被修饰词，只有经过成人正确教育和不断地同周围人们交往、反复实践，才能逐渐掌握语法规则。

4～5 岁幼儿已经能正确运用简单句子，说明自己的意思或描述见闻了。这时，他们的语言能力呈现出由单句向复句发展的趋势，复合句比例有所增加。但由于他们对关联词语运用还不够自如，所以常常省略关联词语，如"我个儿高，（所以）我排在后面。"、"因为下雨，（所以）没有去动物园"。随着句子中所含词汇量的增加，有修饰的语句占优势，如"妈妈，马路上的汽车真多，各种颜色都有。"有时幼儿对某些词义不完全理解，对句子形式的掌握也不准确，所以还常出现用词不当、逻辑混乱的现象，如"我有一架新飞机、新裤子，爸爸买的。"、"他一直在打人，今天。"这时的幼儿对语法有明显的意识，能发现别人说话时的语法错误，也怕别人笑话自己"说错话"。

6 岁左右的幼儿知识经验比较丰富，抽象思维也有了相应发展，已经掌握了更为复杂的语言形式，学会了运用各种复句。在复句中，幼儿使用最多的是联合复句，其中并列复句频率最高，并以因果、条件、转折等关系复句为主。疑问句的所有形式幼儿都已掌握，但他们对被动句的理解比较晚，只是初步了解，还谈不上真正理解和灵活运用。

第二节　学龄前儿童语言能力的培养

学龄前期是人一生中语言发展的重要时期，孩子对语音和语法体系的掌握，基本上是在这个时期完成的。因而教师要提高语言教育意识，给孩子创设一个良好的语言学习的环境，培养学龄前儿童语言能力，为孩子的语言发展打下一个良好的语言基础。

一、学龄前儿童语言能力培养的方法

学龄前儿童语言能力培养的方法很多，主要有以下几种：谈话法、讲述法、游戏法、表演法、利用文学作品法。

（一）谈话法

谈话法就是教师利用生活中遇到的各种事物向孩子提问，让孩子把自己的所感、所知、所想运用语言表达出来的方法。谈话活动主要目的是鼓励幼儿大胆地与他人交谈，勇于善于表达自己的意见和想法。谈话中轮换听和说、倾听对方、作出应答、说清意思、注意反馈等为语言交际能力的发展打下坚实的基础，谈话是培养幼儿口语表达能力最有效的方法。

谈话活动包括日常谈话和有计划的谈话活动。

1. 日常谈话

这是谈话活动中的一种重要形式。教师抓住一日活动中的各个环节与孩子进行交谈，交谈的话题可多可少，交谈的对象可以经常变化，交谈可以在任何情况下开始或结束，有利于幼儿言语表达能力培养。

如早晨来园、中午散步、下午游戏、离园前及晚饭后，教师都可以利用这些零散的时间与部分幼儿就某个话题进行交谈。

教师可以提问：

来园的路上都看到了什么？

今天是坐车来的还是走来的？

树叶有什么变化？

漂亮的衣服是谁买的？

今天幼儿园吃什么饭？

晚上谁来接你？

教师要利用一日活动的各个环节，为幼儿创造开口说话和与人交谈的机会，从而使幼儿能经常地练习和巩固已有的言语经验，提高对语言的敏感程度，不断地发展自己的口头表达能力。

2. 有计划的谈话活动

这类活动是教师制订一定的计划和教案，依据事先确定的话题，有目的地组织幼儿进行谈话。谈话的话题可以各式各样，凡是幼儿熟悉的、或是与他们的生活紧密相关的，都可以加以选择。如：

我最喜欢的玩具

快乐的"国庆节"

春游真快乐

冬天的雪花

我的好朋友

由于这类活动需要事先进行精心的准备和计划，因此，在指导活动过程中教师要注意以下两点：第一，要努力创设良好的语言环境，鼓励每位幼儿都能积极地发表自己的看法和见解。第二，要增加幼儿言语交往的机会。活动过程中，教师不仅要让幼儿自己说，还要让他们积极地与同伴交谈、与教师交谈，在交谈中学习他人有用的经验，不断提高言语运用能力。

有计划的谈话活动对幼儿的有意注意、有意记忆及言语能力有一定的要求，因此不太适合3岁以下幼儿，一般而言，这种教学活动在4岁以后开始进行。

幼儿需要有机会在不同环境中听、说，相互交流。教师应多为幼儿提高交往机会，让幼儿在感知、理解的基础上，在比较宽松民主的氛围中，与成人、同伴多角度交流，从而提高幼儿的口语表达能力。

【活动设计】

活动名称：谈话《快乐的"国庆节"》（大班）

活动目标：

1. 用连贯的语言围绕"国庆节"进行谈话。

2. 学会耐心倾听他人谈话，能清楚地围绕中心话题和同伴进行交谈并逐步拓展谈话内容。

3. 能大方地向同伴、老师表达自己的想法。

活动准备：

1. 幼儿提供有关"国庆节长假"的资料。（如：照片、纪念品、图片等）

2. 画笔、图画纸若干。

活动过程：

一、创设情境，引发幼儿谈话兴趣

引入谈话主题："小朋友们，教室里展出了你们带来的很多的'国庆节'旅游的纪念品、照片和图片。大家自由看看，边看边向你身边的小朋友介绍一下：这个国庆节你去了哪里，你和谁去的，有什么好玩的，在那里发生了什么开心的、难忘的事情，相互说一说。"

二、幼儿围绕话题交谈

1. 幼儿自由交谈

幼儿边观看展品边围绕"快乐的国庆节"自由组合交谈，如有出去旅游的幼儿可以讲述去过的地方及见闻等，教师以平等的交谈者参与幼儿的谈话交流。

2. 集体交谈

(1) 幼儿分成若干组，以组为单位互相交谈。

(2) 每组请一位代表围绕国庆节话题进行讲述。

三、绘画交谈

1. 幼儿绘画。将自己在国庆节中的见闻用绘画的形式表现出来，并相互交流。

2. 在幼儿绘画并交谈的基础上，教师请幼儿各自拿着自己的画，围绕"快乐的国庆节"进行集体交谈，逐步拓展话题内容。

(1) 谈谈自己觉得最有趣的地方，为什么有趣。

(2) 谈谈自己画的内容。

(3) 畅想一下自己明年准备怎么过快乐的国庆节。

(4) 如果在国庆节长假中要做一件有意义的事你最想做什么？

针对每个问题，教师面向全体幼儿提出后，先请幼儿同他身边的幼儿进行交流，使每个幼儿参与谈话，然后请个别幼儿围绕问题面向全体幼儿进行交流。

四、画展

幼儿将自己的画放在展板上展览。

(活动设计由丹东市第三幼儿园杨书提供)

(二) 讲述法

讲述法就是儿童借助实物、范图、情景表演等凭借物来讲述其内容的方法。讲述要求语言内容比较丰富，语句结构比较完整，运用的是比较连贯的独白语言，它能培养幼儿独立构思和完整表述的语言能力。

不同的年龄段讲述活动的凭借物有所区别：小班幼儿由于其言语年龄和认知能力的局限，主要进行实物讲述或简单的图片讲述，只要能将实物和图片的主要特征描述得清楚完整即可达到要求；而对中、大班的幼儿来讲，不但要针对实物、图片和情景进行充分地讲述，还要学习如何利用凭借物进行创造性的讲述，即在凭借物本身意思的基础上，运用想象力创编出超越其原先内容的故事或事件。

幼儿讲述的内容包括以下几方面：

1. 用几句话描述物体；

2. 描述图片上的物体或人们的动作；

3. 讲述自己的经验(亲身经历的过程)；

4. 讲述图片所表现的事情(着重在事物之间的关系)；

5. 讲述图片内容所发生事情的过程(用想象补充情节)；

6. 能理解几幅图片所表现的情节，并进行连贯的讲述。

如大班看图讲述"下雨了"，幼儿首先要完整地认识图片，了解图片上的人物是一个小女孩和一个老奶奶，观察分析小女孩与老奶奶之间发生的事情，并在理解的基础上，描述人物的动作和事件的主要内容。其次，要引导幼儿认识并思考人物的内心世界和对话。最后，要求幼儿将图画的内容清楚、有条理地讲述出来。

看图讲述：《下雨了》

一天傍晚，突然下起雨来。一位小姑娘到车站去接妈妈。一辆公共汽车靠站了，从车上下来一位老奶奶。老奶奶没带伞，心里很着急。她用手遮着头，低头急忙向前走。小姑娘看到了，就追上去说："老奶奶，慢点走，我送您回家。"老奶奶笑着说："谢谢你，好孩子。"车上的乘客看到了，都笑着夸奖说："真是个好孩子。"

（看图讲述选自高等教育出版社《幼儿语言教育指导》）

在讲述中，教师要指导幼儿，让幼儿掌握讲述对象的重点部分要多讲；次要部分可以少讲。当然这种讲述方法对幼儿分析、概括等思维能力的要求较高，因此一般在中班后期开始培养。

如果是实物讲述，就要培养幼儿按照一定的顺序进行讲述的能力。这种顺序包括从上到下，从左到右，从大到小，从近及远，从表面到本质的讲述。

教师要鼓励幼儿多讲述，并对幼儿的讲述表示强烈的兴趣，注意倾听，适时给予鼓励，以增强幼儿讲述的欲望和信心，促进其语言发展。

【活动设计】

活动名称：看图讲述《西瓜船》（小班）

活动目标：

1. 会注意观察图片，能讲出图片中的主要内容。

2. 提高观察力、想象力及口语表达能力。

3. 体会帮助别人的乐趣。

活动准备：教学挂图《西瓜船》、头饰（两只老鼠、一个只白鹅）、一个小盆（当西瓜船）

活动过程：

一、观看图片　进行猜想

出示教学挂图三（西瓜皮进水倾斜了，老鼠很惊慌，大声喊"救命啊!"远处水中一只白鹅正往这边望。）

请幼儿仔细观察：这幅图里有谁？在什么地方？猜猜看：小老鼠怎么了？为什么快要掉到河里了？引导幼儿自由发挥想象，说出理由。

二、观看图片　进行提问

出示完整图片，请幼儿连贯看图后，再逐一观看每幅图片，并回答下列问题：

1. 观看教学挂图一

提问：你从这幅图中看到了什么？两只小老鼠在干什么？（一个晴朗的早晨，两只小老鼠费力地把半个大西瓜皮抬到河边当船。）

2. 观看教学挂图二

提问："西瓜船"在河中变成什么样了？为什么？（在河中，两只小老鼠正在"西瓜船"里啃西瓜皮，"西瓜船"被它俩咬出了大豁口。）

3. 观看教学挂图三

提问："西瓜船"怎么了？小老鼠在做什么？还有谁在河里？（"西瓜船"马上要沉底了，小老鼠很害怕，大声喊："救命啊!"一只大白鹅正在河里散步，看到后，急忙向这边游来。）

4. 观看教学挂图四

提问：是谁救了小老鼠？大白鹅是怎样说的？小老鼠又是怎样说的？（大白鹅说："别

害怕，快到我的背上来，我带你们过河。"小老鼠说："谢谢你，大白鹅！"大白鹅驮着两只小老鼠很快游到河边，远处的"西瓜船"也沉没了。）

三、观看图片　进行讲述

1. 引导幼儿给讲述的故事起名字。

2. 完整讲述：引导全体幼儿和老师一起，根据挂图的内容连贯地进行讲述，说完整话。

3. 组图讲述：每次由4名幼儿分别讲述四幅挂图，完成整个故事讲述。（先请能力强的幼儿，再请能力一般的幼儿进行讲述，请两组。）

四、想象讲述

教师提问："小老鼠的西瓜船坏了，还有谁可能帮助他俩呢?"鼓励幼儿大胆想象，培养发散思维，同时体会帮助别人的乐趣。

五、表演讲述

请幼儿戴上头饰分别扮演图中的小动物，进行表演，教师道白。

六、小结

教师对幼儿的表演、讲述进行小结。

附：看图讲述（图略）

西 瓜 船

图一：一个晴朗的早晨，两只小老鼠抬着大半个西瓜皮来到小河边，准备用西瓜皮当船过河。

图二：在河中，两只小老鼠忍不住啃起了"西瓜船"，它俩你一口，我一口，"西瓜船"被咬出了大豁口。

图三：眼看"西瓜船"进水，就要沉底了。它俩很害怕，慌忙喊："救命啊！救命啊!"一只大白鹅正在河里散步，看到后，急忙向这边游来。

图四：大白鹅说："别害怕，快到我的背上来，我带你们过河。"小老鼠说："谢谢你，大白鹅！"大白鹅驮着两只小老鼠很快游到河边，远处的"西瓜船"也沉没了。

（看图讲述选自辽宁师范大学出版社《幼儿园探究式活动课程教师用书》；活动设计由丹东市第二幼儿园李军提供）

（三）游戏法

游戏法是指教师运用有规则的游戏，训练儿童正确发音，丰富儿童词汇和学习句式的一种好方法。它将教学任务与游戏结合起来，语言训练于游戏之中，使幼儿在轻松愉快的气氛中进行学习，以激发学习兴趣，增强幼儿学习的主动性和积极性，从而提高学习效率。

语言游戏是幼儿非常喜爱的教学形式，各年龄阶段都可以运用，年龄越小的班级，运用得越多。

如：《传话游戏》可以训练幼儿认真倾听、发音准确的能力。

传 话 游 戏

玩法：把幼儿分成若干组，每组站一排，老师把要传的话告诉各组的第一名幼儿，并由第一名幼儿开始，以悄悄话的形式一个一个往下传，最后看哪一组幼儿传得准确，传得快，则为最后胜利组。

游戏《以字连词》可以启发幼儿联想，训练幼儿的思维及口语表达能力。

以 字 连 词

玩法：由教师或小朋友提出一个字，然后让孩子说出和这个字相连的词，说得越多越好。如：教师说"花"字，孩子们可以联想说出：花篮、花环、鲜花、花坛、花布、花手绢、花边、花蝴蝶、花盆、花架、玫瑰花……

照以上的玩法，教师可以依次提出其他的字，让幼儿来连词。如："车、水、火、木、纸、树"等字。

这些游戏都要求幼儿注意听，而且要一边听一边思考。同时游戏中加入一些有趣的情节或竞赛性质，有助于幼儿积极认真地参加游戏，在体验愉快情绪的同时练习听音辨音能力。

此外，教师可以通过角色扮演方式让幼儿练习口语交际。

如游戏《开商店》，游戏过程中要求幼儿能用完整、准确的语句说出要买的东西。

开 商 店

玩法：将幼儿的玩具收集到一起，如洋娃娃、娃娃穿的衣服、鞋、帽、各种玩具式的餐具、枪、汽车等。由老师扮演售货员，幼儿扮演顾客。

幼儿说：阿姨，我要买一条裤子，我要买一个玩具，我要买一件衣服。说对了，教师将物品给幼儿。

如果在游戏中幼儿出现语句上的错误，应及时纠正。

成人要经常组织幼儿玩各种游戏，除语言游戏外，还包含与同伴之间交往的游戏，如角色游戏、建构游戏、体育游戏等。通过对话、对答、叙述等，培养幼儿语言的完整性、用词的准确性，发展幼儿的语言。

【活动设计】

游戏名称：游戏《听声音传卡片》（大班）

游戏目标：练习使用"有……有……还有"的句式，正确使用量词只、条、头。

游戏准备：准备若干图片，每张上画着3件物品，装入信封。

游戏过程：

幼儿围坐成一个圆圈，教师敲小铃，幼儿随铃声依次传递装有卡片的信封。铃声一停，信封传到谁手中，谁就在信封中抽取一张卡片，然后用"有……有……还有"的句式来说清卡片上的物品。如拿到绘有猫、狗、牛的卡片，就要边展示卡片给大家看，边讲："图上有一只猫、有一条狗，还有一头牛。"如果说对了，请全体幼儿重复一遍，说错了则由他人纠正。然后继续游戏。

（游戏选自高等教育出版社《幼儿语言教育指导》；活动设计由丹东市第三幼儿园杨萍提供）

（四）表演法

表演法是指为幼儿提供一定的道具，并让幼儿了解一个特定的故事情节，通过扮演其中的角色来体会角色的语言，从而丰富自己的语言，使语言表达具有连贯性、完整性和一定的逻辑性。

表演法的运用是幼儿综合素质的一种体现。在表演中，幼儿态度大方，声音响亮，培养并锻炼了幼儿的胆量。在表演过程中，幼儿应懂得使用适当的言语表情，如：高兴时表情面带笑容，愤怒时表情严肃，还有在模仿不同小动物的声音时要用不同的语言。如：小熊的语言要粗一些，重一些，语速要慢一些；小松鼠的语言要细一些，轻一些，语速要快一些等。

例如中班故事《三只蝴蝶》：

三 只 蝴 蝶
杜 巍

花园里有三只蝴蝶。一只蝴蝶是红的，一只蝴蝶是黄的，一只蝴蝶是白的。他们天天在花园里一块儿游玩，非常快乐。

有一天，他们正在草地上捉迷藏，突然下起大雨来。

他们一起飞到红花那里，齐声向红花请求说："红花姐姐，红花姐姐，大雨把我们的翅膀打湿了，大雨把我们淋得发冷了，让我们飞到你的叶儿上避避雨吧！"

红花说："红蝴蝶的颜色像我，请进来；黄蝴蝶，红蝴蝶，快点飞开！"

三只蝴蝶齐声说："我们三个好朋友，相亲相爱不分手，要来一块儿来，要走一块儿走。"

雨下得更大了，三只蝴蝶一起飞到黄花那里，齐声向黄花请求说："黄花姐姐，黄花姐姐，大雨把我们的翅膀打湿了，大雨把我们淋得发冷了，让我们飞到你的叶儿下避避雨吧。"

黄花说："黄蝴蝶的颜色像我，请进来；红蝴蝶，白蝴蝶，快点飞开！"

三只蝴蝶齐声说："我们三个好朋友，相亲相爱不分手，要来一块儿来，要走一块儿走。"

三只蝴蝶一起飞到白花那里，齐声向白花请求说："白花姐姐，白花姐姐，大雨把我们的翅膀打湿了，大雨把我们淋得发冷了，让我们飞到你的叶儿下避避雨吧。"

白花说："白蝴蝶的颜色像我，请进来；红蝴蝶，黄蝴蝶，快点飞开！"

三只蝴蝶，一齐摇摇头说："我们三个好朋友，相亲相爱不分手！要来一块儿来，要走一块儿走。"

三只蝴蝶在大雨里飞来飞去，找不着避雨的地方，真是着急呀！可是他们谁也不愿意离开自己的朋友。

这时候，太阳公公从云缝里看见了，连忙把天空的乌云赶走，吩咐雨别再下了。

天晴了，太阳公公发出热的光，把三只蝴蝶的翅膀晒干了。三只蝴蝶迎着太阳，一块儿在花园里快乐地跳舞游戏。

表演《三只蝴蝶》这一故事时，在幼儿理解了故事基本内容之后，教师可以让幼儿分组制作三只蝴蝶和花朵的头饰，并让幼儿边制作头饰边模仿蝴蝶的对话，并尽可能地想像蝴蝶的动作表现。制作完的幼儿可以到活动室的一角，戴上头饰，随着录音机的录音将故事的主要情节用语言和动作表演出来，并学说其中的关键词句："我们三个好朋友，相亲相爱不分手，要来一块儿来，要走一块儿走。"全部道具制作结束后，教师指导全班幼儿边学边演，在寓教于乐中完成教学任务。

故事中，三只蝴蝶与红花姐姐、黄花姐姐、白花姐姐的这些对话，语言完整，而且具有一定的逻辑性。幼儿在表演时，既要把语言清楚地表达出来，还要加上一定动作、表情，语气也跟着情节的变化而变化。通过这种表演，幼儿的语言得到了很好的发展，情感在一定意义上也得到了升华。

【活动设计】

活动名称：故事《春天的电话》（中班）

活动目标：

1. 学习复述和表演故事，初步掌握角色对话时的表情和动作。

2. 知道同伴之间要友好相处，团结友爱。波波嘟亲子网—bb J1o H U

活动准备：学习故事《春天的电话》、教学挂图、故事手偶、动物头饰。

活动过程：

一、听故事

播放故事录音，请幼儿再次倾听故事。

二、手偶表演故事

1. 每个幼儿带上自己喜欢的手偶玩具，分别扮演小熊、小松鼠、小白兔、小花蛇、小狐狸；教师道白，幼儿用手偶进行表演。

2. 将幼儿分组，每组6人。5人扮演小动物，1人当解说。边表演，边复述小动物的话，体会活动的乐趣。

3. 每组轮换角色，表演故事，教师巡回指导。

三、情景表演

将幼儿分组，每组5人，分别戴小熊、小松鼠、小白兔、小花蛇、小狐狸头饰，到前面进行表演。教师道白，并指导。

附：故事

春天的电话

轰隆隆！打雷了。睡了一个冬天的小黑熊被惊醒了，揉揉眼睛，打开窗户，往外一看，"啊，原来是春天来了！"

它连忙拿起电话，拨电话号码"12345"："喂，小松鼠吗？春天来了，树上的雪融化了，快出来玩吧。"

小松鼠听了电话，拨电话号码"23451"："喂，小白兔吗？春天来了，山坡上的草绿了，快出来吃草吧。"

小白兔听了电话，拨电话号码"34512"："喂，小花蛇吗？春天来了，河里的冰都融化了，快出来游泳吧。"

小花蛇听了电话，拨电话号码"45123"："喂，小狐狸吗？春天来了，地下的虫子爬出来了，快出来找食物吃吧。"

小狐狸听了电话，拨电话号码"51234"："喂，小黑熊吗？春天来了，山上的花开了，快出来采花吧。"

小黑熊听了电话，高高兴兴地来到外边，看见大伙儿全出来了。小松鼠指着小熊说："我们应该谢谢小黑熊，是它第一个给我打的电话！"

小黑熊听了，连忙用两只小手捂住脸，不好意思地连声说："不用谢，不用谢。"

（故事选自辽宁师范大学出版社《幼儿园探究式活动课程教师用书》；活动设计由丹东市第三幼儿园杨长玉提供）

（五）利用文学作品法

利用文学作品法是指利用学习幼儿文学作品来培养幼儿语言能力的方法。

幼儿文学体裁主要有幼儿诗歌、童话、幼儿故事、幼儿散文等。这些作品简单，富有趣味性和娱乐性，为儿童提供了交际语言和文学语言素材。幼儿通过倾听、理解某一文学作品的主要意思和内容，将自己对文学作品的理解和对文学语言的感受用语言表达出来，不但语言能力得到了提高，而且使之感受到了语言的丰富和优美，同时也加深了对作品的体验和理解，培养了幼儿的审美能力和文学理解力及想象力。

1. 幼儿诗歌

幼儿诗歌是儿童文学作品的重要组成部分，包括儿歌、绕口令、谜语、浅显的古诗、幼儿诗等。

幼儿诗歌一般具有一定的主题，语言精炼、优美，想象丰富，节奏感强，朗朗上口，富有情趣，为幼儿所喜爱。通过让幼儿学习各种类型的诗歌，可以充实幼儿的语言，使幼儿学习诗歌的过程成为储存语言的过程。也许有些语言一时用不上，但随着幼儿语言能力的提高，他们会在不知不觉中把诗歌语言运用于口语表达之中。

（1）儿歌。儿歌是适合婴幼儿听赏念唱的简短的歌谣体诗歌，它是人一生中最早接触、最易接受的一种文学形式。它以口耳相传的形式传播，给孩子带来了无穷的乐趣。教师可教给幼儿一些儿歌，让其复述，培养他们听音、发音的准确性。

五 指 歌

一个手指头按门铃，

两个手指头捡豆豆，

三个手指头扣钮扣，

四个手指头提兜兜，

五个手指头排皮球。

这首儿歌可帮助幼儿掌握韵母 ou（豆、扣、兜）和 iu（球）。并要求幼儿理解动词，边说边做动作，手口协调一致，体验乐趣。

彩 虹

高高天上架彩桥，

不用砖头和涂料，

是谁这样好手艺，

太阳公公把它造。

这首儿歌主要是要求幼儿掌握韵母 ao（桥、料、造），并要求幼儿学会朗诵儿歌，了解彩虹的颜色、形状，感受儿歌的韵律。

教师在教儿歌时应注意，首先要帮助幼儿理解儿歌的内容，然后再学习朗诵，教幼儿朗诵时，速度要慢些，以便幼儿听得清跟得上。先让幼儿轻声跟着念，等基本熟练后，再放大声跟着念，最后，让幼儿学会背诵。

【活动设计】

活动名称：儿歌《兔子笑什么》（中班）

活动目标：

1. 理解儿歌内容，能流畅朗诵。

2. 了解几种动物的主要特征。

3. 懂得不嘲笑他人，学习尊重他人。

活动准备：有关儿歌内容的图片，儿歌《兔子笑什么》磁带，大象、河马、犀牛、熊猫、兔子的头饰若干，小粘贴若干。

活动过程：

一、观察图片

出示图片，引导幼儿观察：图片上有谁？（兔子、大象、河马、犀牛、熊猫）它们长得什么样？兔子有什么表情？

二、学说儿歌

1. 欣赏儿歌

(1) 请幼儿听录音欣赏儿歌，然后根据儿歌内容回答：儿歌里谁在笑？笑什么？兔子后来怎么了？

(2) 请幼儿边看图片边听儿歌，分句引导幼儿观察大象（细尾巴）、河马（大嘴巴）、犀牛（独角）、熊猫（黑眼圈）、兔子（三瓣唇）的主要特征，进一步理解儿歌内容。

(3) 交流讨论：兔子的嘴唇为什么会裂成三瓣？引导幼儿说出是嘲笑别人造成的，帮助幼儿理解嘲笑他人是不礼貌的，要尊重别人。

2. 学说儿歌

(1) 接龙游戏

教师说上半句，请幼儿跟读下半句，注意提醒幼儿正确发音，区分平翘舌音，如：嘴、三、在、死、唇、成、长（zhǎng）、长（cháng）。

(2) 创编动作

根据儿歌内容边做动作边学说儿歌：

如大象长条长尾巴——两手臂做大象鼻子状后一只胳臂在屁股后伸长；

河马嘴巴实在大——双手在嘴旁张合两下；

犀牛只有一只角——拳头一只挑大拇指在前额；

熊猫的眼镜断了架——双手握空心拳在眼前；

哈哈哈，哈哈哈——双手捂肚子笑弯腰两次；

兔子越想越好笑——拍手自转一圈；

哎哟哟，痛死啦——手捂嘴巴；

嘴唇裂成三瓣啦——手指嘴唇再伸三个手指。

(3) 学说儿歌

引导幼儿完整地学说儿歌，跟随老师、分组或集体练习朗诵。

3. 表演

分角色戴头饰扮演四个动物边朗诵儿歌边表演。

三、小竞赛

看谁说得好。幼儿分组以竞赛形式朗诵儿歌，分发小粘贴鼓励进步的，表扬朗诵自然、流畅的，并教育孩子不要嘲笑他人。

活动延伸：

请家长帮助孩子熟悉儿歌内容，会用语言描述动物的明显特征。

附：儿歌

兔子笑什么

大象长条长尾巴，河马嘴巴实在大，

犀牛只有一只角，熊猫的眼镜断了架。

哈哈哈，哈哈哈！兔子越想越好笑，

哎哟哟，痛死啦！嘴唇裂成三瓣啦！

（儿歌选自辽宁师范大学出版社《幼儿园探究式活动课程教师用书》；活动设计由丹东市第一幼儿园郭天晶提供）

（2）绕口令。绕口令是我国一种传统的语言游戏，又称"急口令"、"拗口令"。它是利用一些读音相近的字词造成语音拗口的儿歌。由于拗口，又要求清晰、正确、快速、流畅地念出，因此，读起来极为绕口，容易混淆。如果读得又快又准，也会感到极大的乐趣。绕口令是一种很巧妙的语言游戏，可以训练幼儿口齿清楚和吐字辨音的能力。

小小和巧巧

有个宝宝叫小小，

小小的姐姐叫巧巧。

巧巧和小小，

同去看姥姥。

姥姥见了哈哈笑，

一手挽着巧巧。

一手挽着小小。

巧巧和小小，

都是好宝宝。

这首绕口令意在帮助幼儿发好两个舌面音"x、q"，同时区别四个发音相近的音节："xiao、qiao、lao、bao"。其中插有一定的情节，内容生动而风趣。幼儿在吟诵的同时，矫正了读音，还获得了快乐。

小石和小思

小石和小思，

同住一屋子，

小石在读诗，

小思在玩石，

小石让小思读诗，

小思让小石玩石。

这首绕口令中的"思"、"诗"、"石"的几个字读音易混淆，教师要指导幼儿发好平翘舌音。

【活动设计】

活动名称：绕口令《娃娃和妈妈》（中班）

活动目标：

1. 简单了解绕口令的特点，会说绕口令，能发准"娃、画、妈、花"的音。

2．养成倾听的习惯。

3．喜欢说绕口令，体会学习绕口令的快乐。

活动准备：

1．磁带：绕口令《娃娃和妈妈》。

2．画有与绕口令内容一致的图片。

3．"娃、妈、画、花"的字卡，西瓜和南瓜小图片若干。

活动重点：学会说绕口令。

活动难点：发准"娃、画、妈、花"的音。

活动过程：

一、活动导入，激发幼儿的学习兴趣。

出示图片，请幼儿仔细观察画面，回答问题。

教师提问：画面中都有谁？他们在做什么？

引导幼儿说出绕口令的内容。教师注意提示幼儿发准"娃、画、妈、花"的读音。

二、传字游戏

老师出示"娃"字，接着把"娃"字说给一排的第一个人听，一直往下传，传到最后一个人时大声念出，若念对，全体幼儿就跟着练习发"娃"字的音。（同样方法练习发"画、妈、花"字的音。）

三、欣赏绕口令

播放磁带《娃娃和妈妈》，请幼儿仔细倾听。

1．教师提问：听一听绕口令中有刚才我们传字游戏中的哪个字？

2．绕口令讲了些什么？（指点图片及文字标记引导幼儿讲述绕口令的内容）。

四、观看图片，学习绕口令

1．教师带领幼儿看图片朗诵绕口令一到两遍。请幼儿采用跟读的方法学说绕口令。

2．分角色学习绕口令。

请幼儿分别扮演娃娃和妈妈，分句说绕口令，比比看谁说得好。如扮演娃娃的说"娃娃画画"，扮演妈妈的说"妈妈绣花"。

五、玩游戏

1．将全班幼儿分成西瓜队和南瓜队两队，用轮流的方式念绕口令。

2．念绕口令时，声音响亮清楚正确的一队就添上一个瓜，念错的一队就不得瓜。最后得瓜多的一队为胜利的队。

六、巩固复习

绕口令接龙：幼儿轮流说出一首绕口令，看谁说得快又准。

附：绕口令

娃娃和妈妈

娃娃画画，妈妈绣花。

娃娃画绣花的妈妈。

妈妈绣画画的娃娃。

（绕口令选自辽宁师范大学出版社《幼儿园探究式活动课程教师用书》；活动设计由丹东市第三幼儿园梁利娜提供）

（3）谜语。谜语是一种有趣的智力游戏，是幼儿非常喜爱的活动形式之一。它通过对事物形状、性能、动态、用途、色调、声响等特征的描述，让幼儿从描述的情况中猜出隐藏物体的名称，称为谜底。对谜底而言，谜语就是谜面。猜谜是幼儿喜欢的智力活动，既能满足幼儿的好奇心和好胜心，又能发展幼儿的智力和语言能力。

如以"花生"为谜底的谜语，谜面是这样的：

谜面：麻屋子，

红帐子，

里面睡个白胖子。

（谜底：花生）

谜语运用了比喻、拟人的手法，通过形象化的语言把花生的特点准确地描述出来，同时又把花生这一事物隐藏起来，让幼儿猜测。在猜测的过程中，既能加深幼儿对花生特征的理解，又能够丰富幼儿的语言，还能使幼儿体味到猜谜的乐趣，可谓一举多得。

谜面：小小一座房，

有门没有窗。

鱼肉水果排成行，

外边热来里面凉。

（谜底：冰箱）

冰箱是长方体，像一座房子，里面可以储存一些鱼肉等食品，它最明显的特征是里面温度低，根据生活经验，幼儿也会猜出谜底是冰箱。

教师不仅可以经常让幼儿练习猜谜语也可以让幼儿尝试着自己编谜语，这就是要求幼儿必须掌握事物的明显特征，如果幼儿能很好地理解事物，就会自己编出谜语。

【活动设计】

活动名称：谜语《小白兔》（中班）

活动目标：

1. 初步了解谜语的特点，学习猜谜语。

2. 养成倾听、分析判断的能力。

3. 喜欢猜谜语，体会猜谜的快乐。

活动准备：图片：小白兔、小猫、小狗等。

活动过程：

一、谈话活动

提问：小朋友，你们都喜欢什么小动物？（引出小兔、小猫、小狗等动物。）

二、学猜谜语

1. 向幼儿介绍猜谜语游戏，使幼儿知道谜语分为谜面和谜底。

2. 教师说小白兔谜面，让幼儿猜

红眼睛，白皮袄，

长耳朵，四只脚。

爱吃萝卜和青草，

走起路来蹦蹦跳。

引导幼儿猜出谜底，并说出理由。

3. 观察图片找特征。

教师出示小白兔图片，引导幼儿观察图片。

提问：小白兔长的是什么样子？最爱吃什么？它是怎样走路的？

引导小朋友说出它的主要特征(红眼睛、白皮毛、长耳朵、四只脚；爱吃萝卜、爱吃草、走路蹦蹦跳跳。)

4. 教师与幼儿共同分析谜面，边说谜面边看图，帮助幼儿理解谜面说的是谜底的主要特点。

教师：刚才老师说的儿歌就是小白兔这首谜语的谜面。谜语分为谜面和谜底。谜面可以用儿歌的形式说

出谜底的主要特征，而且不能太长，谜底就是答案。

5. 学说谜语《小白兔》。

三、尝试编谜、猜谜

1. 请幼儿观察小猫图片，教师引导幼儿根据它的外形特征和生活习性尝试编"小猫"的谜语。

2. 教师出示小狗的图片，指导幼儿尝试编谜面、练习猜谜。

活动延伸：

请家长协助，与小朋友共同收集谜语，在语言的活动区内玩猜谜、编谜游戏。

附：谜语

谜面	谜面	谜面
红眼睛，白皮袄，	像虎比虎小，	一个小动物，
长耳朵，四只脚。	日夜勤操劳。	蹲在大门口。
爱吃萝卜和青草，	最爱捉老鼠，	两眼黑黝黝，
走起路来蹦蹦跳。	唱歌喵喵喵。	爱吃肉骨头。
(谜底：小兔)	(谜底：小猫)	(谜底：小狗)

(活动设计由丹东市第二幼儿园云鸣提供)

(4)古诗。我国诗歌的历史源远流长，内容非常丰富，古诗中有不少通俗易懂又具有教育意义的作品，如《咏鹅》这首古诗，它只用了十八个字，就绘声绘色地描述白鹅浮游在碧水之中，引颈高歌、红掌清波相映成趣的生动景象。《悯农》描写了古代农民种地的辛苦，说明了粮食来之不易，教育幼儿要珍惜农民的劳动果实，其主题思想和教育意义是非常明显的。这些古诗是幼儿能读懂的，成人可以在幼儿 5 岁左右教给他们。让幼儿学习古诗，可以使其记住大量的美诗佳句，储存大量优美的语言，初步欣赏我国古诗的语言艺术，为他们今后运用语言打下坚实的基础；同时还可以对幼儿进行爱国主义的教育，培养民族自豪感。

在教古诗时，教师首先使用观察、提问、谈话和讲述法，一边引导幼儿观察，一面提出问题，和幼儿谈话。谈话的内容要围绕诗的内容来进行。在幼儿对图片所表现的内容有了初步理解后，让幼儿说一说诗歌里讲了些什么，对幼儿不理解的诗句，再用讲解法讲解。接着，教师做声情并茂的示范朗诵，调动起幼儿学习的积极性。最后教幼儿朗读或背诵。

【活动设计】

活动名称：古诗《咏鹅》(大班)

活动目标：

1. 会朗诵古诗，理解古诗大意，体会古诗的韵味。

2. 能大胆地表现自己。

活动准备：

多媒体课件、古诗磁带、轻音乐磁带、鹅宝宝头饰人手一个、方板围成一个小"池塘"。

活动过程：

一、情境游戏

通过鹅妈妈带着鹅宝宝去游玩，激发幼儿参与兴趣。

1. 教师："宝宝们，今天的天气可真好，妈妈带你们到池塘里去游泳吧！"

2. 听音乐做戏水的动作。（伸伸脖子、理理羽毛、划划水）

3. 教师："游累了，我们来休息一下，你们看！这里又游来了几只小白鹅，我们仔细看看它们在干什么？"

二、结合多媒体，初步欣赏古诗《咏鹅》。

1. 播放多媒体课件，幼儿欣赏古诗《咏鹅》。

2. 教师提问："画面里有谁？它在干什么？它都有哪些动作？"（引导幼儿说出：一只大白鹅，伸着脖子在歌唱，白白的羽毛浮在水面，红色的脚掌在划水。）

三、再次结合多媒体，通过观察、模仿动作，进一步理解诗意。

1. 教师："它们是怎么在跳舞的呀？它们的脖子是怎样的？"（它们伸着脖子，头还抬得高高的一边跳舞一边还唱着歌呢：曲项向天歌）引导幼儿集体模仿动作和熟悉诗句。

2. 教师："它们的羽毛是什么颜色的？"（白白的羽毛）"哦，你看它们还在水里游泳呢？"（白毛浮绿水）引导幼儿集体模仿动作和熟悉诗句。

3. 教师："它们的小脚是什么颜色的呀？"（红红的）"那它们是怎样游的呀？哦，像划船一样的，我们来学学看。"（红掌拨清波）集体模仿动作和熟悉诗句。

四、播放古诗，完整欣赏古诗《咏鹅》，感受古诗的韵律。

五、朗读诗歌

1. 结合多媒体画面，引导幼儿跟随教师朗读古诗，注意朗读的语速稍慢些。

2. 鼓励幼儿边做动作边有感情的大声朗读诗歌。

六、古诗表演

教师："我们现在随着音乐来学学小白鹅的样子。"（幼儿带上头饰，一起随音乐表演，边表演边朗诵古诗《咏鹅》。）

附：古诗

咏　鹅

骆宾王

鹅鹅鹅，

曲项向天歌，

白毛浮绿水，

红掌拨清波。

（活动设计由丹东市第一幼儿园徐晓梅提供）

（5）幼儿诗。幼儿诗是为幼儿创作，适合幼儿的理解水平，符合幼儿的审美情趣，以抒发他们的情感为主要内容，供他们吟诵和欣赏的诗。与儿歌相比，幼儿诗更注重情感的抒发、思想内涵的锤炼、意境的营造和表达的含蓄。幼儿诗适合于幼儿园大、中班和小学低年级的孩子学习，成人可教幼儿一些诗歌，培养他们感受美、欣赏美、表现美的情趣。

儿童诗有的比较规整，有的像自由诗，它的排列、表达较自由，因此，我们在朗读时要怀着一颗童心，用孩子的视觉来观察世界，用孩子的感受来朗读作品，这样在表达上更接近幼儿，更容易被幼儿所接受。

【活动设计】

活动名称：诗歌《亲爱的老师，谢谢您》(大班)

活动目标：

1. 感受诗歌的语言美，能有感情地朗诵诗歌。

2. 理解教师工作的辛苦，萌发热爱教师的情感。

活动准备：

1. 有关诗歌《亲爱的老师，谢谢您》挂图1张、录音磁带1盒。

2. "xx 和 xx 在一起"的图文句式卡4张，内容与诗歌内容相符(其中，"小鸟、蓝天、花朵、绿叶、星星、月亮、老师和小朋友"用图表示，"和、在一起"用文字表示)。

3. 小鸟、蓝天、花朵、绿叶、星星、月亮、小朋友的头饰若干。

活动过程：

一、谈话导入

1. 出示诗歌挂图，请幼儿观察并说出图片上都有什么？(小鸟、蓝天、花朵、绿叶、星星……)

2. 引导幼儿从图片中找出四对好朋友，并让幼儿说一说为什么他们是好朋友？(如，小鸟在蓝天上飞翔，花朵开在绿叶中……)，每找出一对好朋友，教师便把相对应的图文句式卡按照诗歌的顺序摆放好。

3. 教师引导幼儿根据句式卡提示，边看边说出诗歌内容前四句："小鸟和蓝天在一起，花朵和绿叶在一起，星星和月亮在一起，我们和老师在一起"。

二、学习诗歌

(一)欣赏，初步感知诗歌内容。

1. 播放诗歌，对应图片内容欣赏诗歌。

2. 幼儿欣赏教师有感情地朗诵诗歌。教师在朗诵时要掌握好诗歌的节奏以及词语轻音和重音的处理(如，读小鸟、蓝天、花朵、绿叶等名词时，声音要轻柔些；读"在一起"时，声音应加重些……)。

(二)朗诵，大胆表现诗歌的美。

1. 教师与幼儿共同朗诵诗歌，注意强调朗诵诗歌时的语气和韵律。

2. 教师指导幼儿分组、分角色朗诵诗歌。

(三)游戏，进一步体会诗歌含义。

请幼儿戴上头饰，教师与幼儿共同玩角色游戏"找朋友"。

游戏开始，当教师手指向"小鸟和蓝天在一起"的句式卡时，带有小鸟和蓝天头饰的小朋友要快速围在一起，并大声朗读——小鸟和蓝天在一起……依此类推，直至全体幼儿和老师都找到好朋友，幼儿交换头饰，游戏重新开始(游戏过程中，教师重点指导幼儿有感情的用"××和××在一起"的句式说话，并启发幼儿运用肢体语言来表现诗歌内容）。

三、讨论、交流

组织幼儿围绕"为什么要感谢老师?"展开讨论，让幼儿说一说老师每天都在做什么，为什么这么做。帮助幼儿理解教师工作的辛苦，萌发热爱教师的情感。

四、活动结束

1. 鼓励幼儿用自己的语言送给老师一句话，主动向老师表达出热爱和感激之情。

2. 师幼进行配乐表演。

附：诗歌

亲爱的老师，谢谢您

小鸟和蓝天在一起，

花朵和绿叶在一起，

星星和月亮在一起，

我们和老师在一起。

老师给我们讲故事，

老师和我们做游戏，

亲爱的老师，谢谢您。

（诗歌选自辽宁师范大学出版社《幼儿园探究式活动课程教师用书》；活动设计由丹东市第二幼儿园王露钐提供）

2. 童话

童话是一种符合儿童想象方式的，以超经验世界为描述重点的奇妙故事。它具有幼稚和夸张的童话幻想、单纯明快的童话情节、稚气朴拙的童话形象、充满快乐的游戏精神，它是儿童文学中最重要的体裁之一，是儿童最乐于接受的文学样式。

童话是对生活的象征性反映。学习童话要理解童话的象征意义，感受童话的隐喻之美。如：《海的女儿》中美人鱼具有金子般的品格，仁慈善良，纯真无私，忘我利他；《丑小鸭》中的丑小鸭能够忍受巨大的痛苦，在逆境中不消沉不退缩；《雪孩子》中的雪孩子纯洁美好，为了他人的生命融化了自己。童话中充盈着人生美好意蕴的象征性描写，在学习童话时，教师要引导幼儿深入地体会感受。

优秀的童话往往集思想美、形象美、意境美、语言美于一体，给儿童以美的享受，使他们从小受到文学的熏陶。童话中的想象和幻想是自由浪漫的，它合乎儿童的天性，对于促进个性发展有重要的意义，对于诱导、激发和提升儿童的想象力、幻想力，有着不可忽视的作用。因此教师要利用那些适合幼儿欣赏的，内容浅显、情节单纯的童话来丰富幼儿的词汇，发展幼儿的语言。

【活动设计】

活动名称：童话《小蝌蚪找妈妈》（大班）

活动目标：

1. 理解故事内容，了解青蛙的成长过程。

2. 能用恰当的语言描述动物特征，培养幼儿语言表达能力。

活动准备：

1. 教学挂图，动物头饰（小蝌蚪、鸭子、大鱼、乌龟、大白鹅、青蛙）

2. 电脑课件：童话《小蝌蚪找妈妈》

活动过程：

一、出示小蝌蚪头饰，引出课题

教师提问：小朋友们看，它们是谁呀？（出示小蝌蚪头饰）

师：春天，青蛙妈妈在水草上产下了许多黑黑的、圆圆的卵，池塘里的水越来越暖和了，这些卵，变成了大脑袋长尾巴的小蝌蚪。可是它们找不到自己的妈妈了，我们一起来听一听它们能不能找到妈妈？

二、看教学挂图

提问：故事里都有谁？（小蝌蚪、鸭妈妈、鱼妈妈、龟妈妈、青蛙妈妈）

小蝌蚪在干什么？（找妈妈）

小蝌蚪最后找到妈妈了吗？（找到了）

三、看电脑课件：故事"小蝌蚪找妈妈"

提问：

1. 小蝌蚪最先遇到了谁？（鸭妈妈）

2. 离开了鸭妈妈，它们遇到了谁？（大鱼妈妈）

3. 离开了鱼妈妈，它们又把谁当成了自己的妈妈？（乌龟妈妈）

4. 离开了乌龟妈妈，它们又把谁当成了自己的妈妈？（大白鹅）

5. 离开了大白鹅妈妈，小蝌蚪最后怎样了？（找到了自己的妈妈）

6. 看图，进一步引导提问：

小蝌蚪看见鱼妈妈→心里想→迎上去喊

小蝌蚪看见乌龟妈妈→心里想→迎上去喊

小蝌蚪看见大白鹅妈妈→高兴地想→连声大喊

小蝌蚪看见青蛙妈妈→小声地问

7. 动物妈妈们，为什么都笑着对小蝌蚪说话呢？（因为动物妈妈们都和蔼可亲、爱护动物孩子们等）。

四、分角色表演，教师进行适时指导

幼儿自由选择角色，进行故事表演，教师担当解说员，注意表演时语气的不同，鼓励幼儿大胆表演。

五、提问

小蝌蚪是怎样长大变成青蛙的？（引导幼儿：小蝌蚪先长出两条后腿，然后长出前腿，同时尾巴慢慢退化，就变成青蛙了。）

活动延伸：

1. 将头饰放到表演区，鼓励幼儿大胆表演。

2. 幼儿回家与家长一同讲述故事。

附：童话

小蝌蚪找妈妈

暖和的春天来了，池塘里的冰融化了。青蛙妈妈睡了一个冬天，也醒来了。它从泥洞里爬出来，"扑通"一声跳进池塘里，在水草上产下了许多黑黑的、圆圆的卵。

春风轻轻地吹过大地，太阳光照在池塘上，池塘里的水越来越暖和了。青蛙妈妈产的卵慢慢地活动起来，变成一群大脑袋、长尾巴的小蝌蚪，它们在水里游来游去非常快乐。

有一天，鸭妈妈带着它的孩子到池塘里玩儿。小蝌蚪们看见小鸭子跟着鸭妈妈在水里游来游去，就想起自己的妈妈来了。"我们的妈妈在哪里呢？"小蝌蚪们你问我，我问你，可是谁也不知道。

它们一起游到鸭妈妈身边，问鸭妈妈："鸭妈妈，鸭妈妈，您见过我们的妈妈吗？请您告诉我们，我们的妈妈是什么样的呀？"

鸭妈妈回答说："你们的妈妈有两只大眼睛，嘴巴又宽又大，你们自己去找吧？"

"谢谢您，鸭妈妈！"小蝌蚪们高高兴兴地向前游去。

一条大鱼游过来了。小蝌蚪看见它头上有两只大眼睛，嘴巴又宽又大，它们想："一定是妈妈来了"，就迎上去喊："妈妈！妈妈！

大鱼笑着说："我不是你们的妈妈，我是小鱼的妈妈。你们的妈妈有四条腿，到前面去找吧。"

"谢谢您！鱼妈妈！"小蝌蚪继续向前游去。

一只大乌龟游来了。小蝌蚪们看见大乌龟有四条腿，心里想："这回真的是妈妈来了"，就迎上去喊："妈妈！妈妈！"

大乌龟笑着说："我不是你们的妈妈，我是小乌龟的妈妈。你们的妈妈肚皮是白色的，到前面去找吧。"

"谢谢您！乌龟妈妈！"小蝌蚪们继续向前游去。

一只大白鹅游过来。小蝌蚪们看见大白鹅的白肚皮，高兴地想："这回可真的找到妈妈了"，它们迎上去，连声大喊："妈妈！妈妈！"

一只大白鹅笑着说："小蝌蚪，你们认错了。我不是你们的妈妈，我是小鹅的妈妈。你们的妈妈穿着绿衣服，唱起歌来"呱呱呱"的，你们到前面去找吧。"

"谢谢您！鹅妈妈！"小蝌蚪们继续向前游去。

小蝌蚪们游呀，游呀，游到池塘边，看见一只青蛙坐在荷叶上"呱呱呱"地唱歌，它们赶快游过去，小声地问："请问，您是我们的妈妈吗？她头顶上有两只大眼睛，嘴巴又宽又大，有四条腿，白白的肚皮，穿着绿衣服，唱起歌来"呱呱呱"的……"

青蛙听了"呱呱呱"地笑起来，它说："我就是你们的妈妈呀！"

小蝌蚪们听了，一齐摇摇尾巴说："奇怪！奇怪！我们的样子为什么跟您不一样呢？"

青蛙妈妈笑着说："你们还小呢，过几天你们会先长出两条后腿，再过几天，你们又会长出两条前腿。四条腿长齐了，脱掉了尾巴，换上绿衣裳，就跟妈妈一样了，就可以跟妈妈跳到岸上去捉害虫了。"

小蝌蚪们听了，高兴地在水里翻起跟头来："啊！我们找到妈妈了！我们找到妈妈了！好妈妈，好妈妈，您快到我们这儿来吧！您快到我们这儿来吧！"

青蛙妈妈"扑通"一声跳进水里，和它的蝌蚪孩子们一起快乐地游泳去了。

（故事选自辽宁师范大学出版社《幼儿园探究式活动课程教师用书》；活动设计由丹东市第二幼儿园张冰提供）

3. 幼儿故事

幼儿故事在幼儿文学中占有很重要的地位。幼儿故事有广义、狭义之分，广义的幼儿故事包括一切适合幼儿听或阅读的笑话、神话、传说、童话、寓言等叙事文体的作品；狭义的幼儿故事是指内容偏重写实，适合幼儿接受的供幼儿阅读、聆听的叙事体的文学形式。这里阐释的是狭义的"幼儿故事"。

幼儿故事的种类很多，包括民间故事、动物故事、历史故事、人物故事、知识故事等。

幼儿故事可以为幼儿提供丰富的语言材料，发展幼儿的口语表达能力。在讲故事活动中，幼儿可以边欣赏故事边从中学习各种优美的词句，幼儿的记忆宝库会不断积累丰富的"养料"，从而提高说话的自信心。另外，故事还有丰富幼儿知识面、培养幼儿审美能力的作用。

教师在进行故事教学时，不是单刀直入地马上讲述故事，而是要先创设一个故事的氛围，在此基础上再进行故事讲述。

【活动设计】

活动名称：故事《小猫钓鱼》（大班）

活动目标：

1. 理解故事内容，会讲述故事，发展幼儿口语表达能力。

2. 学习词组：一心一意、三心二意。

3. 知道做事要专心。

活动准备：

1. 猫妈妈、猫弟弟手偶、蝴蝶、蜻蜓道具各一个、大鱼道具一个。

2. 手偶故事场景。

3. 故事图片、故事磁带。

活动过程：

一、观看手偶表演《小猫钓鱼》。

1. 出示手偶，引起兴趣。

教师以捉迷藏的方式出示"猫弟弟"的手偶，问幼儿："猜一猜，他是谁？"激发幼儿听故事的兴趣。

教师："今天猫弟弟给我们带来了一个好听的故事，让我们一起来听一听吧。"引出故事《小猫钓鱼》。

2. 组织幼儿观看手偶表演《小猫钓鱼》。

教师有感情的用手偶表演故事《小猫钓鱼》，利用语调上的变化和适当夸张的表演来吸引幼儿的注意力，使幼儿感受到听故事的乐趣。

3. 看完表演后，教师提出问题：

(1) 故事的名字叫什么？

(2) 故事讲了一件什么事？

引导幼儿运用自己的理解，简单地概括出故事的主要内容。

二、幼儿再次倾听故事，理解故事的内容。

1. 看图片，听故事。

教师出示图片，幼儿再次欣赏故事，进一步加深幼儿对故事情节的理解。

2. 提出问题，帮助幼儿理解故事内容。

(1) 故事里都有谁？（有猫妈妈、猫弟弟、蝴蝶和蜻蜓）。

(2) 一开始猫弟弟钓鱼时是怎样做的？后来听了猫妈妈的话猫弟弟又是怎样做的？

（一开始猫弟弟一会儿捉蜻蜓，一会儿捉蝴蝶，三心二意。听了猫妈妈的话后，就一心一意的钓鱼，终于钓上来一条大鱼。）

3. 讨论。

（1）猫弟弟开始为什么没有钓上鱼？后来为什么钓上鱼了呢？

引导幼儿自由的讨论，从而加深对一心一意、三心二意的理解。

教师小结：钓鱼要一心一意，不能三心二意。同样我们在做任何事情时都要一心一意，专心来做事，这样才会取得成功。

（2）学习词组：一心一意、三心二意。

三、请幼儿进行简单的角色表演。

幼儿戴上头饰，一边听故事一边表演，进一步感受故事的主要内容，体验故事带来的快乐。

附：故事

小 猫 钓 鱼
金近

在树林旁边，有一条小河，河里有许多鱼在水中游来游去。

一天早上，猫妈妈带着猫弟弟到小河边去钓鱼。他们刚坐下，一只蜻蜓飞来了，蜻蜓真好玩，飞来飞去像架小飞机。猫弟弟看了真喜欢，放下钓鱼竿，就去捉蜻蜓。蜻蜓飞走了，猫弟弟没捉着，空着手回到河边。一看，猫妈妈钓了一条大鱼。

猫弟弟又坐在河边钓鱼，一只花蝴蝶飞来了，花蝴蝶真美丽，猫弟弟看了真喜欢，放下钓鱼竿，又去捉蝴蝶。蝴蝶飞走了，猫弟弟又没捉着，空着手回到河边。一看，猫妈妈又钓了一条大鱼。

猫弟弟说："真气人，我怎么一条小鱼也钓不着？"

猫妈妈看了看猫弟弟，说："钓鱼就要一心一意，不要三心二意，你一会儿捉蜻蜓，一会儿捉蝴蝶，怎么能钓着鱼呢？"

猫弟弟听了猫妈妈的话很难为情，从此就一心一意地钓鱼了。

蜻蜓又飞来了，蝴蝶也飞来了，猫弟弟就像没有看见一样，一步也没有走开。不一会儿，嗨！钓竿上的线往下沉，钓竿也动起来啦，猫弟弟使劲把钓竿往上甩，"哎哟！"一条大鱼钓上来啦。鱼摔在地上，噼噼啪啪地乱蹦乱跳，猫弟弟赶紧捉住大鱼，高兴得喊了起来："我钓到大鱼啦，我钓到大鱼啦！"猫妈妈和猫弟弟一起抬着大鱼回家了。

（活动设计由驻军二三零医院幼儿园薛金爱提供）

4. 幼儿散文

幼儿散文常常是运用记人、叙事、写景、状物、抒情的方法，形成一种诗的意境。它的特点是篇幅短小、构思精巧、文情并茂、语言精练、优美、生动，像诗一样，为幼儿喜爱；它的语言具有很强的艺术表现力和感染力，容易唤起幼儿的具体形象思维，使幼儿受到潜移默化的影响，培养其审美感受能力。

在学习散文之前，教师要调动幼儿的多种感官，利用多种手段力求使幼儿对散文的词、句、段以及全文深入理解，帮助幼儿感受散文展示的丰富而有趣的生活，在理解的基础上记忆、背诵散文，体会语言艺术的美，为幼儿提供全面的语言学习机会。例如，在教散文《小雪花》之前，教师要带幼儿到户外观察冬天的雪，使幼儿对雪的特征有了感性认识，在此基础上再通过绘画、制作，结合音乐《小雪花》，使幼儿对雪花的认识进一步加深。有了这些丰富的知识，幼儿在理解散文《小雪花》时就很容易地将自己对雪花的认识和感受迁移到作品情境中来，有助于他们深入地理解作品，并为最后一个阶段——模仿或创编散文打下了良好的基础。

【活动设计】

活动名称：散文《小雪花》(中班)

活动目标：

1. 有感情的朗诵散文，丰富词汇：洁白、高高、美丽、闪亮、软软。

2. 理解散文内容，感受艺术语言的美。

3. 感受雪花带给大地一片洁白的美丽景色，萌发感受美、表现美的情感。

活动准备：

1. 谜语《雪花》。

2. 磁带《小雪花》和歌曲伴奏带。

活动过程：

一、以猜谜语的形式，激发起幼儿的兴趣，引出散文的主题。

1. 教师说谜面，"我是一朵小白花，没有树根没有枝。"请幼儿猜谜。

2. 通过提问的方式，帮助幼儿熟悉散文的内容。

(1) 雪花是什么颜色的？

(2) 小雪花是怎样飞下来的？启发幼儿模仿小雪花飞舞的样子。

(3) 小雪花从天空中飘下来，都落满了哪里？

二、教师朗诵散文——小雪花。

1. 教师：我们来听一首美丽的散文，听听散文里说了什么？

播放音乐，教师配乐朗诵散文，让幼儿初步感受散文优美、恬静的氛围。

2. 出示与散文内容相符的图片，请幼儿边听散文边仔细观察并理解图片内容。

3. 提问：散文中"我"是谁？"我"从哪里飘落？"我"落满哪些地方？

三、采用对接的形式，帮助幼儿记忆散文的内容。

教师念散文的第一句："我是洁白的……"幼儿接答："小雪花"。以此方法引导幼儿说出后面的散文内容。也可以将幼儿分成两组，采用问答的方式朗诵散文，引起幼儿对散文的兴趣，帮助幼儿记忆散文。

四、引导幼儿打开幼儿用书，幼儿欣赏画面的同时，边听磁带边与老师一同完整地朗诵散文，综合感受散文的艺术氛围。

五、教师引导幼儿随着《小雪花》音乐，做小雪花飞舞的动作，边做动作边朗诵散文。教师及时反馈幼儿优美的动作，引导其他幼儿学习模仿。

活动延伸：将幼儿分成两组，一组剪纸小雪花，一组绘画小雪花。

附：散文

小雪花

我是洁白的小雪花，我从高高的云层轻轻飘下。我落满高山，高山披上美丽的白纱。我落满屋顶，屋顶铺上闪亮的银瓦。我落满麦田，麦田盖上软软的棉絮。我落满大地，大地铺上洁白的地毯。我是洁白的小雪花，我从高高的云层轻轻飘下。

（散文选自辽宁师范大学出版社《幼儿园探究式活动课程教师用书》；活动设计由丹东市第三幼儿园王欣提供）

教师在进行幼儿文学教育时，一定要鼓励幼儿将学到的文学语言运用到日常生活中，并指导在适当的情境下运用优美的文学语言表达自己的感受，只有这样，幼儿文学教育活动才真正达到了审美和提高文学感受力的目的。

二、学龄前儿童语言能力培养的途径

学龄前儿童语言能力培养可以通过很多种途径来进行。可以说，凡是有语言参与的活动都可以对儿童进行语言教育。概括起来，学前儿童语言教育的主要途径有：通过日常生活和游戏进行语言教育，通过专门的语言教育活动进行语言教育，以及在其他领域的教育活动中进行随机的语言渗透教育等。

1. 日常生活和游戏中的语言教育

日常生活和各种游戏为幼儿提供了大量的言语交往机会，培养了幼儿练习巩固和发展理解及运用语言的能力。日常生活和游戏还为幼儿提供了有关各种事物和人际交往的丰富经验，为幼儿的语言活动积累了素材。如，幼儿穿衣服时，教他正确说出衣服以及衣服各部分的名称；在盥洗时，教幼儿掌握盥洗用具的名称；吃饭时，教幼儿说餐具、主食、副食的名称；节假日带孩子去公园玩，让孩子讲述在公园里看到了什么等等。再如，在角色游戏中让幼儿扮演爸爸、妈妈、医生、售货员等角色，提供儿童之间的交往及交流机会；在听说游戏中，幼儿要一边听一边辨析，训练幼儿的听音、辨音能力。在体育游戏中，从活动开始到结束，儿童都是在倾听教师的指令，执行指令，在此过程中，儿童集中注意倾听和按指令行动的能力得到充分的锻炼和提高。

2. 专门的语言教育活动

专门的语言教育活动是指幼儿园有目的、有计划地组织幼儿进行的语言教育活动，包括：谈话活动、讲述活动、文学作品学习活动、早期阅读活动、语言游戏活动等。它是幼儿学习语言、发展语言的重要途径。

3. 其他领域的教育活动中进行随机的语言渗透教育

培养幼儿的语言能力，除了语言教育活动外，还有许多其他领域的教育活动，如健康、社会、科学、艺术等。这些教育活动虽然不是以语言为主要内容，但其中部分活动包含着大量的语言教育因素，儿童在这些教育活动中也在不断地学习新词新句，尝试用语言与同伴或周围成人交往。因此，教师可以在这些教育活动中对儿童进行适当的语言教育。

（1）在体育教育活动中随机渗透语言教育。

体育活动中有教师示范讲解的内容，幼儿听着、看着教师的示范，是对教师语言理解的训练，幼儿在活动中与同伴商量怎样做好动作或玩游戏，也是对幼儿语言表达的锻炼。

（2）在社会教育活动中随机渗透语言教育。

社会教育活动的语言教育非常多，每一个道理、每一个行为都需要语言来解释。如爱护图书，教师用故事《图书宝宝哭了》，来告诉幼儿爱惜图书的道理，并通过提问，发展幼儿口语表达能力。

（3）在数学教育活动中随机渗透语言教育。

数学教育活动和语言教育活动不同,它没有许多优美动听的语句及丰富的词汇,但教师用玩玩说说的游戏形式,培养儿童快速的反应能力、敏捷的思维能力和精确的语言表达能力。如:学习相邻数时,教师利用游戏"奇妙的口袋",让幼儿摸出数字并说出它的相邻数。

(4) 在科学教育活动中随机渗透语言教育。

科学教育活动中的语言信息交流主要包括描述和讨论两种方式。幼儿在描述和讨论中既可以提出自己的观点与想法,又可以交流自己的探索、操作过程和操作方法,以及从中获得的情绪体验。如:在"沉与浮"活动中,幼儿通过实验,能描述出什么东西沉在水底,什么东西浮在水面。

(5) 在音乐教育活动中随机渗透语言教育。

语言活动和音乐活动有着非常密切的关系。音乐语言转化为幼儿语言的时候,幼儿不仅能得到音乐中美的感受,而且把这种感受说出来对幼儿也是一种很好的语言训练。

(6) 在美术教育活动中随机渗透语言教育。

幼儿世界充满着美的色彩,在他们画完作品后,让他们对自己的作品进行讲述,也可以在绘画活动过程中,加进儿童喜闻乐见的儿歌形式,提高儿童学习的兴趣。

总之,语言能力是在运用的过程中发展起来的,教师和家长要给学龄前儿童创设一个能使他们想说、敢说、喜欢说、有机会说并能得到积极应答的环境,将语言教育融合到各个领域中,融合到一日生活中,融合到游戏中,使儿童在生活、游戏和操作中学习语言、运用语言、发展语言。

思 考 与 练 习

思考题

1. 0~6 岁儿童的语言发展在语音、词汇、句子三方面有哪些表现?

2. 以幼儿参观动物园为例,设计几种提问的方法(针对 4 岁以上幼儿)。

3. 请你设计一个看图讲述活动,注意其中的提问。

4. 在语言活动中,王老师带领幼儿反复背诵儿歌,可是小刚总是学不会,王老师有些着急地说:"怎么学了这么多遍,你还不会?"试分析王老师的话有什么不妥?

5. 在观察幼儿生活、熟悉幼儿特点的基础上,创作儿歌、谜语各两首。

6. 续编故事:此故事给了开头部分和结尾部分,要求根据故事中提供的线索,用完整连贯的语句编出合乎情理的故事情节。

战 胜 大 灰 狼

一天,小白兔、小花猫、小黄鸡、大白鹅和乌龟一起在河边玩,河里有只小青蛙,坐在荷叶上"呱呱呱"地为大家唱歌。大家正玩得高兴时,突然,从树后窜出一只大灰狼,向小动物们扑来。

……

最后,小动物们互相帮助,想办法都过了河,大灰狼却掉进了河里。大家兴高采烈地欢呼着"我们战胜大灰狼了! 我们战胜大灰狼了!"

练习题

1. 读下列绕口令，注意体会字音质量。

盆和瓶

桌上放着盆，

盆里放着瓶

乒乓一声响，

不知是瓶碰盆还是盆碰瓶。

四和十

四是四，十是十。

要想说对四，舌头碰牙齿；

要想说对十，舌头别伸直；

要想说对四和十，多多练习十和四。

2. 组织同学表演童话剧《小熊请客》、《小兔乖乖》。

小熊请客

角色：小熊、小猫咪、小狗、小公鸡、狐狸

背景：大森林(场景一)、小熊家(场景二)

道具：食物、礼物、头饰、家庭布置、石头道具等。

剧本：

第一场：森林里，大树下

狐狸：我的名字叫"狐狸"，一肚子的坏主意，人人见我都讨厌，说我好吃懒做没出息。太阳升得高又高，可我肚子里还没吃东西，饿得我呀两条腿一点劲儿都没有了。嗨！还是让我到大树底下歇一会儿吧！(小猫咪提着一包礼物，唱着歌跑出来：喵、喵，小猫叫)

狐狸：小猫咪，小猫咪，你今天打扮得这么漂亮，这是要到哪里去呀？

小猫咪：今天过节，小熊请客，我们到它家去，又吃又玩又唱歌，真呀真快活！

狐狸：(焦急地)小猫咪，你带我一块去吧！

小猫咪：(指着狐狸的鼻子)狐狸狐狸你不做工，还想白白吃东西。哼！我才不带你去呢！(说完就跑掉了)

狐狸：小猫咪真是个坏东西！(狐狸叹了口气，刚想躺下去，忽然看见小花狗蹦蹦跳跳地提着一件礼物跑出来)

狐狸：小花狗，小花狗，你今天打扮得这么漂亮，这是要到哪里去呀？

小花狗：今天过节，小熊请客，我们到它家去，又吃又玩又唱歌，真呀真快活！

狐狸：(焦急地)小花狗，小花狗，你带我一块去吧！

小花狗：(指着狐狸的鼻子)狐狸狐狸你不做工，还想白白吃东西。哼！我才不带你去呢！(说完就跑掉了)

狐狸：小花狗真是个坏东西！(狐狸叹了口气，刚想躺下去，忽然看见小公鸡蹦蹦跳跳地提着一件礼物跑出来)

狐狸：小公鸡，小公鸡，你今天打扮得这么漂亮，这是要到哪里去呀？

小公鸡：今天过节，小熊请客，我们到它家去，又吃又玩又唱歌，真呀真快活！

狐狸：(焦急地)小公鸡，小公鸡，你带我一块去吧！

小公鸡：(指着狐狸的鼻子)狐狸狐狸你不做工，还想白白吃东西。哼！我才不带你去呢！(说完就跑掉了)

狐狸：(生气地)你们这些坏东西！好哇！你们不带我去，我偏要去。到了小熊家，我就把好吃的东西，一口气都吞到肚子里，你们等着吧！(说着舔舔舌头，摇摇尾巴，挺着胸，大摇大摆地朝小熊家走去。)

第二场：小熊的家

小熊：(在家里正忙)把地扫干净，桌子椅子擦干净，朋友来了多高兴！(忽然听到敲门声)谁呀？

小猫咪：我是小猫咪。

小熊：欢迎你，欢迎你！

小猫咪：这包礼物送给你！

小熊：谢谢你，谢谢你，我也请你吃东西。这是骨头、小鱼和小虫，随便吃点别客气！

小猫咪：骨头、小虫我不爱，小小鱼儿我最喜欢！(小猫咪在吃的时候又响起了敲门声)

小熊：谁呀？

小花狗：我是小花狗。

小熊：欢迎你，欢迎你！

小花狗：这包礼物送给你！

小熊：谢谢你，谢谢你，我也请你吃东西。这是骨头、小鱼和小虫，随便吃点别客气！

小花狗：小鱼、小虫我不爱，香香的骨头我最喜欢！(小猫咪和小花狗在吃的时候又响起了敲门声)

小熊：谁呀？

小公鸡：我是小公鸡！

小熊：欢迎你，欢迎你！

小公鸡：这包礼物送给你！

小熊：谢谢你，谢谢你，我也请你吃东西。这是骨头、小鱼和小虫，随便吃点别客气！

小公鸡：骨头、小鱼我不爱，小小虫儿我最喜欢！(门咚咚响，狐狸在门外拼命敲门)

小熊：谁呀？

狐狸：(大声地)快开门，我是大狐狸！

小熊：(吓了一跳，急得团团转)哎呀！是这个坏东西来了。

狐狸：(把门敲得更响了)快开门，把好吃的东西都拿来！

小熊：(悄悄地与伙伴围在一起商量)

合：好！(小熊把石头分给了大家，小熊开门狐狸大踏步地走进门，东瞧瞧，西看看)

狐狸：快把好吃的东西拿来！

合：给你！给你！(大家边喊边扔石头)

狐狸：(抱着头)哎呀！疼死我啦！(边喊边逃走了)

合：我们胜利啦！

小 兔 乖 乖

角色：兔妈妈、三只小兔(长耳朵、红眼睛、短尾巴)、大灰狼

背景：森林兔子家

道具：一片草地、篮子、萝卜、头巾、大树、兔子家、木棍、各角色服装。

剧本：

旁白：大森林里，住着快乐的兔子一家，兔妈妈和她的三个孩子——长耳朵、红眼睛还有短尾巴。

兔妈妈与三只小兔：(欢快的音乐声中，兔妈妈牵着三只小兔鱼贯而出，围成圈齐念)小白兔，白又白，两只耳朵竖起来，爱吃萝卜爱吃菜，蹦蹦跳跳真可爱。(四处游玩吃草，蹦蹦跳跳回家)

兔妈妈：(呼唤)长耳朵。

长耳朵：哎！妈妈！

兔妈妈：(呼唤)红眼睛。

红眼睛：妈妈，我来了。

兔妈妈：(呼唤)短尾巴。

短尾巴：我在这儿呢！

兔妈妈：(一边扎头巾一边说)孩子们，一会儿，妈妈要去很远的地方拔萝卜，你们千万记得要把门关紧了，除了妈妈，谁来都不要开。

三只小兔：(使劲点头)嗯！

兔妈妈：(提起篮子，临出门再嘱咐)记住，妈妈没回来，谁来也不开！

三只小兔：知——道——了！

(兔妈妈出门，三只小兔一起来关门)

旁白：不远处，一只大灰狼到处找点心，饿得直流口水。

大灰狼：我是一只聪明狼，抓兔子嘛，我最行！哎！前面不是兔子的家吗？让我去碰碰运气！(咚咚咚砸门)快开门，快开门，让我进去！

长耳朵：(趴在门缝里瞧，发现了大灰狼，轻声告诉弟弟妹妹)是大灰狼来了！

兔子们：(齐唱)不开不开，就不开，妈妈没回来，谁来也不开！

大灰狼：哼！狡猾的兔子。(大灰狼灰溜溜地嘟囔着，走下台)

兔妈妈：(拎着一篮萝卜上场，唱着歌儿来敲门)小兔儿乖乖，把门儿开开，快点儿开开，妈妈要进来。

三只小兔：(欢呼着把门打开)妈妈，是妈妈回来了！

兔妈妈：我的宝宝们，你们一定饿坏了吧？来，妈妈给你们带回来萝卜了，快吃吧！(兔妈妈给三只小兔分萝卜吃)

兔妈妈：我的乖宝宝们，你们乖乖地在家吃东西，妈妈去给你们的姥姥送点吃的去。

三只小兔：好的！(准备去关门)

兔妈妈：(临走前叮嘱)记住了，除了妈妈，谁来也不要开门！

三只小兔：(把手放在嘴边做喇叭状)知——道——了！

旁白(配表现紧张音乐)：可这时，大灰狼并没有走远，它躲在大树后面，偷偷学会了刚才兔妈妈唱的歌。

— 182 —

大灰狼：（大摇大摆走到舞台中间）原来要开门，还得先唱歌。嗨！这还不简单，让我打扮打扮清清嗓子来唱歌！（跑到大树下拿条围巾围在头上）

大灰狼：（鬼鬼祟祟走出来）小朋友们，你们说我像不像？嘻嘻！（围着围巾，边唱歌边敲门，声音要沙哑些）小兔子乖乖，把门儿开开，快点儿开开，妈妈要进来。

红眼睛和短尾巴：哦！（欢呼）妈妈，是妈妈回来了。

长耳朵：不对，不对，让我仔细听一听。怎么像是大灰狼！

大灰狼：小兔子乖乖，把门儿开开，快点儿开开，妈妈要进来。

红眼睛和短尾巴：只有妈妈才会唱歌，肯定是妈妈回来了！

长耳朵：妈妈的声音没有这么粗！肯定是大灰狼！

大灰狼：（侧耳倾听门内的动静，眼珠一转）哎呀，乖宝宝，外面凉，妈妈的嗓子着了凉。我的乖乖别害怕，我是你们的好妈妈！

大灰狼：（不耐烦，恶狠狠地）别磨蹭了！快点开门！！！

三只小兔：（吓了一大跳）

红眼睛：妈妈很温柔的，她从不凶我们！肯定是大灰狼！

大灰狼：（讨好的声音）你是红眼睛宝宝吧，妈妈有些着急，嗓门大了点。（用哆哆的、沙哑的声音）兔宝宝，开门吧。

三只小兔：（趴在门缝上向外瞧，悄悄说）哎呀！真的是大灰狼，这可怎么办呀？

三只小兔：（三只小兔围成圈，抱着头商量一下，互相点点头）嗯！

短尾巴：（对着门）你把尾巴给我们看看，我们就开门。

大灰狼：（着急地团团转）啊？看尾巴，兔子的尾巴是白的，这可怎么办？（把手背在身后，来回走动，忽然一拍脑袋）对了，我用面粉把尾巴染染白。嘿嘿！这下你们可要上当了！

大灰狼：（扭着屁股把尾巴塞进门缝）看吧，看吧，我的尾巴白又白。

短尾巴：（吃惊地说）这么长的尾巴，就是大灰狼！

三只小兔：一——二——三，嘿！！！（三只小兔一起用力关紧门，夹住了大灰狼的尾巴。）

大灰狼：（抱住屁股）哎哟、哎哟，痛死我了！痛死我了！

旁白：正在这时，兔妈妈回来了。

兔妈妈：（拿起一根大木棍，用力打，边打边说）你这个大坏蛋，看我怎么收拾你！看你下次还敢不敢来！

大灰狼：哎哟，哎哟，不敢了，我下次再也不敢了！（大灰狼一使劲儿，尾巴扯断了，它捂着屁股逃跑了。）

红眼睛：呀！大灰狼的尾巴给夹断了！（拍腿大笑）哈哈哈！

三只小兔：噢！我们胜利啦！

兔妈妈：（兔妈妈放好木棍，拍拍身上的土，走到家门前，边唱歌边敲门）小兔儿乖乖，把门儿开开，快点儿开开，妈妈要进来。

红眼睛：（侧耳仔细倾听）哎！这次好像是妈妈的声音！

兔妈妈：宝贝们，妈妈回来了，快开门吧！

兔子们：对，真的是妈妈回来了！（打开门，小兔们亲热地抱住妈妈）妈妈回来了！妈妈回来了。

兔妈妈：我的宝贝们，你们可真勇敢啊！（说着搂住小兔子们）妈妈真为你们感到骄傲！

合：（音乐响）大灰狼，真正坏，装成妈妈骗乖乖。小兔乖乖不上当，打跑大狼本领强！

3. 为下列散文诗配上相应的图，并声情并茂地朗诵出来。

散文诗《小树叶》

我是一片小小的树叶，
长在河边的大树上。
有一天，风吹过来对我说：
一只小蜜蜂酿了一天的蜜，
累了，跌落在河边的水面上。
于是我离开了大树，飘呀，飘呀，
飘到河里变成一艘小船，救起了跌落的小蜜蜂。

散文诗《春风在哪里》

春风在哪里，春风在哪里？树儿说：当我的枝叶翩翩起舞那是春风在吹过。春风在哪里，春风在哪里？花儿说：当我的花朵频频点头那是春风在吹过。春风在哪里，春风在哪里？草儿说：当我的身体轻轻晃动那是春风在吹过。春风在哪里，春风在哪里？春风就在我们身边。春风吹绿了大地，春风送来了温暖，春风飘来了花香，春风带来了希望。

4. 朗读下列材料，注意通过语速、节奏、轻重音和必要的角色变化，表现出作品的主题。

对比歌

一个高，一个低，
骆驼小羊站一起。
一个胖，一个瘦，
大象驮个金丝猴。
一个快，一个慢，
龟兔赛跑最明显。
一个黑，一个白，
乌鸦仙鹤飞起来。
一个多，一个少，
成群鸽子一只鸟。
小朋友，找一找，
这种例子真不少。

故事《小马过河》

小马和他的妈妈住在绿草茵茵的十分美丽的小河边。除了妈妈过河给河对岸的村子送粮食的时候，他总是跟随在妈妈的身边寸步不离。他过得很快乐，时光飞快地过去了。

有一天，妈妈把小马叫到身边说："小马，你已经长大了，可以帮妈妈做事了。今天你把这袋粮食送到河对岸的村子里去吧。"

小马非常高兴地答应了。他驮着粮食飞快地来到了小河边。可是河上没有桥，只能自己淌过去。可又不知道河水有多深呢？犹豫中的小马一抬头，看见了正在不远处吃草的牛伯伯。小马赶紧跑过去问到："牛伯伯，您知道那河里的水深不深呀？"

　　牛伯伯挺起他那高大的身体笑着说："不深，不深。才到我的小腿。"小马高兴地跑回河边准备淌过河去。他刚一迈腿，忽然听见一个声音说："小马，小马别下去，这河可深啦。"小马低头一看，原来是小松鼠。小松鼠翘着她的漂亮的尾巴，睁着圆圆的眼睛，很认真地说："前两天我的一个伙伴不小心掉进了河里，河水就把他卷走了。"小马一听没主意了。牛伯伯说河水浅，小松鼠说河水深，这可怎么办呀？只好回去问妈妈。

　　马妈妈老远地就看见小马低着头驮着粮食又回来了。心想，他一定是遇到困难了，就迎过去问小马。小马哭着把牛伯伯和小松鼠的话告诉了妈妈。妈妈安慰小马说："没关系，咱们一起去看看吧。"

　　小马和妈妈又一次来到河边，妈妈这回让小马自己去试探一下河水有多深。小马小心地试探着，一步一步地淌过了河。噢，他明白了，河水既没有牛伯伯说的那么浅，也没有小松鼠说的那么深。只有自己亲自试过才知道。

　　小马深情地向妈妈望了一眼，心里说："谢谢您了，好妈妈。"然后他转头向村子跑去。他今天特别高兴，你知道是为什么吗？

附　　录

附录一　普通话异读词审音表

　　中国文字改革委员会普通话审音委员会，于 1957 年、1959 年至 1962 年先后发表了《普通话异读词审音表初稿》正编、续编和三编，1963 年公布《普通话异读词三次审音总表初稿》。经过二十多年的实际应用，普通话审音委员会在总结经验的基础上，于 1982 年至 1985 年组织专家学者进行审核修订，制定了《普通话异读词审音表》，这个审音表经过国家语言文字工作委员会、国家教育委员会、广播电视部（现为广播电影电视部）审查通过，于 1985 年 12 月联合发布。

说　　明

　　一、本表所审，主要是普通话有异读的词和有异读的作为"语素"的字。不列出多音多义字的全部读音和全部义项，与字典、词典形式不同，例如："和"字有多种义项和读音，而本表仅列出原有异读的八条词语，分列于 hè 和 huo 两种读音之下（有多种读音，较常见的在前。下同）；其余无异读的音、义均不涉及。

　　二、在字后注明"统读"的，表示此字不论用于任何词语中只读一音（轻声变读不受此限），本表不再举出词例。例如："阀"字注明"fá（统读）"，原表"军阀"、"学阀"、"财阀"条和原表所无的"阀门"等词均不再举。

　　三、在字后不注"统读"的，表示此字有几种读音，本表只审订其中有异读的词语的读音。例如"艾"字本有 ài 和 yì 两音，本表只举"自怨自艾"一词，注明此处读 yì 音；至于 ài 音及其义项，并无异读，不再赘列。

　　四、有些字有文白二读，本表以"文"和"语"作注。前者一般用于书面语言，用于复音词和文言成语中；后者多用于口语中的单音词及少数日常生活事物的复音词中。这种情况在必要时各举词语为例。例如："杉"字下注"（一）shān（文）：紫～、红～、水～；（二）shā（语）：～篙、～木"。

　　五、有些字除附举词例之外，酌加简单说明，以便读者分辨。说明或按具体字义，或按"动作义"、"名物义"等区分，例如："畜"字下注"（一）chù（名物义）：～力、家～、牲～、幼～；（二）xù（动作义）：～产、～牧、～养"。

　　六、有些字的几种读音中某音用处较窄，另音用处甚宽，则注"除××（较少的词）念乙音外，其他都念甲音"，以避免列举词条繁而未尽、挂一漏万的缺点。例如："结"字下注"除'～了个果子'、'开花～果'、'～巴'、'～实'念 jiē 之外，其他都念 jié"。

七、由于轻声问题比较复杂，除《初稿》涉及的部分轻声词之外，本表一般不予审订，并删去部分原审的轻声词，例如"麻刀(dao)"、"容易(yi)"等。

八、本表酌增少量有异读的字或词，作了审订。

九、除因第二、六、七各条说明中所举原因而删略的词条之外，本表又删汰了部分词条。主要原因是：

1. 现已无异读(如"队伍"、"理会")；

2. 罕用词语(如"俵分"、"仔密")；

3. 方言土音(如"归里包堆〔zuī〕"、"告送〔song〕")；

4. 不常用的文言词语(如"刍荛"、"甗甀")；

5. 音变现象(如"胡里八涂〔tū〕"、"毛毛腾腾〔tēngtēng〕)；

6. 重复累赘(如原表"色"字的有关词语分列达 23 条之多)。删汰条目不再编入。

十、人名、地名的异读审订，除原表已涉及的少量词条外，留待以后再审。

A

阿(一)ā ～訇 ～罗汉 ～木林 ～姨

(二)ē ～谀 ～附 ～胶 ～弥陀佛

挨(一)āi ～个 ～近

(二)ái ～打 ～说

癌 ái (统读)

霭 ǎi (统读)

蔼 ǎi (统读)

隘 ài (统读)

谙 ān (统读)

埯 ǎn (统读)

昂 áng (统读)

凹 āo (统读)

拗(一)ào ～口

(二)niù 执～ 脾气很～

坳 ào (统读)

B

拔 bá (统读)

把 bà ～子

白 bái (统读)

膀 bǎng 翅～

蚌(一)bàng 蛤～

(二)bèng ～埠

傍 bàng(统读)

磅 bàng 过～

龅 bāo (统读)

胞 bāo (统读)

薄(一)báo(语)常单用，如"纸很～"。

(二)bó (文)多用于复音词。～弱 稀～ 淡～ 尖嘴～舌 单～ 厚～

堡(一)bǎo 碉～ ～垒

(二)bǔ ～子 吴～ 瓦窑～ 柴沟～

(三)pù 十里～

暴(一)bào ～露

(二)pù 一～(曝)十寒

爆 bào (统读)

焙 bèi (统读)

惫 bèi (统读)

背 bèi ～脊 ～静

鄙 bǐ (统读)

俾 bǐ (统读)

笔 bǐ (统读)

比 bǐ (统读)

臂(一)bì 手～ ～膀

(二)bei 胳～

庇 bì (统读)

髀 bì (统读)

避 bì (统读)

辟 bì 复～

裨 bì ～补 ～益

— 187 —

婢 bì（统读）

痹 bì（统读）

壁 bì（统读）

蝙 biān（统读）

遍 biàn（统读）

骠（一）biāo 黄～马

（二）piào ～骑 ～勇

傧 bīn（统读）

缤 bīn（统读）

濒 bīn（统读）

髌 bìn（统读）

屏（一）bǐng ～除 ～弃 ～气 ～息

（二）píng ～藩 ～风

柄 bǐng（统读）

波 bō（统读）

播 bō（统读）

菠 bō（统读）

剥（一）bō（文）～削

（二）bāo（语）

泊（一）bó 淡～ 飘～ 停～

（二）pō 湖～ 血～

帛 bó（统读）

勃 bó（统读）

铂 bó（统读）

伯（一）bó ～～（bo）老～

（二）bǎi 大～子（丈夫的哥哥）

箔 bó（统读）

簸（一）bǒ 颠～

（二）bò～箕

膊 bo 胳～

卜 bo 萝～

醭 bú（统读）

哺 bǔ（统读）

捕 bǔ（统读）

鹋 bǔ（统读）

埠 bù（统读）

C

残 cán（统读）

惭 cán（统读）

灿 càn（统读）

藏（一）cáng 矿～

（二）zàng 宝～

糙 cāo（统读）

嘈 cáo（统读）

螬 cáo（统读）

厕 cè（统读）

岑 cén（统读）

差（一）chā（文）不～ 累黍 不～什么 偏～ 色～ ～别 视～ 误～ 电势～ 一念之～ ～池 ～错 言～语错 一～二错 阴～阳错 ～等 ～额 ～价 ～强人意 ～数 ～异

（二）chà（语）～不多 ～不离 ～点儿

（三）cī 参～

猹 chá（统读）

搽 chá（统读）

阐 chǎn（统读）

羼 chàn（统读）

颤（一）chàn ～动 发～

（二）zhàn ～栗（战栗）打～（打战）

羼 chàn（统读）

伥 chāng（统读）

场（一）chǎng ～合 ～所 冷～ 捧～

（二）cháng 外～ 圩～ ～院 一～雨

（三）chang 排～

钞 chāo（统读）

巢 cháo（统读）

嘲 cháo ～讽 ～骂 ～笑

耖 chào（统读）

车（一）chē 安步当～ 杯水～薪 闭门造～ 螳臂当～

（二）jū（象棋棋子名称）

晨 chén（统读）

称 chèn ～心 ～意 ～职 对～ 相～

撑 chēng（统读）

乘（动作义，念 chéng）包～制 ～便 ～风破浪 ～客 ～势 ～兴

橙 chéng（统读）

惩 chéng（统读）

— 188 —

澄（一）chéng（文）～清（如"～清混乱"、"～清问题"）

（二）dèng（语）单用，如"把水～清了"。

痴 chī（统读）

吃 chī（统读）

弛 chí（统读）

褫 chǐ（统读）

尺 chǐ ～寸 ～头

齿 chǐ（统读）

侈 chǐ（统读）

炽 chì（统读）

舂 chōng（统读）

冲 chòng ～床 ～模

臭（一）chòu 遗～万年

（二）xiù 乳～ 铜～

储 chǔ（统读）

处 chǔ（动作义）～罚 ～分 ～决 ～理 ～女 ～置

畜（一）chù（名物义）～力 家～ 牲～ 幼～

（二）xù（动作义）～产 ～牧 ～养

触 chù（统读）

搐 chù（统读）

绌 chù（统读）

黜 chù（统读）

闯 chuǎng（统读）

创（一）chuàng 草～ ～举 首～ ～造 ～作

（二）chuāng～伤 重～

绰（一）chuò～～有余

（二）chuo 宽～

疵 cī（统读）

雌 cí（统读）

赐 cì（统读）

伺 cì～候

枞（一）cōng ～树

（二）zōng～阳〔地名〕

从 cóng（统读）

丛 cóng（统读）

攒 cuán 万头～动 万箭～心

脆 cuì（统读）

撮（一）cuō～儿 一～儿盐 一～儿匪帮

（二）zuǒ 一～儿毛

措 cuò（统读）

D

搭 dā（统读）

答（一）dá 报～ ～复

（二）dā～理 ～应

打 dá 苏～ 一～（十二个）

大（一）dà ～夫（古官名）～王（如爆破～王、钢铁～王）

（二）dài ～夫（医生）～黄 ～王（如山～王）～城〔地名〕

呆 dāi（统读）

傣 dǎi（统读）

逮（一）dài（文）如"～捕"。

（二）dǎi（语）单用，如"～蚊子"、"～特务"。

当（一）dāng～地 ～间儿 ～年（指过去） ～日（指过去） ～天（指过去） ～时（指过去）螳臂～车

（二）dàng 一个～俩 安步～车 适～ ～年（同一年）～日（同一时候）～天（同一天）

档 dàng（统读）

蹈 dǎo（统读）

导 dǎo（统读）

倒（一）dǎo 颠～ 颠～是非 颠～黑白 颠三～四 倾箱～箧 排山～海 ～板 ～嚼 ～仓 ～嗓 ～戈 潦～

（二）dào ～粪（把粪弄碎）

悼 dào（统读）

纛 dào（统读）

凳 dèng（统读）

羝 dī（统读）

氐 dī〔古民族名〕

堤 dī（统读）

提 dī～防

189

的 dí ~当 ~确

抵 dǐ(统读)

蒂 dì(统读)

缔 dì(统读)

谛 dì(统读)

点 dian 打~(收拾、贿赂)

跌 diē(统读)

蝶 dié(统读)

订 dìng(统读)

都(一)dōu~来了

(二)dū~市 首~ 大~(大多)

堆 duī(统读)

吨 dūn(统读)

盾 dùn(统读)

多 duō(统读)

咄 duō(统读)

掇(一)duō("拾取、采取"义)

(二)duo 撺~ 掂~

裰 duō(统读)

踱 duó(统读)

度 duó 忖~ ~德量力

E

婀 ē(统读)

F

伐 fá(统读)

阀 fá(统读)

砝 fǎ(统读)

法 fǎ(统读)

发 fà 理~ 脱~ 结~

帆 fān(统读)

藩 fān(统读)

梵 fàn(统读)

坊(一)fāng 牌~ ~巷

(二)fáng 粉~ 磨~ 碾~ 染 油~ 谷~

妨 fáng(统读)

防 fáng(统读)

肪 fáng(统读)

沸 fèi(统读)

汾 fén(统读)

讽 fěng(统读)

肤 fū(统读)

敷 fū(统读)

俘 fú(统读)

浮 fú(统读)

服 fú ~毒 ~药

拂 fú(统读)

辐 fú(统读)

幅 fú(统读)

甫 fǔ(统读)

复 fù(统读)

缚 fù(统读)

G

噶 gá(统读)

冈 gāng(统读)

刚 gāng(统读)

岗 gǎng ~楼 ~哨 ~子 门~ 站~ 山~子

港 gǎng(统读)

葛(一)gé~藤 ~布 瓜~

(二)gě〔姓〕(包括单、复姓)

隔 gé(统读)

革 gé~命 ~新 改~

合 gě(一升的十分之一)

给(一)gěi(语)单用。

(二)jǐ(文)补~ 供~ 供~制 ~予 配~ 自~自足

亘 gèn(统读)

更 gēng 五~ ~生

颈 gěng 脖~子

供(一)gōng~给 提~ ~销

(二)gòng 口~ 翻~ 上~

佝 gōu(统读)

枸 gǒu~杞

勾 gòu~当

估(除"~衣"读 gù 外，都读 gū)

骨(除"~碌"、"~朵"读 gū 外，都读 gǔ)

谷 gǔ~雨

锢 gù(统读)

冠(一) guān(名物义)～心病

(二) guàn(动作义)沐猴而～　～军

犷 guǎng(统读)

庋 guǐ(统读)

桧(一) guì[树名]

(二) huì[人名]"秦～"。

刿 guì(统读)

聒 guō(统读)

蝈 guō(统读)

过(除姓氏读 guō 外，都读 guò)

H

蛤 há～蟆

哈(一) hǎ～达

(二) hà～什蚂

汗 hán 可～

巷 hàng～道

号 háo 寒～鸟

和(一) hè 唱～　附～　曲高～寡

(二) huo 搀～　搅～　暖～　热～　软～

貉(一) hé(文)一丘之～

(二) háo(语)～绒　～子

壑 hè(统读)

褐 hè(统读)

喝 hè～采　～道　～令　～止　呼么～六

鹤 hè(统读)

黑 hēi(统读)

亨 hēng(统读)

横(一) héng～肉　～行霸道

(二) hèng 蛮～　～财

訇 hōng(统读)

虹(一) hóng(文)～彩　～吸

(二) jiàng(语)单说。

讧 hòng(统读)

囫 hú(统读)

瑚 hú(统读)

蝴 hú(统读)

桦 huà(统读)

徊 huái(统读)

踝 huái(统读)

浣 huàn(统读)

黄 huáng(统读)

荒 huang 饥～(指经济困难)

诲 huì(统读)

贿 huì(统读)

会 huì 一～儿　多～儿　～厌(生理名词)

混 hùn～合　～乱　～凝土　～淆　～血儿　～杂

蠖 huò(统读)

霍 huò(统读)

豁 huò～亮

获 huò(统读)

J

羁 jī(统读)

击 jī(统读)

奇 jī～数

芨 jī(统读)

缉(一) jī 通～　侦～

(二) qī～鞋口

几 jī 茶～　条～

圾 jī(统读)

戢 jí(统读)

疾 jí(统读)

汲 jí(统续)

棘 jí(统读)

藉 jí 狼～(籍)

嫉 jí(统读)

脊 jǐ(统读)

纪(一) jǐ[姓]

(二) jì～念　～律　纲～　～元

偈 jì～语

绩 jì(统读)

迹 jì(统读)

寂 jì(统读)

箕 ji 簸～

辑 ji 逻～

苴 jiā 雪～

夹 jiā～带藏掖　～道儿　～攻　～棍　～生

~杂 ~竹桃 ～注

浃 jiā（统读）

甲 jiǎ（统读）

歼 jiān（统读）

鞯 jiān（统读）

间（一）jiān～不容发 中～

（二）jiàn 中～儿 ～道 ～谍 ～断 ～或
～接 ～距 ～隙 ～续 ～阻 ～作 挑拨离～

趼 jiǎn（统读）

俭 jiǎn（统读）

缰 jiāng（统读）

膙 jiǎng（统读）

嚼（一）jiáo（语）味同～蜡 咬文～字

（二）jué(文)咀～ 过屠门而大～

（三）jiào 倒～（倒噍）

侥 jiǎo ～幸

角（一）jiǎo 八～（大茴香）～落 独～
戏 ～膜 ～度 ～儿（犄～）～楼 勾心斗～
号～ 口～（嘴～）鹿～菜 头～

（二）jué～斗 ～儿（脚色）口～（吵嘴）
主～儿 配～儿 ～力 捧～儿 脚（一）jiǎo 根～

（二）jué～儿（也作"角儿"，脚色）

剿（一）jiǎo 围～

（二）chāo～说 ～袭

校 jiào ～勘 ～样 ～正

较 jiào（统读）

酵 jiào（统读）

嗟 jiē（统读）

疖 jiē（统读）

结（除"～了个果子"、"开花～果"、
"～巴"、"～实"念 jiē 之外，其他都念 jié）

睫 jié（统读）

芥（一）jiè～菜（一般的芥菜）～末

（二）gài ～菜（也作"盖菜"）～蓝菜

矜 jīn ～持 自～ ～怜

仅 jǐn ～～ 绝无～有

馑 jǐn（统读）

觐 jìn（统读）

浸 jìn（统读）

斤 jīn 千～（起重的工具）

茎 jīng（统读）

粳 jīng（统读）

鲸 jīng（统读）

境 jìng（统读）

痉 jìng（统读）

劲 jìng 刚～

窘 jiǒng（统读）

究 jiū（统读）

纠 jiū（统读）

鞠 jū（统读）

鞫 jū（统读）

掬 jū（统读）

苴 jū（统读）

咀 jǔ ～嚼

矩（一）jǔ ～形

（二）ju 规～

俱 jù（统读）

龟 jūn ～裂（也作"皲裂"）

菌（一）jūn 细～ 病～ 杆～ 霉～

（二）jùn 香～ ～子

俊 jùn（统读）

K

卡（一）kǎ～宾枪 ～车 ～介苗 ～片 ～通

（二）qiǎ～子 关～

揩 kāi（统读）

慨 kǎi（统读）

忾 kài（统读）

勘 kān（统读）

看 kān ～管 ～护 ～守

慷 kāng（统读）

拷 kǎo（统读）

坷 kē～拉（垃）

疴 kē（统读）

壳（一）ké(语)～儿 贝～儿 脑～ 驳～枪

（二）qiào(文)地～ 甲～ 躯～

可（一）kě～～儿的

（二）kè～汗

恪 kè（统读）

192

刻 kè(统读)

克 kè～扣

空(一) kōng～心砖 ～城计

(二) kòng～心吃药

眍 kōu(统读)

矻 kū(统读)

酷 kù(统读)

框 kuàng(统读)

矿 kuàng(统读)

傀 kuǐ(统读)

溃(一) kuì～烂

(二) huì～脓

篑 kuì(统读)

括 kuò(统读)

L

垃 lā(统读)

邋 lā(统读)

罱 lǎn(统读)

缆 lǎn(统读)

蓝 lan 苤～

琅 láng(统读)

捞 lāo(统读)

劳 láo(统读)

醪 láo(统读)

烙(一) lào ～印 ～铁 ～饼

(二) luò 炮～(古酷刑)

勒(一) lè(文)～逼 ～令 ～派 ～索 悬崖～马

(二) lēi(语)多单用。

擂(除"～台"、"打～"读 lèi 外，都读 léi)

礌 léi(统读)

羸 léi(统读)

蕾 lěi(统读)

累(一) lèi(辛劳义，如"受～"〔受劳～〕)

(二) léi(如"～赘")

(三) lěi(牵连义，如"带～"、"～及"、"连～"、"赔～"、"牵～"、"受～"〔受牵～〕)

蠡(一) lí 管窥～测

(二) lǐ～县 范～

喱 lí(统读)

连 lián(统读)

敛 liǎn(统读)

恋 liàn(统读)

量(一) liàng～入为出 忖～

(二) liang 打～ 掂～

踉 liàng～跄

潦 liáo～草 ～倒

劣 liè(统读)

捩 liè(统读)

趔 liè(统读)

拎 līn(统读)

遴 lín(统读)

淋(一) lín～浴 ～漓 ～巴

(二) lìn～硝 ～盐 ～病

蛉 líng(统读)

榴 liú(统读)

馏(一) liú(文)如"干～"、"蒸～"。

(二) liù(语)如"～馒头"。

镏 liú～金

碌 liù～碡

笼(一) lóng(名物义)～子 牢～

(二) lǒng(动作义)～络 ～括 ～统 ～罩

偻(一) lóu 佝～

(二) lǚ 伛～

瞜 lou 眍～

虏 lǔ(统读)

掳 lǔ(统读)

露(一) lù(文)赤身～体 ～天 ～骨 ～头角 藏头～尾 抛头～面 ～头(矿)

(二) lòu(语)～富 ～苗 ～光 ～相 ～马脚 ～头

橹 lǔ(统读)

捋(一) lǚ～胡子

(二) luō～袖子

绿(一) lǜ(语)

(二) lù(文)～林 鸭～江

栾 luán(统读)

挛 luán(统读)

掠 lüè(统读)

囵 lún(统读)

络 luò～腮胡子

落（一）luò(文)～膘 ～花生 ～魄 涨～ ～槽 着～

（二）lào(语)～架 ～色 ～炕 ～枕 ～儿 ～子(一种曲艺)

（三）là(语)，遗落义。丢三～四 ～在后面

M

脉（除"～～"念 mòmò 外，一律念 mài)

漫 màn(统读)

蔓（一）màn(文)～延 不～不支

（二）wàn(语)瓜～ 压～

牤 māng(统读)

氓 máng 流～

芒 máng(统读)

铆 mǎo(统读)

瑁 mào(统读)

虻 méng(统读)

盟 méng(统读)

祢 mí(统读)

眯（一）mí～了眼(灰尘等入目，也作"迷")

（二）mī～了一会儿(小睡) ～缝着眼(微微合目)

靡（一）mí～费

（二）mǐ 风～ 委～ 披～

秘（除"～鲁"读 bì 外，都读 mì)

泌（一）mì(语)分～

（二）bì(文)～阳〔地名〕

娩 miǎn(统读)

缈 miǎo(统读)

皿 mǐn(统读)

闽 mǐn(统读)

茗 míng(统读)

酩 mǐng(统读)

谬 miù(统读)

摸 mō(统读)

模（一）mó～范 ～式 ～型 ～糊 ～特儿 ～棱两可

（二）mú～子 ～具 ～样

膜 mó(统读)

摩 mó 按～ 抚～

嬷 mó(统读)

墨 mò(统读)

糖 mò(统读)

沫 mò(统读)

缪 móu 绸～

N

难（一）nán 困～(或变轻声)～兄～弟(难得的兄弟，现多用作贬义)

（二）nàn 排～解纷 发～ 刁～ 责～ ～兄～弟(共患难或同受苦难的人)

蝻 nǎn(统读)

蛲 náo(统读)

讷 nè(统读)

馁 něi(统读)

嫩 nèn(统读)

恁 nèn(统读)

妮 nī(统读)

拈 niān(统读)

鲇 nián(统读)

酿 niàng(统读)

尿（一）niào 糖～症

（二）suī(只用于口语名词)尿(niào)～ ～脬

嗫 niè(统读)

宁（一）níng 安～

（二）nìng～可 无～〔姓〕

忸 niǔ(统读)

脓 nóng(统读)

弄（一）nòng 玩～

（二）lòng～堂

暖 nuǎn(统读)

衄 nǜ(统读)

疟（一）nüè(文)～疾

（二）yào(语)发～子

娜（一）nuó 婀～ 袅～

（二）nà（人名）

O

殴 ōu（统读）

呕 ǒu（统读）

P

杷 pá（统读）

琶 pá（统读）

牌 pái（统读）

排 pǎi～子车

迫 pǎi～击炮

湃 pài（统读）

爿 pán（统读）

胖 pán 心广体～（～为安舒貌）

蹒 pán（统读）

畔 pàn（统读）

乓 pāng（统读）

滂 pāng（统读）

脬 pāo（统读）

胚 pēi（统读）

喷（一）pēn～嚏

（二）pèn～香

（三）pen 嚏～

澎 péng（统读）

坯 pī（统读）

披 pī（统读）

匹 pǐ（统读）

僻 pì（统读）

譬 pì（统读）

片（一）piàn ～子 唱～ 画～ 相～ 影
～ ～儿会

（二）piān（口语一部分词）～子 ～儿
唱～儿 画～儿 相～儿 影～儿

剽 piāo（统读）

缥 piāo～缈（飘渺）

撇 piē～弃

聘 pìn（统读）

乒 pīng（统读）

颇 pō（统读）

剖 pōu（统读）

仆（一）pū 前～后继

（二）pú～从

扑 pū（统读）

朴（一）pǔ 俭～ ～素 ～质

（二）pō～刀

（三）pò～硝 厚～

蹼 pǔ（统读）

瀑 pù～布

曝（一）pù 一～十寒

（二）bào ～光（摄影术语）

Q

栖 qī 两～

戚 qī（统读）

漆 qī（统读）

期 qī（统读）

蹊 qī～跷

蛴 qí（统读）

畦 qí（统读）

其 qí（统读）

骑 qí（统读）

企 qǐ（统读）

绮 qǐ（统读）

杞 qǐ（统读）

械 qì（统读）

洽 qià（统读）

签 qiān（统读）

潜 qián（统读）

荨（一）qián（文）～麻

（二）xún（语）～麻疹

嵌 qiàn（统读）

欠 qian 打哈～

戕 qiāng（统读）

镪 qiāng～水

强（一）qiáng～渡 ～取豪夺 ～制 博闻
～识

（二）qiǎng 勉～ 牵～ ～词夺理 ～迫
～颜为笑

（三）jiàng 倔～

— 195 —

襁 qiǎng(统读)

跄 qiàng(统读)

悄(一)qiāo～～儿的

（二）qiǎo～默声儿的

橇 qiāo(统读)

翘(一)qiào(语)～尾巴

（二）qiáo(文)～首 ～楚 连～

怯 qiè(统读)

挈 qiè(统读)

趄 qie 趔～

侵 qīn(统读)

衾 qīn(统读)

噙 qín(统读)

倾 qīng(统读)

亲 qìng～家

穹 qióng(统读)

駸 qū(统读)

曲(麯)qū 大～ 红～ 神～

渠 qú(统读)

瞿 qú(统读)

蠼 qú(统读)

苣 qǔ～荬菜

龋 qǔ(统读)

趣 qù(统读)

雀 què～斑 ～盲症

R

髯 rán(统读)

攘 rǎng(统读)

桡 ráo(统读)

绕 rào(统读)

任 rén〔姓，地名〕

妊 rèn(统读)

扔 rēng(统读)

容 róng(统读)

糅 róu(统读)

茹 rú(统读)

孺 rú(统读)

蠕 rú(统读)

辱 rǔ(统读)

挼 ruó(统读)

S

靸 sǎ(统读)

噻 sāi(统读)

散(一)sǎn 懒～ 零零～～ ～漫

（二）san 零～

丧 sang 哭～着脸

扫(一)sǎo～兴

（二）sào～帚

埽 sào(统读)

色(一)sè(文)

（二）shǎi(语)

塞(一)sè(文)动作义。

（二）sāi(语)名物义，如："活～"、"瓶～"；动作义，如："把洞～住"。

森 sēn(统读)

煞(一)shā～尾 收～

（二）shà～白

啥 shá(统读)

厦(一)shà(语)

（二）xià(文)～门 嗄～

杉(一)shān(文)紫～ 红～ 水～

（二）shā(语)～篙 ～木

衫 shān(统读)

姗 shān(统读)

苫(一)shàn(动作义，如"～布")

（二）shān(名物义，如"草～子")

墒 shāng(统读)

猞 shē(统读)

舍 shè 宿～

慑 shè(统读)

摄 shè(统读)

射 shè(统读)

谁 shéi，又音 shuí

娠 shēn(统读)

什(甚)shén～么

蜃 shèn(统读)

葚(一)shèn(文)桑～

（二）rèn(语)桑～儿

胜 shèng(统读)

识 shí 常～ ～货 ～字

似 shì～的

室 shì(统读)

螫(一) shì(文)

（二）zhē(语)

匙 shi 钥～

殊 shū(统读)

蔬 shū(统读)

疏 shū(统读)

叔 shū(统读)

淑 shū(统读)

菽 shū(统读)

熟(一) shú(文)

（二）shóu(语)

署 shǔ(统读)

曙 shǔ(统读)

漱 shù(统读)

戍 shù(统读)

蟀 shuài(统读)

孀 shuāng(统读)

说 shuì 游～

数 shuò～见不鲜

硕 shuò(统读)

蒴 shuò(统读)

艘 sōu(统读)

嗽 sǒu(统读)

速 sù(统读)

塑 sù(统读)

虽 suī(统读)

绥 suí(统读)

髓 suǐ(统读)

遂(一) suì 不～ 毛～自荐

（二）suí 半身不～

隧 suì(统读)

隼 sǔn(统读)

莎 suō～草

缩(一) suō 收～

（二）sù～砂密(一种植物)

嗦 suō(统读)

索 suǒ(统读)

T

跶 tā(统读)

鳎 tǎ(统读)

獭 tǎ(统读)

沓(一) tà 重～

（二）ta 疲～

（三）dá 一～纸

苔(一) tái(文)

（二）tāi(语)

探 tàn(统读)

涛 tāo(统读)

悌 tì(统读)

佻 tiāo(统读)

调 tiáo～皮

帖(一) tiē 妥～ 伏伏～～ 俯首～耳

（二）tiě 请～ 字～儿

（三）tiè 字～ 碑～

听 tīng(统读)

庭 tíng(统读)

骰 tóu(统读)

凸 tū(统读)

突 tū(统读)

颓 tuí(统读)

蜕 tuì(统读)

臀 tún(统读)

唾 tuò(统读)

W

娲 wā(统读)

挖 wā(统读)

瓦 wà～刀口

喎 wāi(统读)

蜿 wān(统读)

玩 wán(统读)

惋 wǎn(统读)

脘 wǎn(统读)

往 wǎng(统读)

忘 wàng(统读)

微 wēi(统读)

巍 wēi(统读)

薇 wēi(统读)

危 wēi(统读)

韦 wéi(统读)

违 wéi(统读)

唯 wéi(统读)

圩(一) wéi～子

（二） xū～(墟)场

纬 wéi(统读)

委 wěi～靡

伪 wěi(统读)

萎 wěi(统读)

尾(一) wěi～巴

（二） yǐ 马～儿

尉 wèi～官

文 wén(统读)

闻 wén(统读)

紊 wěn(统读)

喔 wō(统读)

蜗 wō(统读)

硪 wò(统读)

诬 wū(统读)

梧 wú(统读)

牾 wǔ(统读)

乌 wù～拉（也作"靰鞡"）～拉草

杌 wù(统读)

鹜 wù(统读)

X

夕 xī(统读)

汐 xī(统读)

晰 xī(统读)

析 xī(统读)

皙 xī(统读)

昔 xī(统读)

溪 xī(统读)

悉 xī(统读)

熄 xī(统读)

蜥 xī(统读)

蟋 xī(统读)

惜 xī(统读)

锡 xī(统读)

樨 xī(统读)

袭 xí(统读)

檄 xí(统读)

峡 xiá(统读)

暇 xiá(统读)

吓 xià 杀鸡～猴

鲜 xiān 屡见不～ 数见不～

锨 xiān(统读)

纤 xiān～维

涎 xián(统读)

弦 xián(统读)

陷 xiàn(统读)

霰 xiàn(统读)

向 xiàng(统读)

相 xiàng～机行事

淆 xiáo(统读)

哮 xiào(统读)

些 xiē(统读)

颉 xié～颃

携 xié(统读)

偕 xié(统读)

挟 xié(统读)

械 xiè(统读)

馨 xīn(统读)

囟 xìn(统读)

行 xíng 操～ 德～ 发～ 品～

省 xǐng 内～ 反～ ～亲 不～人事

芎 xiōng(统读)

朽 xiǔ(统读)

宿 xiù 星～ 二十八～

煦 xù(统读)

蓿 xu 苜～

癣 xuǎn(统读)

削(一) xuē(文)剥～ ～减 瘦～

（二） xiāo(语)切～ ～铅笔 ～球

穴 xué(统读)

198

学 xué（统读）

雪 xuě（统读）

血（一）xuè（文）用于复音词及成语，如"贫～"心～"、"呕心沥～"、"～泪史"、"狗～喷头"等。

（二）xiě（语）口语多单用，如"流了点儿～"及几个口语常用词，如："鸡～"、"～晕"、"～块子"等。

谑 xuè（统读）

寻 xún（统读）

驯 xùn（统读）

逊 xùn（统读）

熏 xùn 煤气～着了

徇 xùn（统读）

殉 xùn（统读）

蕈 xùn（统读）

Y

押 yā（统读）

崖 yá（统读）

哑 yǎ～然失笑

亚 yà（统读）

殷 yān～红

芫 yán～荽

筵 yán（统读）

沿 yán（统读）

焰 yàn（统读）

夭 yāo（统读）

肴 yáo（统读）

杳 yǎo（统读）

舀 yǎo（统读）

钥（一）yào（语）～匙

（二）yuè（文）锁～

曜 yào（统读）

耀 yào（统读）

椰 yē（统读）

噎 yē（统读）

叶 yè～公好龙

曳 yè 弃甲～兵 摇～ ～光弹

屹 yì（统读）

轶 yì（统读）

谊 yì（统读）

懿 yì（统读）

诣 yì（统读）

艾 yì 自怨自～

荫 yìn（统读）（"树～"、"林～道"应作"树阴"、"林阴道"）

应（一）yīng～届 ～名儿 ～许 提出的条件他都～了 是我～下来的任务

（二）yìng～承 ～付 ～声 ～时 ～验 ～邀 ～用 ～运 ～征 里～外合

萦 yíng（统读）

映 yìng（统读）

佣 yōng～工

庸 yōng（统读）

臃 yōng（统读）

壅 yōng（统读）

拥 yōng（统读）

踊 yǒng（统读）

咏 yǒng（统读）

泳 yǒng（统读）

莠 yǒu（统读）

愚 yú（统读）

娱 yú（统读）

愉 yú（统读）

伛 yǔ（统读）

屿 yǔ（统读）

吁 yù 呼～

跃 yuè（统读）

晕（一）yūn～倒 头～

（二）yùn 月～ 血～ ～车

酝 yùn（统读）

Z

匝 zā（统读）

杂 zá（统读）

载（一）zǎi 登～ 记～

（二）zài 搭～ 怨声～道 重～ 装～ ～歌～舞

簪 zān（统读）

咱 zán(统读)

暂 zàn(统读)

凿 záo(统读)

择(一) zé 选～

（二) zhái ～不开 ～菜 ～席

贼 zéi(统读)

憎 zēng(统读)

甑 zèng(统读)

喳 zhā 唧唧～～

轧(除"～钢"、"～辊"念 zhá 外其他都念 yà)（gá 为方言，不审)

摘 zhāi(统读)

粘 zhān～贴

涨 zhǎng～落 高～

着(一) zháo～慌 ～急 ～家 ～凉 ～忙 ～迷 ～水 ～雨

（二) zhuó ～落 ～手 ～眼 ～意 ～重 不～边际

（三) zhāo 失～

沼 zhǎo(统读)

召 zhào(统读)

遮 zhē(统读)

蛰 zhé(统读)

辙 zhé(统读)

贞 zhēn(统读)

侦 zhēn(统读)

帧 zhēn(统读)

胗 zhēn(统读)

枕 zhěn(统读)

诊 zhěn(统读)

振 zhèn(统读)

知 zhī(统读)

织 zhī(统读)

脂 zhī(统读)

植 zhí(统读)

殖(一) zhí 繁～ 生～ ～民

（二) shi 骨～

指 zhǐ(统读)

掷 zhì(统读)

质 zhì(统读)

蛭 zhì(统读)

秩 zhì(统读)

栉 zhì(统读)

炙 zhì(统读)

中 zhōng 人～(人口上唇当中处)

种 zhòng 点～(义同"点播"。动宾结构念 diǎnzhǒng，义为点播种子)

诌 zhōu(统读)

骤 zhòu(统读)

轴 zhòu 大～子戏 压～子

碡 zhou 碌～

烛 zhú(统读)

逐 zhú(统读)

属 zhǔ～望

筑 zhù(统读)

著 zhù 土～

转 zhuǎn 运～

撞 zhuàng(统读)

幢(一) zhuàng 一～楼房

（二) chuáng 经～(佛教所设刻有经咒的石柱)

拙 zhuō(统读)

苗 zhuó(统读)

灼 zhuó(统读)

卓 zhuó(统读)

综 zōng～合

纵 zòng(统读)

粽 zòng(统读)

镞 zú(统读)

组 zǔ(统读)

钻(一) zuān～探 ～孔

（二) zuàn～床 ～杆 ～具

佐 zuǒ(统读)

唑 zuò(统读)

柞(一) zuò～蚕 ～绸

（二) zhà～水(在陕西)

做 zuò(统读)

作(除"～坊"读 zuō 外，其余都读 zuò)

附录二 普通话水平测试常用平翘舌词语表

说 明

1. 本表根据《普通话水平测试用普通话词语表》统计编制。

2. 本表声母 c 与 ch、s 与 sh 的单音节字与多音节词语，按汉语拼音字母 c 与 ch、s 与 sh、z 与 zh、r 的顺序排列。

3. 本表中，在普通话水平测试实施纲要的表一、表二中没有出现的 c 与 ch、s 与 sh、z 与 zh、r 的单音节字或双音节词语，在现代汉语词典中有注音的，用▲标注。

4. 字词注音依据《汉语拼音正词法》规则，不标变调，一律标本音。

c 与 ch

声母 c 的单音节字和双音节词语

1 擦 cā 擦澡▲ cāzǎo	26 操 cāo 操纵 cāozòng
2 猜 cāi 猜测 cāicè	27 糙 cāo 粗糙▲ cūcāo
3 才 cái 才华 cáihuá	28 嘈 cáo 嘈杂 cáozá
4 材 cái 材料 cáiliào	29 槽 cáo 槽子▲ cáozi
5 财 cái 财经 cáijīng	30 草 cǎo 草丛 cǎocóng
6 裁 cái 裁判 cáipàn	31 册 cè 册封▲ cèfēng
7 采 cǎi 采伐 cǎifá	32 侧 cè 侧身 cèshēn
8 彩 cǎi 彩色 cǎisè	33 厕 cè 厕所 cèsuǒ
9 睬 cǎi 理睬▲ lǐcǎi	34 测 cè 测绘 cèhuì
10 踩 cǎi 踩点▲ cǎidiǎn	35 策 cè 策划 cèhuà
11 菜 cài 菜肴 càiyáo	36 层 céng 层出不穷
12 蔡 cài (姓)	céngchūbùqióng
13 参 cān 参军 cānjūn cēn▲ 参	37 蹭 cèng 蹭蹬▲ cèngdèng
差 cēncī▲	38 词 cí 词句 cíjù
14 餐 cān 餐具 cānjù	39 祠 cí 祠堂 cítáng
15 残 cán 残废 cánfèi	40 瓷 cí 瓷砖 cízhuān
16 蚕 cán 蚕豆 cándòu	41 慈 cí 慈祥 cíxiáng
17 惭 cán 惭愧 cánkuì	42 辞 cí 辞退 cítuì
18 惨 cǎn 惨案 cǎn'àn	43 磁 cí 磁体 cítǐ
19 灿 càn 灿烂 cànlàn	44 雌 cí 雌蕊 círuǐ
20 璨▲ càn	45 此 cǐ 此起彼伏 cǐqǐbǐfú
21 仓 cāng 仓皇 cānghuáng	46 次 cì 次日 cìrì
22 沧 cāng 沧桑 cāngsāng	47 刺 cì 刺客 cìkè
23 苍 cāng 苍穹 cāngqióng	48 赐 cì 赐予 cìyǔ
24 舱 cāng 舱位▲ cāngwèi	49 聪 cōng 聪慧 cōnghuì
25 藏 cáng 藏书 cángshū zàng 藏	50 从 cóng 从容 cóngróng
族 zàngzú	51 丛 cóng 丛林 cónglín

52 凑 còu　凑合 còuhe

53 粗 cū　粗略 cūlüè

54 促 cù　促进 cùjìn

55 醋 cù　米醋▲ mǐcù

56 簇 cù　簇拥 cùyōng

57 蹿 cuān　蹿腾▲ cuān·teng

58 窜 cuàn　窜改▲ cuàngǎi

59 篡 cuàn　篡夺 cuànduó

60 崔 cuī　崔巍 cuīwēi

61 催 cuī　催眠 cuīmián

62 摧 cuī　摧毁 cuīhuǐ

63 璀 cuǐ　璀璨 cuǐcàn

64 脆 cuì　脆弱 cuìruò

65 啐 cuì　啐了一口▲ cuìleyīkǒu

66 淬 cuì　淬火 cuìhuǒ

67 萃 cuì　萃取 cuìqǔ

68 瘁 cuì　鞠躬尽瘁▲ jūgōngjìncuì

69 翠 cuì　翠绿 cuìlǜ

70 村 cūn　村寨 cūnzhài

71 皴 cūn　皴裂▲cūnliè

72 存 cún　存折 cúnzhé

73 忖 cǔn　忖度▲ cǔnduó

74 搓 cuō　搓板 cuōbǎn

75 磋 cuō　磋商 cuōshāng

76 撮 cuō　撮口呼 cuōkǒu hū

zuǒ▲　一撮胡子▲ yīzuǒhúzi

77 挫 cuò　挫败 cuòbài

78 措 cuò　措手不及▲ cuòshǒubùjí

79 锉 cuò　锉刀▲ cuòdāo

80 错 cuò　错误 cuò·wù

声母 ch 的单音节字和多音节词语

1 叉 chā　叉腰 chāyāo

chá▲　叉住▲ cházhù

chǎ　叉着腿 chǎzhetuǐ

chà▲　劈叉 pīchà▲

2 杈 chā

chà　树杈▲ shùchà

3 插 chā　插图 chātú

4 查 chá　查找 cházhǎo

zhā▲（姓）

5 茬 chá　换茬▲ huànchá

6 茶 chá　茶几 chájī

7 察 chá　察觉 chájué

8 岔 chà　岔道儿▲ chàdàor

9 诧 chà　诧异 chàyì

10 差 chā　差额 chā'é

chà　差不多 chàbuduō

chāi　差使 chāishǐ

chài▲ 同'瘥'〈书〉

久病初差（瘥▲ jiǔbìngchūchài

cī▲　参差 cēncī

11 拆 chāi　拆迁 chāiqiān

cā　拆烂污 cālànwū

12 柴 chái　柴油 cháiyóu

13 掺 chān　掺兑▲ chānduì

càn▲　渔阳掺▲ yúyángcàn

shǎn▲　掺手▲ shǎnshǒu

14 搀 chān　搀扶 chānfú

15 禅 chán　禅宗 chánzōng

shàn▲　禅让▲shànràng

16 馋 chán　馋嘴▲ chánzuǐ

17 缠 chán　缠绕 chánrào

18 蝉 chán　蝉联▲ chánlián

19 潺 chán　潺潺 chánchán

20 蟾 chán　蟾蜍 chánchú

21 产 chǎn　产销 chǎnxiāo

22 铲 chǎn　铲除 chǎnchú

23 阐 chǎn　阐发 chǎnfā

24 忏 chàn　忏悔 chànhuǐ

25 颤 chàn　颤动 chàndòng

zhàn▲　颤栗▲ zhànlì

26 昌 chāng　昌盛▲ chāngshèng

27 娼 chāng　娼妓 chāngjì

28 猖 chāng　猖狂 chāngkuáng

29 长 cháng　长叹 chángtàn

zhǎng　长老 zhǎnglǎo

30 肠 cháng　肠胃 chángwèi

31 尝 cháng　尝新 chángxīn

32 偿 cháng　偿还 chánghuán

33 常 cháng　常人 chángrén

34 厂 chǎng　厂矿 chǎngkuàng

35 场 chǎng　场地 chǎngdì
cháng　场院▲ chángyuàn

36 敞 chǎng　敞开 chǎngkāi

37 怅 chàng　怅惘 chàngwǎng

38 畅 chàng　畅谈 chàngtán

39 倡 chàng　倡导 chàngdǎo

40 唱 chàng　唱腔 chàngqiāng

41 抄 chāo　抄写 chāoxiě

42 钞 chāo　钞票 chāopiào

43 超 chāo　超脱 chāotuō

44 巢 cháo　巢穴 cháoxué

45 朝 cháo　朝拜 cháobài
zhāo　朝霞 zhāoxiá

46 嘲 cháo　嘲讽 cháofěng

47 潮 cháo　潮汐 cháoxī

48 吵 chǎo　吵架 chǎojià

49 炒 chǎo　炒勺▲ chǎosháo

50 车 chē　车身 chēshēn
jū

51 扯 chě　扯皮 chěpí

52 彻 chè　彻底 chèdǐ

53 掣 chè　掣肘▲ chèzhǒu

54 撤 chè　撤职 chèzhí

55 澈 chè　清澈▲ qīngchè

56 抻 chēn　抻面 chēnmiàn

57 尘 chén　尘土 chéntǔ

58 臣 chén　臣民 chénmín

59 忱 chén　热忱 rèchén

60 沉 chén　沉沦 chénlún

61 辰 chén　辰时 chénshí

62 陈 chén　陈设 chénshè

63 晨 chén　晨光 chénguāng

64 衬 chèn　衬托 chèntuō

65 称 chèn　称心▲ chènxīn
chēng　称道 chēngdào

66 趁 chèn　趁机 chènjī

67 撑 chēng　撑门面▲ chēngménmiàn

68 丞 chéng　丞相 chéngxiàng

69 成 chéng　成交 chéngjiāo

70 呈 chéng　呈现 chéngxiàn

71 承 chéng　承建 chéngjiàn

72 诚 chéng　诚然 chéngrán

73 城 chéng　城区 chéngqū

74 乘 chéng　乘法 chéngfǎ
shèng▲　史乘▲ shǐshèng

75 惩 chéng　惩戒 chéngjiè

76 程 chéng　程度 chéngdù

77 澄 chéng　澄碧▲ chéngbì
dèng　澄浆泥▲ dèngjiāngní

78 橙 chéng　橙黄▲ chénghuáng

79 逞 chěng　逞能▲ chěngnéng

80 骋 chěng　骋目▲ chěngmù

81 秤 chèng　秤杆▲ chènggǎn

82 吃 chī　吃亏 chīkuī

83 嗤 chī　嗤笑▲ chīxiào

84 痴 chī　痴呆 chīdāi

85 池 chí　池塘 chítáng

86 驰 chí　驰名 chímíng

87 持 chí　持重 chízhòng

88 匙 chí　汤匙▲ tāngchí

89 尺 chǐ　尺寸 chǐcùn

90 侈 chǐ　侈靡▲ chǐmí

91 齿 chǐ　齿龈 chǐyín

92 耻 chǐ　耻辱 chǐrǔ

93 斥 chì　斥责 chìzé

94 赤 chì　赤裸 chìluǒ

95 炽 chì　炽烈 chìliè

96 翅 chì　翅膀 chìbǎng

97 啻 chì　何啻▲ héchì

98 充 chōng　充裕 chōngyù

99 冲 chōng　冲撞 chōngzhuàng
chòng　冲劲儿▲ chòngjìnr

100 舂 chōng　舂米▲ chōngmǐ

101 憧 chōng　憧憬 chōngjǐng

102 虫 chóng　虫害 chónghài

103 崇 chóng　崇高 chónggāo

104 宠 chǒng　宠爱 chǒng'ài

105 抽 chōu　抽搐 chōuchù

106 仇 chóu　仇敌 di

qiú(姓)

107 惆 chóu　惆怅 chóuchàng

108 绸 chóu　绸缎 chóuduàn

109 畴 chóu　畴昔▲ chóuxī

110 愁 chóu　愁苦 chóukǔ

111 稠 chóu　稠密 chóumì

112 筹 chóu　筹划 chóuhuà

113 酬 chóu　酬报 chóubào

114 踌 chóu　踌躇 chóuchú

115 丑 chǒu　丑恶 chǒu'è

116 臭 chòu　臭氧 chòuyǎng

117 出 chū　出马 chūmǎ

118 初 chū　初秋 chūqiū

119 刍 chú　刍秣 chúmò

120 除 chú　除外 chúwài

121 厨 chú　厨房 chúfáng

122 锄 chú　锄头 chútou

123 雏 chú　雏形 chúxíng

124 橱 chú　橱窗 chúchuāng

125 础 chǔ　基础 jīchǔ

126 储 chǔ　储备 chǔbèi

127 楚 chǔ　楚剧 chǔjù

128 处 chǔ　处置 chǔzhì

chù　住处 zhùchù

129 搐 chù　搐动▲ chùdòng

130 触 chù　触角 chùjiǎo

131 矗 chù　矗立 chùlì

132 揣 chuāi　揣手儿▲ chuāishǒur

chuǎi 揣摩 chuǎimó

chuài 囊揣 nāngchuài

133 啜 chuài(姓)

chuò　啜泣 chuòqì

134 踹 chuài　踹开▲ chuàikāi

135 川 chuān　川流不息 chuānliúbùxī

136 穿 chuān　穿孔 chuānkǒng

137 传 chuán　传真 chuánzhēn

zhuàn　传记 zhuànjì

138 船 chuán　船舷 chuánxián

139 喘 chuǎn　喘气 chuǎnqì

140 串 chuàn　串联 chuànlián

141 疮 chuāng　疮疤 chuāngbā

142 窗 chuāng　窗台 chuāngtái

143 床 chuáng　床铺 chuángpù

144 闯 chuǎng　闯关东▲ chuǎngguāndōng

145 创 chuāng　创口 chuāngkǒu

chuàng　创刊 chuàngkān

146 吹 chuī　吹牛 chuīniú

147 炊 chuī　炊烟 chuīyān

148 垂 chuí　垂直 chuízhí

149 陲 chuí　边陲 biānchuí

150 捶 chuí　捶打▲ chuídǎ

151 槌 chuí　棒槌 bàngchuí

152 锤 chuí　锤子 chuízi

153 春 chūn　春光 chūnguāng

154 纯 chún　纯粹 chúncuì

155 唇 chún　唇膏▲ chúngāo

156 淳 chún　淳朴 chúnpǔ

157 醇 chún　醇厚▲ chúnhòu

158 蠢 chǔn　蠢事 chǔnshì

159 戳 chuō　戳脊梁骨▲ chuōjǐ·

lianggǔ

160 绰 chuò　绰号 chuòhào

chāo▲　绰起棍子▲ chāoqǐgùnzi

s 与 sh

声母 s 的单音节字和多音节词语

1 仨 sā　仨人▲ sārén

2 撒 sā　撒谎 sāhuǎng

sǎ　撒播 bōsǎ

3 洒 sǎ　洒脱 sǎtuō

4 卅 sà　五卅运动▲ wǔsàyùndòng

5 萨 sà　萨克管▲ sàkèguǎn

6 塞 sāi　塞子 sāizi

sài　边塞▲ biānsài

sè　塞音▲ sèyīn

7 腮 sāi　腮腺▲ sāixiàn

8 鳃 sāi　鱼鳃 yúsāi

9 赛 sài　赛跑 sàipǎo

10 三 sān　三角洲 sānjiǎozhōu

11 伞 sǎn　伞兵 bīng

12 散 sǎn　散漫 sǎnmàn

sàn　散伙 sànhuǒ

13 桑 sāng　桑拿浴 sāngnáyù

14 嗓 sǎng　嗓门儿 sǎngménr

15 丧 sàng　丧气 sàngqì

16 搔 sāo　搔首弄姿 sāoshǒunòngzī

17 骚 sāo　骚扰▲ sāorǎo

18 缫 sāo　缫丝▲ sāosī

19 臊 sāo　臊气▲ sāoqì

sào　害臊▲ hàisào

20 扫 sǎo　扫盲 sǎománg

sào　扫帚 sàozhōu

21 嫂 sǎo　嫂子 sǎozi

22 色 sè　色调 sèdiào

shǎi　色酒▲ shǎijiǔ

23 涩 sè　涩滞▲ sèzhì

24 啬 sè　吝啬▲ lìnsè

25 瑟 sè　瑟瑟▲ sèsè

26 森 sēn　森严 sēnyán

27 僧 sēng　僧尼 sēngní

28 丝 sī　丝绒 sīróng

29 司 sī　司空见惯 sīkōngjiànguàn

30 私 sī　私语 sīyǔ

31 思 sī　思虑 sīlù

32 斯 sī　斯文 sīwén

33 厮 sī　厮杀 sīshā

34 嘶 sī　嘶哑 sīyǎ

35 撕 sī　撕毁 sīhuǐ

36 死 sǐ　死活 sǐhuó

37 四 sì　四周 sìzhōu

38 寺 sì　寺庙 sìmiào

39 伺 sì　伺机 sìjī

40 似 sì　似乎 sìhū

shì　似的 shìde

41 祀 sì　祀祖▲ sìzǔ

42 伺 sì　伺机进攻▲ sìjījìngōng

43 嗣 sì　嗣位 sìwèi

44 肆 sì　肆意 sìyì

45 松 sōng　松懈 sōngxiè

46 怂 sǒng　怂恿 sǒngyǒng

47 悚 sǒng　悚惧▲ sǒngjù

48 耸 sǒng　耸立 sǒnglì

49 讼 sòng　讼棍▲ sònggùn

50 宋 sòng　宋体字▲ sòngtǐzì

51 诵 sòng　诵读 sòngdú

52 送 sòng　送葬 sòngzàng

53 颂 sòng　颂扬 sòngyáng

54 搜 sōu　搜寻 sōuxún

55 艘 sōu　五艘船▲ wǔsōuchuán

56 擞 sǒu　抖擞▲ dǒusǒu

57 苏 sū　苏醒 xǐng

58 酥 sū　酥油 sūyóu

59 俗 sú　俗名 súmíng

60 诉 sù　诉苦 sùkǔ

61 肃 sù　肃穆 sùmù

62 素 sù　素描 sùmiáo

63 速 sù　速度 sùdù

64 宿 sù　宿营 sùyíng

65 粟 sù　粟米▲ sùmǐ

66 塑 sù　塑像 sùxiàng

67 溯 sù　溯源▲ sùyuán

68 酸 suān　酸枣 suānzǎo

69 蒜 suàn　蒜毫▲ suànháo

70 算 suàn　算账 suànzhàng

71 虽 suī　虽然 suīrán

72 绥 suí　绥靖▲ suíjìng

73 隋 suí（朝代、姓）

74 随 suí　随同 suítóng

75 髓 suǐ　脑髓▲ nǎosuǐ

76 岁 suì　岁月 suìyuè

77 祟 suì　作祟▲ zuòsuì

78 遂 suì　遂心▲ suìxīn

suí　半身不遂▲ bànshēnbùsuí

79 碎 suì　粉碎 fěnsuì

80 隧 suì　隧道 suìdào

81 穗 suì　高粱穗▲ gāoliángsuì

82 邃 suì　邃密 suìmì

83 孙 sūn　孙女 sūn·nǚ

84 损 sǔn　损坏 sǔnhuài

85 笋 sǔn　竹笋▲ zhúsǔn

86 唆 suō　唆使 suōshǐ

87 梭 suō　梭镖 suōbiāo

88 蓑 suō　蓑衣 suōyī

89 缩 suō　缩减 suōjiǎn

sù　缩砂密 sùshāmì

90 所 suǒ　所以 suǒyǐ

91 索 suǒ　索性 suǒxìng

92 琐 suǒ　琐碎 suǒsuì

93 锁 suǒ　锁链 suǒliàn

声母 sh 的单音节字和多音节词语

1 杀 shā　杀戮 shālù

2 沙 shā　沙土 shātǔ

shà　沙一沙▲ shàyīshà

3 纱 shā　纱锭 shādìng

4 刹 shā　刹车 shāchē

chà　刹那 chànà

5 砂 shā　砂纸▲ shāzhǐ

6 傻 shǎ　傻瓜 shǎguā

7 煞 shà　煞费苦心▲ shàfèikǔxīn

8 霎 shà　霎时 shàshí

9 筛 shāi　筛选 shāixuǎn

10 晒 shài　晒图▲ shàitú

11 山 shān　山羊 shānyáng

12 杉 shān

shā　杉木▲ shāmù

13 衫 shān　汗衫 hànshān

14 珊 shān　珊瑚 shānhú

15 煽 shān　煽动 shāndòng

16 扇 shān　扇动 shāndòng

shàn　扇贝 shànbèi

17 闪 shǎn　闪现 shǎnxiàn

18 陕 shǎn　陕西▲ shǎnxī

19 讪 shàn　讪笑▲ shànxiào

20 善 shàn　善良 shànliáng

21 缮 shàn　缮发▲ shànfā

22 擅 shàn　擅长 shàncháng

23 膳 shàn　膳食 shànshí

24 赡 shàn　赡养 shànyǎng

25 伤 shāng　伤痕 shānghén

26 商 shāng　商榷 shāngquè

27 裳 shāng　衣裳 yīshang

28 晌 shǎng　晌午 shǎngwǔ

29 赏 shǎng　赏识 shǎngshí

30 上 shǎng　上声▲ shǎngshēng

shàng　上学 shàngxué

31 尚 shàng　尚且 shàngqiě

32 捎 shāo　捎脚▲ shāojiǎo

shào　捎色▲ shàoshǎi

33 梢 shāo　树梢▲ shùshāo

34 烧 shāo　烧饼 shāobing

35 稍 shāo　稍微 shāowēi

shào　稍息▲ shàoxī

36 勺 sháo　勺子 sháozi

37 少 shǎo　少见 shǎojiàn

shào　少妇 shàofù

38 绍 shào　绍兴酒 shàoxīngjiǔ

39 哨 shào　哨兵 shàobīng

40 奢 shē　奢侈 shēchǐ

41 舌 shé　舌苔 shétāi

42 蛇 shé　蛇胆▲ shédǎn

43 舍 shě　舍弃 shěqì

shè　寒舍 hánshè

44 设 shè　设想 shèxiǎng

45 社 shè　社团 shètuán

46 射 shè　射门 shèmén

47 涉 shè　涉足 shèzú

48 赦 shè　赦免 shèmiǎn

49 摄 shè　摄影 shèyǐng

50 麝 shè　麝香 shèxiāng

51 申 shēn　申报 shēnbào

52 伸 shēn　伸展 shēnzhǎn

53 身 shēn　身价 shēnjià

54 呻 shēn　呻吟 shēnyín

55 绅 shēn　绅士 shēnshì

56 娠 shēn　妊娠▲ rènshēn

57 砷 shēn

58 深 shēn　深渊 shēnyuān

59 神 shén　神龛 shénkān

60 沈 shěn　沈阳▲ shěnyáng

61 审 shěn　审慎 shěnshèn

62 婶 shěn　婶子 shěnzi

63 肾 shèn　肾脏 shènzàng

64 甚 shèn　甚而 shèn'ér

65 渗 shèn　渗入 shènrù

66 慎 shèn　慎重 shènzhòng

67 蜃 shèn　海市蜃楼▲ hǎishìshènlóu

68 升 shēng　升华 shēnghuá

69 生 shēng　生硬 shēngyìng

70 声 shēng　声望 shēngwàng

71 牲 shēng　牲口 shēngkǒu

72 胜 shèng　胜利 shènglì

73 笙 shēng　笙歌▲ shēnggē

74 绳 shéng　绳索 shéngsuǒ

75 省 shěng　省份 shěngfèn

76 圣 shèng　圣诞节 shèngdànjié

77 盛 shèng　盛况 shèngkuàng

chéng　盛器 chéngqì

78 剩 shèng　剩余 shèngyú

79 尸 shī　尸骨 shīgǔ

80 失 shī　失血 shīxuè

81 师 shī　师范 shīfàn

82 虱 shī　虱子 shīzi

83 诗 shī　诗篇 shīpiān

84 施 shī　施政 shīzhèng

85 狮 shī　狮子 shīzi

86 湿 shī　温热 shīrè

87 十 shí　十足 shízú

88 什 shí　什锦 shíjǐn

shén　什么▲ shénme

89 石 shí　石子儿 shízǐr

90 时 shí　时光 shíguāng

91 识 shí　识别 shíbié

zhì▲　标识 biāozhì

92 实 shí　实验 shíyàn

93 拾 shí　拾掇 shíduo

shè▲　拾级 shèjí

94 蚀 shí　蚀本 shíběn

95 食 shí　食欲 shíyù

96 史 shǐ　史料 shǐliào

97 矢 shǐ　矢口▲ shǐkǒu

98 使 shǐ　使用 shǐyòng

99 始 shǐ　始祖 shǐzǔ

100 驶 shǐ　行驶 xíngshǐ

101 屎 shǐ　屎壳郎▲ shǐ·kelàng

102 士 shì　士兵 shìbīng

103 氏 shì　氏族 shìzú

104 世 shì　世袭 shìxí

105 仕 shì　仕途 shìtú

106 市 shì　市郊 shìjiāo

107 示 shì　示弱 shìruò

108 式 shì　式样 shìyàng

109 事 shì　事宜 shìyí

110 侍 shì　侍奉 shìfèng

111 势 shì　势能 shìnéng

112 视 shì　视网膜 shìwǎngmó

113 试 shì　试卷 shìjuàn

114 饰 shì　饰品 shìpǐn

115 室 shì　室内乐 shìnèiyuè

116 恃 shì　恃才傲物▲ shìcái'àowù

117 拭 shì　拭目以待▲ shìmùyǐdài

118 是 shì　是否 shìfǒu

119 柿 shì　柿子 shìzi

120 适 shì　适合 shìhé

121 舐 shì　舐犊情深 shìdúqíngshēn

122 逝 shì　逝世 shìshì

123 释 shì　释放 shìfàng

124 嗜 shì　嗜好 shìhào

125 誓 shì　誓言 shìyán

126 噬 shì　吞噬▲ tūnshì
127 螫 shì　螫针▲ shìzhēn
128 收 shōu　收买 shōumǎi
129 手 shǒu　手腕 shǒuwàn
130 首 shǒu　首届 shǒujiè
131 寿 shòu　寿命 shòumìng
132 狩 shòu　狩猎 shòuliè
133 兽 shòu　兽医▲ shòuyī
134 售 shòu　售货员▲ shòuhuòyuán
135 授 shòu　授课 shòukè
136 瘦 shòu　瘦小 shòuxiǎo
137 书 shū　书桌 shūzhuō
138 抒 shū　抒发 shūfā
139 叔 shū　叔叔 shūshu
140 枢 shū　枢纽 shūniǔ
141 倏 shū　倏然 shūrán
142 殊 shū　殊荣▲ shūróng
143 梳 shū　梳理 shūlǐ
144 疏 shū　疏远 shūyuǎn
145 舒 shū　舒畅 shūchàng
146 输 shū　输送 shūsòng
147 蔬 shū　蔬菜 shūcài
148 孰 shú　孰能无过▲ shúnéngwúguò
149 赎 shú　赎罪 shúzuì
150 塾 shú　私塾▲ sīshú
151 熟 shú　熟练 shúliàn
152 暑 shǔ　暑假 shǔjià
153 署 shǔ　署名 shǔmíng
154 鼠 shǔ　鼠目寸光▲ shǔmùcùnguāng
155 蜀 shǔ　蜀绣▲ shǔxiù
156 薯 shǔ　马铃薯▲ mǎlíngshǔ
157 曙 shǔ　曙光 shǔguāng
158 术 shù　术语 shùyǔ
159 束 shù　束缚 shùfù
160 述 shù　述评 shùpíng
161 树 shù　树冠 shùguān
162 竖 shù　竖立 shùlì
163 恕 shù　恕不招待▲ shùbùzhāodài
164 庶 shù　庶民▲ shùmín

165 数 shù　数码 shùmǎ
166 墅 shù　别墅▲ biéshù
167 刷 shuā　刷新 shuāxīn
168 耍 shuǎ　耍花招▲ shuǎhuāzhāo
169 衰 shuāi　衰竭 shuāijié
170 摔 shuāi　摔跤 shuāijiāo
171 甩 shuǎi　甩手▲ shuǎishǒu
172 帅 shuài　帅才▲ shuàicái
173 拴 shuān　拴住▲ shuānzhù
174 栓 shuān　栓塞 shuānsè
175 涮 shuàn　涮火锅▲ shuànhuǒguō
176 双 shuāng　双边 shuāngbiān
177 霜 shuāng　霜冻 shuāngdòng
178 爽 shuǎng　爽朗 shuǎnglǎng
179 谁 shuí
180 水 shuǐ　水泵 shuǐbèng
181 税 shuì　税务 shuìwù
182 睡 shuì　睡梦 shuìmèng
183 吮 shǔn　吮吸 shǔnxī
184 顺 shùn　顺风 shùnfēng
185 舜 shùn
186 瞬 shùn　瞬间 shùnjiān
187 说 shuō　说谎 shuōhuǎng
shuì　游说▲ yóushuì
188 烁 shuò　闪烁▲ shǎnshuò
189 硕 shuò　硕大 shuòdà

z 与 zh

声母 z 的单音节字和双音节词语

1 咂 zā　咂嘴▲ zāzuǐ
2 杂 zá　杂乱 záluàn
3 砸 zá　砸锅卖铁 záguōmàitiě
4 灾 zāi　灾难 zāinàn
5 哉 zāi
6 栽 zāi　栽培 zāipéi
7 宰 zǎi　宰割 zǎigē
8 载 zǎi　登载 dēngzǎi
zài　载体 zàitǐ
9 崽 zǎi　猪崽儿 zhūzǎir
10 再 zài　再现 zàixiàn

11 在 zài 在乎 zàihu
12 咱 zán 咱们 zánmen
13 攒 zǎn 积攒 jīzǎn
14 暂 zàn 暂且 zànqiě
15 赞 zàn 赞赏 zànshǎng
16 脏 zàng 脏腑 zàngfǔ
17 葬 zàng 葬礼 zànglǐ
18 遭 zāo 遭殃 zāoyāng
19 糟 zāo 糟粕 zāopò
20 凿 záo 凿子▲ záozi
21 早 zǎo 早年 zǎonián
22 枣 zǎo 枣泥▲ zǎoní
23 蚤 zǎo 跳蚤 tiàozao
24 澡 zǎo 澡盆▲ zǎopén
25 藻 zǎo 海藻▲ hǎizǎo
26 灶 zào 灶火▲ zàohuǒ
27 皂 zào 肥皂 féizào
28 造 zào 造福 zàofú
29 噪 zào 噪音 zàoyīn
30 燥 zào 燥热▲ zàorè
31 躁 zào 烦躁 fánzào
32 则 zé 总则 zǒngzé
33 择 zé 择优 zéyōu
34 泽 zé 光泽 guāngzé
35 责 zé 责问 zéwèn
36 啧 zé 啧啧 zézé
37 仄 zè 仄声▲ zèshēng
38 贼 zéi 贼寇 zéikòu
39 怎 zěn 怎么样 zěnmeyàng
40 曾 zēng 曾祖 zēngzǔ
41 增 zēng 增加 zēngjiā
42 憎 zèng 憎恶 zèngwù
43 赠 zèng 赠送 zèngsòng
44 仔 zī 仔肩▲ zījiān
zǎi(同崽字)
45 兹 zī
cí
46 咨 zī 咨询 zīxún
47 姿 zī 姿态 zītài

48 资 zī 资历 zīlì
49 滋 zī 滋补 zībǔ
50 籽 zǐ 菜籽儿 càizǐr
51 子 zǐ 子弹 zǐdàn
52 姊 zǐ 姊妹 zǐmèi
53 紫 zǐ 紫外线 zǐwàixiàn
54 滓 zǐ 渣滓 zhā·zǐ
55 字 zì 字典 zìdiǎn
56 自 zì 自如 zìrú
57 渍 zì 油渍▲ yóuzì
58 宗 zōng 宗派 zōngpài
59 综 zōng 综合 zōnghé
60 棕 zōng 棕榈 zōnglú
61 踪 zōng 踪迹 zōngjì
62 鬃 zōng 马鬃▲ mǎzōng
63 总 zǒng 总务 zǒngwù
64 纵 zòng 纵横 zònghéng
65 粽 zòng 粽子 zòngzi
66 走 zǒu 走动 zǒudòng
67 奏 zòu 奏章 zòuzhāng
68 揍 zòu 挨揍 áizòu
69 租 zū 租金 zūjīn
70 足 zú 足球 zúqiú
71 卒 zú 卒业 zúyè
72 族 zú 族谱▲ zúpǔ
73 诅 zǔ 诅咒 zǔzhòu
74 阻 zǔ 阻拦 zǔlán
75 组 zǔ 组建 zǔjiàn
76 祖 zǔ 祖传 zǔchuán
77 纂 zuǎn 纂辑▲ zuǎnjí
78 钻 zuàn 钻头 zuàntóu
79 攥 zuàn
80 嘴 zuǐ 嘴脸 zuǐliǎn
81 最 zuì 最后 zuìhòu
82 罪 zuì 罪名 zuìmíng
83 醉 zuì 醉心 zuìxīn
84 尊 zūn 尊贵 zūnguì
85 遵 zūn 遵循 zūnxún
86 昨 zuó 昨天 zuótiān

87 左 zuǒ　左翼 zuǒyì

88 佐 zuǒ　辅佐▲ fǔzuǒ

89 作 zuō　作坊 zuōfang

zuò　作文 zuòwén

90 坐 zuò　坐落 zuòluò

91 座 zuò　座谈 zuòtán

92 做 zuò　做工 zuògōng

声母 zh 的单音节字和双音节词语

1 渣 zhā　渣滓 zhā·zǐ

2 楂 zhā　山楂 shānzhā

3 扎 zhā　扎实 zhāshi

4 轧 zhá　轧钢▲ zhágāng

yà　轧道车 yàdàochē

gá　轧账 gázhàng

5 闸 zhá　闸门 zhámén

6 铡 zhá　铡刀 zhádāo

7 眨 zhǎ　眨眼 zhǎyǎn

8 乍 zhà　乍冷乍热 zhàlěngzhàrè

9 诈 zhà　诈骗 zhàpiàn

10 栅 zhà　栅栏 zhàlán

11 炸 zhà　炸药 zhàyào

12 蚱 zhà　蚱蜢 zhàměng

13 榨 zhà　榨取 zhàqǔ

14 斋 zhāi　斋饭▲ zhāifàn

15 摘 zhāi　摘除 zhāichú

16 宅 zhái　宅子 zháizi

17 窄 zhǎi　窄胡同 zhǎihútong

18 债 zhài　债券 zhàiquàn

19 寨 zhài　寨子 zhàizi

20 沾 zhān　沾染 zhānrǎn

21 毡 zhān　毡房▲ zhānfáng

22 粘 zhān　粘连 zhānlián

23 瞻 zhān　瞻仰 zhānyǎng

24 斩 zhǎn　斩首▲ zhǎnshǒu

25 展 zhǎn　展翅 zhǎnchì

26 盏 zhǎn

27 崭 zhǎn　崭新 zhǎnxīn

28 辗 zhǎn　辗转 zhǎnzhuǎn

29 占 zhàn　占有 zhànyǒu

30 战 zhàn　战胜 zhànshèng

31 站 zhàn　站台 zhàntái

32 绽 zhàn　破绽 pò·zhàn

33 湛 zhàn　湛蓝▲ zhànlán

34 蘸 zhàn

35 张 zhāng　张罗 zhāngluo

36 章 zhāng　章法 zhāngfǎ

37 彰 zhāng　表彰 biǎozhāng

38 樟 zhāng　樟脑 zhāngnǎo

39 涨 zhǎng　涨潮 zhǎngcháo

40 掌 zhǎng　掌握 zhǎngwò

41 丈 zhàng　丈夫 zhàngfu

42 仗 zhàng　仗胆▲ zhàngdǎn

43 帐 zhàng　帐篷 zhàngpeng

44 杖 zhàng　拐杖 guǎizhàng

45 胀 zhàng　膨胀 péngzhàng

46 账 zhàng　账本 zhàngběn

47 障 zhàng　障碍 zhàng'ài

48 招 zhāo　招呼 zhāohu

49 昭 zhāo　昭雪▲ zhāoxuě

50 找 zhǎo　找齐 zhǎoqí

51 沼 zhǎo　沼气 zhǎoqì

52 召 zhào　召开 zhàokāi

53 兆 zhào　兆头 zhào·tou

54 诏 zhào　诏书 zhàoshū

55 赵 zhào　赵体▲ zhàotǐ

56 照 zhào　照顾 zhàogù

57 罩 zhào　罩衣▲ zhàoyī

58 肇 zhào　肇事 zhàoshì

59 蜇 zhē

60 遮 zhē　遮挡 zhēdǎng

61 折 zhē　折腾 zhēteng

zhé　折射 zhéshè

62 哲 zhé　哲学 zhéxué

63 辄 zhé　动辄▲ dòngzhé

64 辙 zhé　覆辙▲ fùzhé

65 者 zhě　读者 dúzhě

66 褶 zhě　褶皱 zhězhòu

67 这 zhè　这些 zhèxiē

68	浙 zhè	浙江 zhèjiāng	106	肢 zhī	肢体 zhītǐ
69	蔗 zhè	蔗糖 zhètáng	107	脂 zhī	脂粉 zhīfěn
70	贞 zhēn	贞操 zhēncāo	108	执 zhí	执行 zhíxíng
71	针 zhēn	针对 zhēnduì	109	侄 zhí	侄女 zhí·nǚ
72	侦 zhēn	侦察 zhēnchá	110	直 zhí	直径 zhíjìng
73	珍 zhēn	珍藏 zhēncáng	111	值 zhí	值得 zhí·de
74	真 zhēn	真实 zhēnshí	112	职 zhí	职工 zhígōng
75	砧 zhēn	砧板 zhēnbǎn	113	植 zhí	植物 zhíwù
76	斟 zhēn	斟酌 zhēnzhuó	114	殖 zhí	殖民地 zhímíndì
77	臻 zhēn		115	止 zhǐ	止步 zhǐbù
78	诊 zhěn	诊断 zhěnduàn	116	只 zhǐ	只管 zhǐguǎn
79	枕 zhěn	枕头 zhěntou	117	旨 zhǐ	旨意 zhǐyì
80	疹 zhěn	麻疹 mázhěn	118	址 zhǐ	地址 dìzhǐ
81	阵 zhèn	阵地 zhèndì	119	纸 zhǐ	纸张 zhǐzhāng
82	振 zhèn	振动 zhèndòng	120	指 zhǐ	指导 zhǐdǎo
83	朕 zhèn		121	趾 zhǐ	趾骨 zhǐgǔ
84	镇 zhèn	镇压 zhènyā	123	志 zhì	志愿军 zhìyuànjūn
85	震 zhèn	震耳欲聋 zhèn'ěryùlóng	124	制 zhì	制订 zhìdìng
86	争 zhēng	争论 zhēnglùn	125	帜 zhì	旗帜 qízhì
87	征 zhēng	征收 zhēngshōu	126	治 zhì	治疗 zhìliáo
88	挣 zhēng	挣扎▲ zhēngzhá	127	炙 zhì	炙热▲ zhìrè
	zhèng	挣命▲ zhèngmìng	128	质 zhì	质量 zhìliàng
89	睁 zhēng	睁眼▲ zhēngyǎn	129	峙 zhì	对峙 duìzhì
90	筝 zhēng	风筝 fēngzheng	130	挚 zhì	诚挚 chéngzhì
91	蒸 zhēng	蒸发 zhēngfā	131	桎 zhì	桎梏 zhìgù
92	拯 zhěng	拯救 zhěngjiù	132	秩 zhì	秩序 zhìxù
93	整 zhěng	整顿 zhěngdùn	133	致 zhì	致使 zhìshǐ
94	正 zhèng	正常 zhèngcháng	134	掷 zhì	投掷 tóuzhì
95	证 zhèng	证实 zhèngshí	135	窒 zhì	窒息 zhìxī
96	郑 zhèng	郑重 zhèngzhòng	136	智 zhì	智慧 zhìhuì
97	政 zhèng	政策 zhèngcè	137	滞 zhì	滞销 zhìxiāo
98	症 zhèng	症状 zhèngzhuàng	138	稚 zhì	稚嫩 zhìnèn
99	之 zhī	之后 zhīhòu	139	置 zhì	置换 zhìhuàn
100	支 zhī	支持 zhīchí	140	中 zhōng	中世纪 zhōngshìjì
101	汁 zhī	汁液 zhīyè	141	忠 zhōng	忠诚 zhōngchéng
102	芝 zhī	芝麻 zhīma	142	终 zhōng	终于 zhōngyú
103	枝 zhī	枝条 zhītiáo	143	盅 zhōng	酒盅▲ jiǔzhōng
104	知 zhī	知识 zhīshi	144	钟 zhōng	钟头 zhōngtóu
105	织 zhī	织物 zhīwù	145	衷 zhōng	衷心 zhōngxīn

146 肿 zhǒng　肿胀 zhǒngzhàng
147 种 zhǒng　种类 zhǒnglèi
zhòng　种田 zhòngtián
148 冢 zhǒng　荒冢▲ huāngzhǒng
149 仲 zhòng　仲裁 zhòngcái
150 众 zhòng　众多 zhòngduō
151 重 zhòng　重工业 zhònggōngyè
152 州 zhōu
153 舟 zhōu　轻舟▲ qīngzhōu
154 周 zhōu　周而复始 zhōu'érfùshǐ
155 洲 zhōu　洲际导弹▲ zhōujìdǎodàn
156 粥 zhōu　八宝粥▲ bābǎozhōu
157 轴 zhóu　轴线 zhóuxiàn
158 肘 zhǒu　肘窝▲ zhǒuwō
159 帚 zhǒu　扫帚 sàozhou
160 咒 zhòu　咒骂 zhòumà
161 宙 zhòu　宇宙 yǔzhòu
162 昼 zhòu　昼夜 zhòuyè
163 皱 zhòu　皱纹 zhòuwén
164 骤 zhòu　骤然 zhòurán
165 朱 zhū　朱砂▲ zhūshā
166 诛 zhū　诛戮▲ zhūlù
167 株 zhū　株连 zhūlián
168 珠 zhū　珠子 zhūzi
169 诸 zhū　诸如此类 zhūrúcǐlèi
170 猪 zhū　猪排▲ zhūpái
171 蛛 zhū　蛛网 zhūwǎng
172 竹 zhú　竹笋 zhúsǔn
173 烛 zhú　蜡烛 làzhú
174 逐 zhú　逐渐 zhújiàn
175 主 zhú　主意 zhúyì
zhǔ　主意 zhǔyì
176 拄 zhǔ
177 属 zhǔ　属意▲ zhǔyì
178 煮 zhǔ　煮饺子▲ zhǔjiǎozi
179 嘱 zhǔ　嘱咐 zhǔfù
180 瞩 zhǔ　瞩目 zhǔmù
181 伫 zhù　伫立 zhùlì
182 住 zhù　住宅 zhùzhái

183 助 zhù　助手 zhùshǒu
184 注 zhù　注意 zhùyì
185 贮 zhù　贮存 zhùcún
186 驻 zhù　驻扎 zhùzhā
187 柱 zhù　柱子 zhùzi
188 祝 zhù　祝贺 zhùhè
189 著 zhù　著作 zhùzuò
190 蛀 zhù　蛀虫▲ zhùchóng
191 筑 zhù　建筑 jiànzhù
192 铸 zhù　铸造 zhùzào
193 抓 zhuā　抓获 zhuāhuò
194 爪 zhuǎ　爪子 zhuǎzi
195 拽 zhuài
196 专 zhuān　专家 zhuānjiā
197 砖 zhuān　砖头 zhuāntóu
198 转 zhuǎn　转达 zhuǎndá
zhuàn　转轴 zhuànzhóu
199 赚 zhuàn　赚头▲ zhuàn·tou
200 撰 zhuàn　撰写 zhuànxiě
201 篆 zhuàn　篆刻 zhuànkè
202 妆 zhuāng　卸妆▲ xièzhuāng
203 庄 zhuāng　庄稼 zhuāngjia
204 桩 zhuāng　木桩▲ mùzhuāng
205 装 zhuāng　装饰 zhuāngshì
206 壮 zhuàng　壮大 zhuàngdà
207 状 zhuàng　状况 zhuàngkuàng
208 幢 zhuàng
209 撞 zhuàng　撞击 zhuàngjī
210 追 zhuī　追求 zhuīqiú
211 椎 zhuī　脊椎 jǐzhuī
212 锥 zhuī　锥子 zhuīzi
213 坠 zhuì　坠落 zhuìluò
214 缀 zhuì　缀合▲ zhuìhé
215 赘 zhuì　累赘 léizhuì
216 准 zhǔn　准则 zhǔnzé
217 拙 zhuō　拙劣▲ zhuōliè
218 桌 zhuō　桌子 zhuōzi
219 捉 zhuō　捉拿 zhuōná
220 卓 zhuó　卓著 zhuózhù

221 灼 zhuó　灼热 zhuórè
222 茁 zhuó　茁壮 zhuózhuàng
223 浊 zhuó　浑浊 húnzhuó
224 啄 zhuó　啄木鸟 zhuómùniǎo
225 着 zhuó　着手 zhuóshǒu
226 琢 zhuó　琢磨 zhuómó
zuó　琢磨 zuómo

r

声母 r 的单音节字和双音节词语

1 然 rán　然而 rán'ér
2 燃 rán　燃烧 ránshāo
3 冉 rǎn　冉冉 rǎnrǎn
4 染 rǎn　染色体 rǎnsètǐ
5 嚷 rāng　嚷嚷 rāngrāng
6 壤 rǎng　土壤 tǔrǎng
7 让 ràng　让步 ràngbù
8 饶 ráo　饶恕 ráoshù
9 扰 rǎo　扰乱 rǎoluàn
10 绕 rào　绕道 ràodào
11 惹 rě　惹气▲ rěqì
12 热 rè　热闹 rènao
13 人 rén　人生 rénshēng
14 仁 rén　仁慈 réncí
15 忍 rěn　忍受 rěnshòu
16 刃 rèn　刃具▲ rènjù
17 认 rèn　认识论 rènshílùn
18 任 rèn　任职 rènzhí
19 纫 rèn　缝纫 féngrèn
20 妊 rèn　妊娠 rènshēn
21 韧 rèn　韧性 rènxìng
22 饪 rèn　烹饪 pēngrèn

23 扔 rēng　扔球▲ rēngqiú
24 仍 réng　仍然 réngrán
25 日 rì　日常 rìcháng
26 绒 róng　绒线 róngxiàn
27 荣 róng　荣获 rónghuò
28 容 róng　容忍 róngrěn
29 溶 róng　溶血 róngxuè
30 蓉 róng　芙蓉 fúróng
31 熔 róng　熔化 rónghuà
32 融 róng　融资 róngzī
33 冗 rǒng　冗长 rǒngcháng
34 柔 róu　柔弱 róuruò
35 揉 róu　揉面▲ róumiàn
36 蹂 róu　蹂躏 róulìn
37 肉 ròu　肉体 ròutǐ
38 如 rú　如释重负 rúshìzhòngfù
39 儒 rú　儒学 rúxué
40 蠕 rú　蠕动 rúdòng
41 汝 rǔ
42 乳 rǔ　乳汁 rǔzhī
43 辱 rǔ　侮辱 wǔrǔ
44 褥 rù　褥子 rùzi
45 软 ruǎn　软禁 ruǎnjìn
46 蕊 ruǐ　花蕊 huāruǐ
47 锐 ruì　锐利 ruìlì
48 瑞 ruì　瑞雪▲ ruìxuě
49 闰 rùn　闰月▲ rùnyuè
50 润 rùn　润滑 rùnhuá
51 若 ruò　若无其事 ruòwúqíshì
52 弱 ruò　弱点 ruòdiǎn

附录三　普通话水平测试常用轻声词表

说　明

1. 本表根据《普通话水平测试用普通话词语表》编制。
2. 本表供普通话水平测试第二项——读多音节词语(100 个音节)测试使用。
3. 本表共收词 344 条(其中"子"尾词仅出几例作为提示),按汉语拼音字母顺序排列。

4. 条目中的非轻声音节只标本调，不标变调；条目中的轻声音节，注音不标调号，如"窗户 chuānghu"。

5. 个别词语有两读的，在该词语注音后面用括号标注另外的读音，如"指甲 zhǐjia（zhíjiǎ）。

1 爱人 àiren
2 案子 ànzi
3 巴掌 bāzhang
4 把子 bǎzi（加把子劲儿　练把子
拜把子）
5 把子 bàzi（梨把子儿）
6 爸爸 bàba
7 白净 báijing
8 帮手 bāngshou
9 棒槌 bàngchui
10 包袱 bāofu
11 包涵 bāohan
12 本事 běnshi
13 比方 bǐfang
14 扁担 biǎndan
15 别扭 bièniu
16 拨弄 bōnong
17 簸箕 bòji
18 补丁 bǔding
19 不由得 bùyóude
20 不在乎 bùzàihu
21 部分 bùfen
22 裁缝 cáifeng
23 财主 cáizhu
24 苍蝇 cāngying
25 差事 chāishi
26 柴火 cháihuo
27 称呼 chēnghu
28 除了 chúle
29 锄头 chútou
30 畜牲 chùsheng
31 窗户 chuānghu
32 刺猬 cìwei
33 凑合 còuhe
34 耷拉 dāla

35 答应 dāying
36 打扮 dǎban
37 打点 dǎdian
38 打发 dǎfa
39 打量 dǎliang
40 打算 dǎsuan
41 打听 dǎting
42 大方 dàfang
43 大爷 dàye
44 大夫 dàifu
45 耽搁 dānge
46 耽误 dānwu
47 道士 dàoshi
48 灯笼 dēnglong
49 堤防 dīfang
50 地道 dìdao
51 地方 dìfang
52 弟弟 dìdi
53 弟兄 dìxiong
54 点心 diǎnxin
55 东家 dōngjia
56 东西 dōngxi
57 动静 dòngjing
58 动弹 dòngtan
59 豆腐 dòufu
60 嘟囔 dūnang
61 肚子 dǔzi（猪肚子　羊肚子）
62 肚子 dùzi
63 对付 duìfu
64 对头 duìtou
65 队伍 duìwu
66 多么 duōme
67 耳朵 ěrduo
68 风筝 fēngzheng
69 福气 fúqi

70 甘蔗 gānzhe

71 干事 gànshi

72 高粱 gāoliang

73 膏药 gāoyao

74 告诉 gàosu

75 疙瘩 gēda

76 哥哥 gēge

77 胳膊 gēbo

78 跟头 gēntou

79 工夫 gōngfu

80 公公 gōnggong

81 功夫 gōngfu

82 姑姑 gūgu

83 姑娘 gūniang

84 骨头 gǔtou

85 故事 gùshi

86 寡妇 guǎfu

87 怪物 guàiwu

88 关系 guānxi

89 官司 guānsi

90 罐头 guàntou

91 规矩 guīju

92 闺女 guīnü

93 蛤蟆 háma

94 含糊 hánhu

95 行当 hángdang

96 合同 hétong

97 和尚 héshang

98 核桃 hétao

99 红火 hónghuo

100 后头 hòutou

101 厚道 hòudao

102 狐狸 húli

103 胡琴 húqin

104 糊涂 hútu

105 皇上 huángshang

106 胡萝卜 húluóbo

107 活泼 huópo

108 火候 huǒhou

109 伙计 huǒji

110 护士 hùshi

111 机灵 jīling

112 脊梁 jǐliang

113 记号 jìhao

114 记性 jìxing

115 家伙 jiāhuo

116 架势 jiàshi

117 嫁妆 jiàzhuang

118 见识 jiànshi

119 将就 jiāngjiu

120 交情 jiāoqing

121 叫唤 jiàohuan

122 结识 jiēshi

123 街坊 jiēfang

124 姐夫 jiěfu

125 姐姐 jiějie

126 戒指 jièzhi

127 精神 jīngshen

128 舅舅 jiùjiu

129 咳嗽 késou

130 客气 kèqi

131 口袋 kǒudai

132 窟窿 kūlong

133 快活 kuàihuo

134 困难 kùnnan

135 阔气 kuòqi

136 喇叭 lǎba

137 喇嘛 lǎma

138 懒得 lǎnde

139 浪头 làngtou

140 老婆 lǎopo

141 老实 lǎoshi

142 老太太 lǎotàitai

143 老头子 lǎotóuzi

144 姥爷 lǎoye

145 姥姥 lǎolao

146 累赘 léizhui

147 篱笆 líba

148 里头 lǐtou
149 力气 lìqi
150 厉害 lìhai
151 利落 lìluo
152 利索 lìsuo
153 痢疾 lìji
154 连累 liánlei
155 凉快 liángkuai
156 粮食 liángshi
157 两口子 liǎngkǒuzi
158 溜达 liūda
159 萝卜 luóbo
160 骆驼 luòtuo
161 妈妈 māma
162 麻烦 máfan
163 麻利 máli
164 马虎 mǎhu
165 码头 mǎtou
166 买卖 mǎimai
167 馒头 mántou
168 忙活 mánghuo
169 冒失 màoshi
170 眉毛 méimao
171 媒人 méiren
172 妹妹 mèimei
173 门道 méndao
174 眯缝 mīfeng
175 迷糊 míhu
176 苗条 miáotiao
177 苗头 miáotou
178 名堂 míngtang
179 名字 míngzi
180 明白 míngbai
181 蘑菇 mógu
182 模糊 móhu
183 木匠 mùjiang
184 木头 mùtou
185 那么 nàme
186 奶奶 nǎinai

187 难为 nánwei
188 脑袋 nǎodai
189 能耐 néngnai
190 你们 nǐmen
191 念叨 niàndao
192 念头 niàntou
193 娘家 niángjia
194 奴才 núcai
195 女婿 nǔxu
196 暖和 nuǎnhuo
197 疟疾 nüèji
198 牌楼 páilou
199 盘算 pánsuan
200 朋友 péngyou
201 屁股 pìgu
202 便宜 piányi
203 漂亮 piàoliang
204 婆家 pójia
205 婆婆 pópo
206 铺盖 pūgai
207 欺负 qīfu
208 前头 qiántou
209 亲戚 qīnqi
210 勤快 qínkuai
211 清楚 qīngchu
212 亲家 qìngjia
213 拳头 quántou
214 热闹 rènao
215 人家 rénjia
216 人们 rénmen
217 认识 rènshi
218 扫帚 sàozhou
219 商量 shāngliang
220 上司 shàngsi
221 上头 shàngtou
222 烧饼 shāobing
223 少爷 shàoye
224 舌头 shétou
225 什么 shénme

226 生意 shēngyi

227 牲口 shēngkou

228 师傅 shīfu

229 石匠 shíjiang

230 石榴 shíliu

231 石头 shítou

232 时候 shíhou

233 实在 shízai

234 拾掇 shíduo

235 使唤 shǐhuan

236 世故 shìgu

237 似的 shìde

238 事情 shìqing

239 收成 shōucheng

240 收拾 shōushi

241 首饰 shǒushi

242 叔叔 shūshu

243 舒服 shūfu

244 舒坦 shūtan

245 疏忽 shūhu

246 爽快 shuǎngkuai

247 思量 sīliang

248 算计 suànji

249 岁数 suìshu

250 他们 tāmen

251 它们 tāmen

252 她们 tāmen

253 太太 tàitai

254 特务 tèwu

255 挑剔 tiāoti

256 跳蚤 tiàozao

257 铁匠 tiějiang

258 头发 tóufa

259 妥当 tuǒdang

260 唾沫 tuòmo

261 挖苦 wāku

262 娃娃 wáwa

263 尾巴 wěiba

264 委屈 wěiqu

265 为了 wèile

266 位置 wèizhi

267 稳当 wěndang

268 我们 wǒmen

269 稀罕 xīhan

270 媳妇 xífu

271 喜欢 xǐhuan

272 下巴 xiàba

273 吓唬 xiàhu

274 先生 xiānsheng

275 乡下 xiāngxia

276 相声 xiàngsheng

277 消息 xiāoxi

278 小伙子 xiǎohuǒzi

279 小气 xiǎoqi

280 笑话 xiàohua

281 谢谢 xièxie

282 心思 xīnsi

283 星星 xīngxing

284 猩猩 xīngxing

285 行李 xíngli

286 兄弟 xiōngdi

287 休息 xiūxi

288 秀才 xiùcai

289 秀气 xiùqi

290 学生 xuésheng

291 学问 xuéwen

292 丫头 yātou

293 衙门 yámen

294 哑巴 yǎba

295 胭脂 yānzhi

296 烟筒 yāntong

297 眼睛 yǎnjing

298 秧歌 yāngge

299 养活 yǎnghuo

300 吆喝 yāohe

301 妖精 yāojing

302 钥匙 yàoshi

303 爷爷 yéye

304 一辈子 yībèizi

305 衣服 yīfu

306 意思 yìsi

307 应酬 yìngchou

308 冤枉 yuānwang

309 月饼 yuèbing

310 月亮 yuèliang

311 云彩 yúncai

312 运气 yùnqi

313 在乎 zàihu

314 咱们 zánmen

315 早上 zǎoshang

316 怎么 zěnme

317 扎实 zhāshi

318 眨巴 zhǎba

319 栅栏 zhàlan

320 张罗 zhāngluo

321 丈夫 zhàngfu

322 帐篷 zhàngpeng

323 丈人 zhàngren

324 招呼 zhāohu

325 招牌 zhāopai

326 折腾 zhēteng

327 这个 zhège

328 这么 zhème

329 枕头 zhěntou

330 芝麻 zhīma

331 知识 zhīshi

332 指甲 zhǐjia(zhījia)

333 指头 zhǐtou

334 主意 zhǔyi(zhúyi)

335 转悠 zhuànyou

336 庄稼 zhuāngjia

337 壮实 zhuàngshi

338 状元 zhuàngyuan

339 字号 zìhao

340 自在 zìzai

341 祖宗 zǔzong

342 嘴巴 zuǐba

343 作坊 zuōfang

344 琢磨 zuómo

附录四　难读易错词语一览表

A

挨紧 āi

白皑皑 ái

不谙水性 ān

煎熬 áo

拗断 ǎo

挨饿受冻 ái

狭隘 ài

熬菜 āo

鏖战 áo

拗口令 ào

B

纵横捭阖 bǎihé

扳平 bān

炮羊肉 bāo

薄纸 báo

蓓蕾 bèilěi

投奔 bèn

包庇 bì

稗官野史 bài

同胞 bāo

剥皮 bāo

并行不悖 bèi

奔波 bō

迸发 bèng

麻痹 bì

奴颜婢膝 bìxī

复辟 bì

针砭 biān

摒弃 bǐng

波涛 bō

停泊 bó

哺育 bǔ

刚愎自用 bì

濒临 bīn

屏气 bǐng

剥削 bōxuē

菠菜 bō

淡薄 bó

C

粗糙 cāo

参差 cēncī

偏差 chā

搽粉 chá

差遣 chāi

忏悔 chàn

场院 cháng

赔偿 cháng

绰起 chāo

瞠目结舌 chēng

惩前毖后 chéng

驰骋 chěng

痴呆 chī

白痴 chī

奢侈 shēchǐ

炽热 chì

叱咤风云 chìzhà

憧憬 chōng

惆怅 chóuchàng

相形见绌 chù

揣摩 chuǎi

创伤 chuāng

啜泣 chuò

宽绰 chuò

伺候 cì

从容 cóng

一蹴而就 cù

忖度 cǔnduó

挫折 cuò

嘈杂 cáo

差错 chā

差距 chā

刹那 chà

谄媚 chǎn

潺水 chàn

一场雨 cháng

倘佯 cháng

风驰电掣 chè

乘机 chéng

惩创 chéngchuàng

鞭笞 chī

痴心妄想 chī

踟蹰 chíchú

整饬 chì

不啻 chì

忧心忡忡 chōng

崇拜 chóng

踌躇 chóuchú

黜免 chù

椽子 chuán

凄怆 chuàng

辍学 chuò

瑕疵 cī

烟囱 cōng

淙淙流水 cóng

璀璨 cuǐ

蹉跎 cuōtuó

D

呆板 dāi

答应 dā

逮老鼠 dǎi　　　　　　　逮捕 dài
殚精竭虑 dān　　　　　　虎视眈眈 dān
肆无忌惮 dàn　　　　　　档案 dàng
当(本)年 dàng　　　　　追悼 dào
提防 dī　　　　　　　　瓜熟蒂落 dì
缔造 dì　　　　　　　　掂掇 diānduo
玷污 diàn　　　　　　　装订 dìng
订正 dìng　　　　　　　恫吓 hè
句读 dòu　　　　　　　兑换 duì
踱步 duó

E

阿谀 ē　　　　　　　　婀娜 ē
扼要 è

F

菲薄 fěi　　　　　　　沸点 fèi
氛围 fēn　　　　　　　肤浅 fū
敷衍塞责 fū　　　　　　仿佛 fú
凫水 fú　　　　　　　篇幅 fú
辐射 fú　　　　　　　果脯 fǔ
随声附和 fù

G

准噶尔 gá　　　　　　大动干戈 gē
诸葛亮 gě　　　　　　脖颈 gěng
提供 gōng　　　　　　供销 gōng
供给 gōngjǐ　　　　　供不应求 gōng
供认 gòng　　　　　　口供 gòng
佝偻 gōu　　　　　　勾当 gòu
骨朵 gū　　　　　　　骨气 gǔ
蛊惑 gǔ　　　　　　商贾 gǔ
桎梏 gù　　　　　　粗犷 guǎng
皈依 guī　　　　　　瑰丽 guī
刽子手 guì　　　　　聒噪 guō

H

哈达 hǎ　　　　　　尸骸 hái
引吭高歌 háng　　　　沆瀣一气 hàng
干涸 hé　　　　　　一丘之貉 hé
上颌 hé　　　　　　喝彩 hè
负荷 hè　　　　　　蛮横 hèng

飞来横祸 hèng 发横财 hèng
一哄而散 hòng 糊口 hú
囫囵吞枣 hú 华山 huà
怙恶不悛 hù 豢养 huàn
病入膏肓 huāng 讳疾忌医 huì
诲人不倦 huì 阴晦 huì
污秽 huì 浑水摸鱼 hún
混淆 hùn 和泥 huó
搅和 huo 豁达 huò
霍乱 huò

J

茶几 jī 畸形 jī
羁绊 jī 羁旅 jī
放荡不羁 jī 无稽之谈 jī
跻身 jī 通缉令 jī
汲取 jí 即使 jí
开学在即 jí 疾恶如仇 jí
嫉妒 jí 棘手 jí
贫瘠 jí 狼藉 jí
一触即发 jí 脊梁 jǐ
人才济济 jǐ 给予 jǐyǔ
觊觎 jìyú 成绩 jì
事迹 jì 雪茄 jiā
信笺 jiān 歼灭 jiān
草菅人命 jiān 缄默 jiān
渐染 jiān 眼睑 jiǎn
间断 jiàn 矫枉过正 jiǎo
缴纳 jiǎo 校对 jiào
开花结果 jiē 事情结果 jié
结冰 jié 反诘 jié
拮据 jiéjū 攻讦 jié
桔梗 jié 押解 jiè
情不自禁 jīn 根茎叶 jīng
长颈鹿 jǐng 杀一儆百 jǐng
强劲 jìng 劲敌 jìng
劲旅 jìng 痉挛 jìng
抓阄 jiū 针灸 jiǔ
韭菜 jiǔ 内疚 jiù
既往不咎 jiù 狙击 jū

咀嚼 jǔ

矩形 jǔ

龃龉 jǔyǔ

镌刻 juān

角色 jué

角斗 jué

倔强 juéjiàng

狷獗 jué

诡谲 jué

攫取 jué

龟裂 jūn

崇山峻岭 jùn

隽秀 jùn

循规蹈矩 jǔ

沮丧 jǔ

前倨后恭 jù

隽永 juàn

口角 jiǎo

角逐 jué

崛起 jué

一蹶不振 jué

矍铄 jué

细菌 jūn

俊杰 jùn

竣工 jùn

K

同仇敌忾 kài

坎坷 kǎnkě

恪守 kè

会计 kuài

傀儡 kuǐ

不卑不亢 kàng

可汗 kèhán

倥偬 kǒngzǒng

窥探 kuī

L

邋遢 lāta

丢三落四 là

唠叨 láo

奶酪 lào

勒紧 lēi

羸弱 léi

罪行累累 lěi

罹难 lí

打量 liang

撩水 liāo

寂寥 liáo

趔趄 lièqie

雕镂 lòu

棕榈 lú

拉家常 lā

书声琅琅 láng

落枕 lào

勒索 lè

擂鼓 léi

果实累累 léi

擂台 lèi

激潋 liàn

量入为出 liàng

撩拨 liáo

瞭望 liào

恶劣 liè

贿赂 lù

掠夺 lüè

M

抹桌子 mā

埋怨 mán

联袂 mèi

阴霾 mái

耄耋 màodié

闷热 mēn

扪心自问 mén   愤懑 mèn

蒙头转向 mēng   蒙头盖脸 méng

靡费 mí   萎靡不振 mǐ

静谧 mì   分娩 miǎn

酩酊 mǐngdǐng   荒谬 miù

脉脉 mò   抹墙 mò

蓦然回首 mò   牟取 móu

模样 mú

N

羞赧 nǎn   呶呶不休 náo

泥淖 nào   口讷 nè

气馁 něi   拟人 nǐ

隐匿 nì   拘泥 nì

亲昵 nì   拈花惹草 niān

宁死不屈 nìng   泥泞 nìng

忸怩 niǔní   执拗 niù

驽马 nú   虐待 nüè

O

偶然 ǒu

P

扒手 pá   迫击炮 pǎi

心宽体胖 pán   蹒跚 pán

滂沱 pāngtuó   彷徨 páng

炮制 páo   咆哮 páoxiào

炮烙 páoluò   胚胎 pēi

抨击 pēng   澎湃 péng

纰漏 pī   毗邻 pí

癖好 pǐ   否极泰来 pǐ

媲美 pì   扁舟 piān

大腹便便 pián   剽窃 piāo

饿殍 piǎo   乒乓 pīngpāng

湖泊 pō   居心叵测 pǒ

糟粕 pò   解剖 pōu

前仆后继 pū   奴仆 pú

风尘仆仆 pú   玉璞 pú

匍匐 púfú   瀑布 pù

一曝十寒 pù

Q

休戚与共 qī   蹊跷 qīqiāo

祈祷 qí   颀长 qí

歧途 qí   绮丽 qǐ

修葺 qì   休憩 qì

关卡 qiǎ   悭吝 qiān

掮客 qián   潜移默化 qián

虔诚 qián   天堑 qiàn

戕害 qiāng   强迫 qiǎng

勉强 qiǎng   强求 qiǎng

牵强附会 qiǎng   襁褓 qiǎng

翘首 qiáo   讥诮 qiào

怯懦 qiè   提纲挈领 qiè

锲而不舍 qiè   惬意 qiè

衾枕 qīn   倾盆大雨 qīng

引擎 qíng   亲家 qìng

曲折 qū   祛除 qū

黢黑 qū   水到渠成 qú

清癯 qú   瞿塘峡 qú

通衢大道 qú   龋齿 qǔ

兴趣 qù   面面相觑 qù

债券 quàn   商榷 què

逡巡 qūn

R

围绕 rào   荏苒 rěnrǎn

稔知 rěn   妊娠 rènshēn

仍然 réng   冗长 rǒng

S

缫丝 sāo   稼穑 jiàsè

堵塞 sè   刹车 shā

芟除 shān   潸然泪下 shān

禅让 shàn   讪笑 shàn

赡养 shàn   折本 shé

慑服 shè   退避三舍 shè

海市蜃楼 shèn   舐犊之情 shì

有恃无恐 shì   狩猎 shòu

倏忽 shū   束缚 shùfù

刷白 shuà   游说 shuì

吸吮 shǔn   瞬息万变 shùn

怂恿 sǒngyǒng   塑料 sù

簌簌 sù   虽然 suī

鬼鬼祟祟 suì   婆娑 suō

T

趿拉 tā   鞭挞 tà

叨光 tāo   熏陶 táo

体己 tī   孝悌 tì

倜傥 tìtǎng   恬不知耻 tián

殄灭 tiǎn   轻佻 tiāo

调皮 tiáo   妥帖 tiē

请帖 tiě   字帖 tiè

恸哭 tòng   如火如荼 tú

湍急 tuān   颓废 tuí

蜕化 tuì   囤积 tún

W

逶迤 wēiyí   违反 wéi

崔嵬 wéi   冒天下之大不韪 wěi

为虎作伥 wèi chāng   龌龊 wòchuò

斡旋 wò

X

膝盖 xī   檄文 xí

狡黠 xiá   厦门 xià

纤维 xiān   翩跹 xiān

屡见不鲜 xiān   垂涎三尺 xián

勾股弦 xián   鲜见 xiǎn

肖像 xiào   采撷 xié

纸屑 xiè   机械 xiè

省亲 xǐng   不朽 xiǔ

铜臭 xiù   星宿 xiù

长吁短叹 xū   自诩 xǔ

抚恤金 xù   酗酒 xù

煦暖 xù   眩晕 xuànyùn

炫耀 xuàn   洞穴 xué

戏谑 xuè   驯服 xùn

徇私舞弊 xùn

Y

倾轧 yà   揠苗助长 yà

殷红 yān   湮没 yān

筵席 yán   百花争妍 yán

河沿 yán   偃旗息鼓 yǎn

奄奄一息 yǎn　　　　　　　　　赝品 yàn

佯装 yáng　　　　　　　　　　怏怏不乐 yàng

安然无恙 yàng　　　　　　　　杳无音信 yǎo

窈窕 yǎotiǎo　　　　　　　　　耀武扬威 yào

因噎废食 yē　　　　　　　　　揶揄 yéyú

陶冶 yě　　　　　　　　　　　呜咽 yè

摇曳 yè　　　　　　　　　　　拜谒 yè

笑靥 yè　　　　　　　　　　　甘之如饴 yí

颐和园 yí　　　　　　　　　　逶迤 yǐlǐ

旖旎 yǐnǐ　　　　　　　　　　自怨自艾 yì

游弋 yì　　　　　　　　　　　后裔 yì

奇闻轶事 yì　　　　　　　　　络绎不绝 yì

造诣 yì　　　　　　　　　　　友谊 yì

肄业 yì　　　　　　　　　　　熠熠闪光 yì

一望无垠 yín　　　　　　　　荫凉 yìn

应届 yīng　　　　　　　　　　应承 yìng

应用文 yìng　　　　　　　　　应试教育 yìng

邮递员 yóu　　　　　　　　　黑黝黝 yǒu

良莠不齐 yǒu　　　　　　　　迂回 yū

向隅而泣 yú　　　　　　　　愉快 yú

始终不渝 yú　　　　　　　　逾越 yú

年逾古稀 yú　　　　　　　　娱乐 yú

伛偻 yǔlǚ　　　　　　　　　舆论 yú

尔虞我诈 yú　　　　　　　　囹圄 língyú

参与 yù　　　　　　　　　　驾驭 yù

家喻户晓 yù　　　　　　　　熨帖 yù

寓情于景 yù　　　　　　　　鹬蚌相争 yù

卖儿鬻女 yù　　　　　　　　断瓦残垣 yuán

苑囿 yuànyòu　　　　　　　　头晕 yūn

允许 yǔn　　　　　　　　　　晕船 yùn

酝酿 yùnniàng

Z

扎小辫 zā　　　　　　　　　柳荫匝地 zā

登载 zǎi　　　　　　　　　　载重 zài

载歌载舞 zài　　　　　　　　怨声载道 zài

拒载 zài　　　　　　　　　　暂时 zàn

臧否 zāngpǐ　　　　　　　　宝藏 zàng

确凿 záo　　　　　　　　　啧啧 zé

称赞 zàn　　　　　　　　　谮言 zèn

憎恶 zēng 赠送 zèng
驻扎 zhā 咋呼 zhā
挣扎 zhá 札记 zhá
咋舌 zé 择菜 zhái
占卜 zhān 客栈 zhàn
破绽 zhàn 精湛 zhàn
颤栗 zhàn 高涨 zhǎng
涨价 zhǎng 着慌 zháo
沼泽 zhǎo 召开 zhào
肇事 zhào 折腾 zhē
动辄得咎 zhéjiù 蛰伏 zhé
贬谪 zhé 铁砧 zhēn
日臻完善 zhēn 甄别 zhēn
箴言 zhēn 缜密 zhěn
赈灾 zhèn 症结 zhēng
拯救 zhěng 症候 zhèng
诤友 zhèng 挣脱 zhèng
脂肪 zhī 踯躅 zhízhú
近在咫尺 zhǐ 博闻强识 zhì
标识 zhì 质量 zhì
脍炙人口 zhì 鳞次栉比 zhì
对峙 zhì 中听 zhōng
中肯 zhòng 刀耕火种 zhǒng
胡诌 zhōu 啁啾 zhōujiū
压轴 zhòu 贮藏 zhù
莺啼鸟啭 zhuàn 撰稿 zhuàn
谆谆 zhūn 弄巧成拙 zhuō
灼热 zhuó 卓越 zhuó
啄木鸟 zhuó 着陆 zhuó
穿着打扮 zhuó 恣意 zì
浸渍 zì 作坊 zuō
柞蚕 zuò

附录五　3500 个常用汉字

A

啊阿埃挨哎唉哀皑癌蔼矮艾碍爱隘鞍氨安俺按暗岸胺案肮昂盎凹敖熬翱袄傲奥懊澳

B

芭捌扒叭吧笆八疤巴拔跋靶把耙坝霸罢爸白柏百摆佰败拜稗斑班搬扳般颁板版扮拌伴

瓣半办绊邦帮梆榜膀绑棒磅蚌镑傍谤苞胞包褒剥薄雹保堡饱宝抱报暴豹鲍爆杯碑悲卑北辈
背贝钡倍狈备惫焙被奔苯本笨崩绷甭泵蹦迸逼鼻比鄙笔彼碧蓖蔽毕毙毖币庇痹闭敝弊必辟
壁臂避陛鞭边编贬扁便变卞辨辩辫遍标彪膘表鳖憋别瘪彬斌濒滨宾摈兵冰柄丙秉饼炳病并
玻菠播拨钵波博勃搏铂箔伯帛舶脖膊渤泊驳捕卜哺补埠不布步簿部怖

C

擦猜裁材才财眯踩采彩菜蔡餐参蚕残惭惨灿苍舱仓沧藏操糙槽曹草厕策侧册测层蹭插叉
茬茶查碴搽察岔差诧拆柴豺搀掺蝉馋谗缠铲产阐颤昌猖场尝常长偿肠厂敞畅唱倡超抄钞朝嘲
潮巢吵炒车扯撤掣彻澈郴臣辰尘晨忱沉陈趁衬撑称城橙成呈乘程惩澄诚承逞骋秤吃痴持匙池
迟弛驰耻齿侈尺赤翅斥炽充冲虫崇宠抽酬畴踌稠愁筹仇绸瞅丑臭初出橱厨躇锄雏滁除楚础储
矗搐触处揣川穿椽传船喘串疮窗幢床闯创吹炊捶锤垂春椿醇唇淳纯蠢戳绰疵茨磁雌辞慈瓷词
此刺赐次聪葱囱匆从丛凑粗醋簇促蹿篡窜摧崔催脆瘁粹淬翠村存寸磋撮搓措挫错

D

搭达答瘩打大呆歹傣戴带殆代贷袋待逮怠耽担丹单郸掸胆旦氮但惮淡诞弹蛋当挡党荡
档刀捣蹈倒岛祷导到稻悼道盗德得的蹬灯登等瞪凳邓堤低滴迪敌笛狄涤翟嫡抵底地蒂第帝
弟递缔颠掂滇碘点典靛垫电佃甸店惦奠淀殿碉叼雕凋刁掉吊钓调跌爹碟蝶迭谍叠丁盯叮钉
顶鼎锭定订丢东冬董懂动栋侗恫冻洞兜抖斗陡豆逗痘都督毒犊独读堵睹赌杜镀肚度渡妒端
短锻段断缎堆兑队对墩吨蹲敦顿囤钝盾遁掇哆多夺垛躲朵跺舵剁惰堕

E

蛾峨鹅俄额讹娥恶厄扼遏鄂饿恩而儿耳尔饵洱二贰

F

发罚筏伐乏阀法珐藩帆番翻樊矾钒繁凡烦反返范贩犯饭泛坊芳方肪房防妨仿访纺放菲
非啡飞肥匪诽吠肺废沸费芬酚吩氛分纷坟焚汾粉奋份忿愤粪丰封枫蜂峰锋风疯烽逢冯缝讽
奉凤佛否夫敷肤孵扶拂辐幅氟符伏俘服浮涪福袱弗甫抚辅俯釜斧脯腑府腐赴副覆赋复傅付
阜父腹负富讣附妇缚咐

G

噶嘎该改概钙盖溉干甘杆柑竿肝赶感秆敢赣冈刚钢缸肛纲岗港杠篙皋高膏羔糕搞镐稿告
哥歌搁戈鸽胳疙割革葛格蛤阁隔铬个各给根跟耕更庚羹埂耿梗工攻功恭龚供躬公宫弓巩汞拱
贡共钩勾沟苟狗垢构购够辜菇咕箍估沽孤姑鼓古蛊骨谷股故顾固雇刮瓜剐寡挂褂乖拐怪棺关
官冠观管馆罐惯灌贯光广逛瑰规圭硅归龟闺轨鬼诡癸桂柜跪贵刽辊滚棍锅郭国果裹过

H

哈骸孩海氦亥害骇酣憨邯韩含涵寒函喊罕翰撼捍旱憾悍焊汗汉夯杭航壕嚎豪毫郝好耗
号浩呵喝荷菏核禾和何合盒貉阂河涸赫褐鹤贺嘿黑痕很狠恨哼亨横衡恒轰哄烘虹鸿洪宏弘
红喉侯猴吼厚候后呼乎忽瑚壶葫胡蝴狐糊湖弧虎唬护互沪户花哗华猾滑画划化话槐徊怀淮
坏欢环桓还缓换患唤痪豢焕涣宦幻荒慌黄磺蝗簧皇凰惶煌晃幌恍谎灰挥辉徽恢蛔回毁悔慧
卉惠晦贿秽会烩汇讳诲绘荤昏婚魂浑混豁活伙火获或惑霍货祸

J

击圾基机畸稽积箕肌饥迹激讥鸡姬绩缉吉极棘辑籍集及急疾汲即嫉级挤几脊己蓟技冀
季伎祭剂悸济寄寂计记既忌际妓继纪嘉枷夹佳家加荚颊贾甲钾假稼价架驾嫁歼监坚尖笺间

— 228 —

煎兼肩艰奸缄茧检柬碱硷拣捡简俭剪减荐槛鉴践贱见键箭件健舰剑钱渐溅涧建僵姜将浆江
疆蒋桨奖讲匠酱降蕉椒礁焦胶交郊浇骄娇嚼搅铰矫侥脚狡角饺缴绞剿教醮轿较叫窖揭接皆
秸街阶截劫节桔杰捷睫竭洁结解姐戒藉芥界借介疥诫届巾筋斤金今津襟紧锦仅谨进靳晋禁
近烬浸尽劲荆兢茎睛晶鲸京惊精粳经井警景颈静境敬镜径痉靖竟竞净炯窘揪究纠玖韭久灸
九酒厩救旧臼舅咎就疚鞠拘狙疽居驹菊局咀矩举沮聚拒据巨具距踞锯俱句惧炬剧捐鹃娟倦
眷卷绢撅攫抉掘倔爵党决诀绝均菌钧军君峻俊竣浚郡骏

K

喀咖卡咯开揩楷凯慨刊堪勘坎砍看康慷糠扛抗亢炕考拷烤靠坷苛柯棵磕颗科壳咳可渴
克刻客课肯啃垦恳坑吭空恐孔控抠口扣寇枯哭窟苦酷库裤夸垮挎跨胯块筷侩快宽款匡筐狂
框矿眶旷况亏盔岿窥葵奎魁傀馈愧溃坤昆捆困括扩廓阔

L

垃拉喇蜡腊辣啦莱来赖蓝篓栏拦篮阑兰澜谰揽览懒缆烂滥琅榔狼廊郎朗浪捞劳牢老佬
姥酪烙涝勒乐雷镭蕾磊累偏垒擂肋类泪棱楞冷厘梨犁黎篱狸离漓理李里鲤礼莉荔吏栗丽厉
励砺历利傈例俐痢立粒沥隶力璃哩俩联莲连镰廉怜涟帘敛脸链恋炼练粮凉梁粱良两辆量晾
亮谅撩聊僚疗燎寥辽潦了撂镣廖料列裂烈劣猎琳林磷霖临邻鳞淋凛赁吝拎玲菱零龄铃伶羚
凌灵陵岭领另令溜琉榴硫馏留刘瘤流柳六龙聋咙笼窿隆垄拢陇楼娄搂篓漏陋芦卢颅庐炉掳
卤虏鲁麓碌露路赂鹿潞禄录陆戮驴吕铝侣旅履屡缕虑氯律率滤绿峦孪李栾卵乱掠略抢轮伦
仑沦纶论萝螺罗逻锣箩骡裸落洛骆络

M

妈麻玛码蚂马骂嘛吗埋买麦卖迈脉瞒馒蛮满蔓曼慢漫谩芒茫盲氓忙莽猫茅锚毛矛铆卯
茂冒帽貌贸么玫枚梅酶霉煤没眉媒镁每美昧寐妹媚门闷们萌蒙檬盟锰猛梦孟眯醚靡糜迷谜
弥米秘觅泌蜜密幂棉眠绵冕免勉娩缅面苗描瞄藐秒渺庙妙蔑灭民抿皿敏悯闽明螟鸣铭名命
谬摸摹蘑模膜磨摩魔抹末莫墨默沫漠寞陌谋牟某拇牡亩姆母墓暮幕募慕木目睦牧穆

N

拿哪呐钠那娜纳氖乃奶耐奈南男难囊挠脑恼闹淖呢馁内嫩能妮霓倪泥尼拟你匿腻逆溺
蔫拈年碾撵捻念娘酿鸟尿捏聂孽啮镍镊涅您柠狞凝宁拧泞牛扭钮纽脓浓农弄奴努怒女暖虐
疟挪懦糯诺

O

哦欧鸥殴藕呕偶沤

P

啪趴爬帕怕琶拍排牌徘湃派攀潘盘磐盼畔判叛乓庞旁耪胖抛咆刨炮袍跑泡呸胚培裴赔
陪配佩沛喷盆砰抨烹澎彭蓬棚硼篷膨朋鹏捧碰坯砒霹批披劈琶毗啤脾疲皮匹痞僻屁譬篇偏
片骗飘漂瓢票撇瞥拼频贫品聘乒坪苹萍平凭瓶评屏坡泼颇婆破魄迫粕剖扑铺仆莆葡菩
蒲埔朴圃普浦谱曝瀑

Q

期欺栖戚妻七凄漆柒沏其棋奇歧畦崎脐齐旗祈祁骑起岂乞企启契砌器气迄弃汽泣讫掐洽
牵扦钎铅千迁签仟谦乾黔钱钳前潜遣浅谴堑嵌欠歉枪呛腔羌墙蔷强抢橇锹敲悄桥瞧乔侨巧鞘
撬翘峭俏窍切茄且怯窃钦侵亲秦琴勤芹擒禽寝沁青轻氢倾卿清擎晴氰情顷请庆琼穷秋丘邱球

求囚酋泅趋区蛆曲躯屈驱渠取娶龋趣去圈颧权醛泉全痊拳犬券劝缺炔瘸却鹊榷确雀裙群

R

然燃冉染瓤壤攘嚷让饶扰绕惹热壬仁人忍韧任认刃妊纫扔仍日戎茸蓉荣融熔溶容绒冗揉柔肉茹蠕儒孺如辱乳汝入褥软阮蕊瑞锐闰润若弱

S

撒洒萨腮鳃塞赛三叁伞散桑嗓丧搔骚扫嫂瑟色涩森僧莎砂杀刹沙纱傻啥煞筛晒珊苫杉山删煽衫闪陕擅赡膳善汕扇缮墒伤商赏晌上尚裳梢捎稍烧芍勺韶少哨邵绍奢赊蛇舌舍赦摄射慑涉社设砷申呻伸身深娠绅神沈审婶甚肾慎渗声生甥牲升绳省盛剩胜圣师失狮施湿诗尸虱十石拾时什食蚀实识史矢使屎驶始式示士世柿事拭誓逝势是嗜噬适仕侍释饰氏市恃室视试收手首守寿授售受瘦兽蔬枢梳殊抒输叔舒淑疏书赎孰熟薯暑曙署蜀黍鼠属术述树束戍竖墅庶数漱恕刷耍摔衰甩帅栓拴霜双爽谁水睡税吮瞬顺舜说硕朔烁斯撕嘶思私司丝死肆寺嗣四伺似饲巳松耸怂颂送宋讼诵搜艘擞嗽苏酥俗素速粟僳塑溯宿诉肃酸蒜算虽隋随绥髓碎岁穗遂隧祟孙损笋蓑梭唆缩琐索锁所

T

塌他它她塔獭挞蹋踏胎苔抬台泰酞太态汰坍摊贪瘫滩坛檀痰潭谭谈坦毯袒碳探叹炭汤塘搪堂棠膛唐糖倘躺淌趟烫掏涛滔绦萄桃逃淘陶讨套特藤腾疼誊梯剔踢锑提题蹄啼体替嚏惕涕剃屉天添填田甜恬舔腆挑条迢眺跳贴铁帖厅听烃汀廷停亭庭挺艇通桐酮瞳同铜彤童桶捅筒统痛偷投头透凸秃突图徒途涂屠土吐兔湍团推颓腿蜕褪退吞屯臀拖托脱鸵陀驮驼椭妥拓唾

W

挖哇蛙洼娃瓦袜歪外豌弯湾玩顽丸烷完碗挽晚皖惋宛婉万腕汪王亡枉网往旺望忘妄威巍微危韦违桅围唯惟为潍维苇萎委伟伪尾纬未蔚味畏胃喂魏位渭谓尉慰卫瘟温蚊文闻纹吻稳紊问嗡翁瓮挝蜗涡窝我斡卧握沃巫呜钨乌污诬屋无芜梧吾吴毋武五捂午舞伍侮坞戊雾晤物勿务悟误

X

昔熙析西硒矽晰嘻吸锡牺稀息希悉膝夕惜熄烯溪汐犀檄袭席习媳喜铣洗系隙戏细瞎虾匣霞辖暇峡侠狭下厦夏吓掀锨先仙鲜纤咸贤衔舷闲涎弦嫌显险现献县腺馅羡宪陷限线相厢镶香箱襄湘乡翔祥详想响享项巷橡像向象萧硝霄削哮嚣销消宵淆晓小孝校肖啸笑效楔些歇蝎鞋协挟携邪斜胁谐写械卸蟹懈泄泻谢屑薪芯锌欣辛新忻心信衅星腥猩惺兴刑型形邢行醒幸杏性姓兄凶胸匈汹雄熊休修羞朽嗅锈秀袖绣墟戌需虚嘘须徐许蓄酗叙旭序畜恤絮婿绪续轩喧宣悬旋玄选癣眩绚靴薛学穴雪血勋熏循旬询寻驯巡殉汛训讯逊迅

Y

压押鸦鸭呀丫芽牙蚜崖衙涯雅哑亚讶焉咽阉烟淹盐严研蜒岩延言颜阎炎沿奄掩眼衍演艳堰燕厌砚雁唁彦焰宴谚验殃央鸯秧杨扬佯疡羊洋阳氧仰痒养样漾邀腰妖瑶摇尧遥窑谣姚咬舀药要耀椰噎耶爷野冶也页掖业叶曳腋夜液一壹医揖铱依伊衣颐夷遗移仪胰疑沂宜姨彝椅蚁倚已乙矣以艺抑易邑屹亿役臆逸肆疫亦裔意毅忆义益溢诣议谊译异翼翌绎茵荫因殷音阴姻吟银淫寅饮尹引隐印英樱婴鹰应缨莹萤营荧蝇迎赢盈影颖硬映哟拥佣臃痈庸雍踊蛹咏泳涌永恿勇用幽优悠忧尤由邮铀犹油游酉有友右佑釉诱又幼迂淤于盂榆虞愚舆余俞逾鱼愉渝渔隅予娱雨与屿禹宇语羽玉域芋郁吁遇喻峪御愈欲狱育誉浴寓裕预豫驭鸳渊冤元垣袁原

援辕园员圆猿源缘远苑愿怨院曰约越跃钥岳粤月悦阅耘云郧匀陨允运蕴酝晕韵孕

Z

匝砸杂栽哉灾宰载再在咱攒暂赞赃脏葬遭糟凿藻枣早澡蚤躁噪造皂灶燥责择则泽贼怎增憎曾赠扎喳渣札轧铡闸眨栅榨咋乍炸诈摘斋宅窄债寨瞻毡詹粘沾盏斩辗崭展蘸栈占战站湛绽樟章彰漳张掌涨杖丈帐账仗胀瘴障招昭找沼赵照罩兆肇召遮折哲蛰辙者锗蔗这浙珍斟真甄砧臻贞针侦枕疹诊震振镇阵蒸挣睁征狰争怔整拯正政帧症郑证芝枝支吱蜘知肢脂汁之织职直植殖执值侄址指止趾只旨纸志挚掷至致置帜峙制智秩稚质炙痔滞治窒中盅忠钟衷终种肿重仲众舟周州洲诌粥轴肘帚咒皱宙昼骤珠株蛛朱猪诸诛逐竹烛煮拄瞩嘱主著柱助蛀贮铸筑住注祝驻抓爪拽专砖转撰赚篆桩庄装妆撞壮状椎锥追赘坠缀谆准捉拙卓桌琢茁酌啄着灼浊兹咨资姿滋淄孜紫仔籽滓子渍字鬃棕踪宗综总纵邹走奏揍租足卒族祖诅阻组钻纂嘴醉最罪尊遵昨左佐柞做作坐座

附录六　幼儿教师专业用语 100 句

1. 老师相信你一定能行。

2. 你真行，又学会了新本领。

3. 大家都夸奖你，小手真能干。

4. 你的舞跳得很好，大家可喜欢看了。

5. 你一心一意地学本领，老师真为你高兴。

6. 你这样做我很高兴。

7. 老师很喜欢你这样做。

8. 你以后一定还会这样做的。

9. 你进步了，我很高兴。

10. 祝贺你，成功了。

11. OK，我们胜利了。

12. 做了错事没关系，改正了就是好孩子。

13. 你又改正了一个小缺点，大家真为你高兴。

14. 摔倒了，没关系，勇敢地爬起来。

15. 让我们为某某小朋友的进步拍拍手。

16. 你真棒。

17. 你真能干。

18. 你真勇敢。

19. 你的手真巧。

20. 你真机灵。

21. 今天，你来得真早。

22. 你做操真神气，像个解放军。

23. 你能为大家做好事，大家都很感激你。

24. 你能画出漂亮的圆点，小朋友很羡慕你。

25. 大家都夸你是老师的小帮手。

26. 请让一让，行吗？

27. 愿意和我说说悄悄话吗？

28. 你能和我交朋友吗？

29. 愿意和老师交朋友吗？

30. 你愿意和我跳个舞吗？

31. 你愿意和小朋友一起玩吗？

32. 对不起，请原谅。

33. 谢谢你帮了我的忙。

34. 对不起，我没能帮上你的忙。

35. 真抱歉，你受委屈了。

36. 我们亲一下，好吗？

37. 你能和我拉拉手吗？

38. 你能笑眯眯地和我说话吗？

39. 你再试一下，好吗？

40. 你愿意这样做吗？

41. 你明天一定会高高兴兴上幼儿园的，对吗？

42. 你心里是怎么想的，跟我说说行吗？

43. 你为什么这样做？你觉得这样做对吗？

44. 你心里很难过，愿意告诉我吗？

45. 他很伤心，你愿意去安慰他吗？

46. 需要我帮忙吗？

47. 别害怕，我来帮助你。

48. 别担心，我来陪你。

49. 你真行，我很想得到你的帮助。

50. 朋友有了困难，我想你一定会去帮助的。

51. 你真是个有礼貌的好孩子。

52. 你愿意和他说声"对不起"吗？

53. 我知道你一定会原谅他的。

54. 你一定很想跟他道歉，是吗？

55. 你能和某某一样，热情地招待客人吗？

56. 你愿意和我说"再见"吗？

57. 某某会说"老师早"，你会这样说吗？

58. 你能和小朋友友好地玩，老师很高兴。

59. 你会说"谢谢你，请给我一块积木"吗？

60. 朋友帮助了你，你一定会说"谢谢"，对吗？

61. 请慢慢地说，别着急。

62. 你能响亮地告诉小朋友吗？

62. 你能大胆、清楚地讲给大家听吗？

64. 你动了脑筋，讲得真好。

65. 某某小朋友也会举手发言了，大家都为你高兴。

66. 别担心，说错了也不要紧。

67. 你会象某某一样专心地学本领吗？

68. 老师相信你，一定会认真学本领的，对吗？

69. 你坐得真神气，讲得真不错。

70. 你能和别人说得不一样吗？

71. 你是个爱劳动的好孩子。

72. 你愿意帮某某擦干净吗？

73. 你能学着老师这样做吗？

74. 你愿意和老师一起收拾干净，对吗？

75. 我知道，你会认真做好值日生的。

76. 你愿意给花浇些水吗？

77. 你能帮老师给鱼换水吗？

78. 你能和我一起抬桌子吗？

79. 你会用小手帕擦手吗？

80. 你把鼻涕擦干净后真漂亮。

81. 你能试着扣纽扣吗？

82. 你的衣服穿得很整洁，我真喜欢你。

83. 你会自己系鞋带，是吗？

84. 某某小朋友的手洗得真干净，你会这么做吗？

85. 你能把垃圾扔到垃圾桶里吗？

86. 你能每天带好小手绢，老师真高兴。

87. 你能分些玩具给小伙伴吗？

88. 你愿意把玩具借他玩玩吗？

89. 你玩玩，我玩玩，大家一起玩。

90. 你不光想到自己，还会想到别人，大家都很佩服你。

91. 老师知道，你会把新玩具给大家一起玩的，对吗？

92. 你愿意把有趣的事情讲给大家听吗？

93. 你能把奖品分给大家，你的进步真大。

94. 一起玩真有趣，你也来试试吧。

95. 你和朋友一起补好了图书，大家很感激你。

96. 你愿意和老师一起下棋吗？

97. 你能和朋友商量，画一幅漂亮的图画，真棒。

98. 你愿意和小朋友一起用玩具吗？

99. 如果你和他一起玩，会玩得很开心。

100. 你邀请老师一起玩，我太高兴了。

参 考 文 献

[1] 易进，林丹华.幼儿语言教育［M］.北京：中国劳动社会保障出版社，1999.

[2] 赵寄石，楼必生.学前儿童语言教育[M].北京：人民教育出版社，2003.

[3] 郑佳珍，朱炳昌.幼儿语言教育指导[M].北京：高等教育出版社，2004.

[4] 赵玉惠.幼儿园活动教程[M].北京：高等教育出版社，2004.

[5] 徐萍，刘丽菊.幼儿园教育活动设计与指导：语言[M].南京：河海大学出版社，2006.

[6] 高格褆.幼儿文学实用教程[M].北京：高等教育出版社，2006.

[7] 程培元.教师口语教程[M].北京：高等教育出版社，2005.

[8] 王建华，胡茂胜，蒋文东.职业普通话教程[M].济南：山东人民出版社，2008.

[9] 李莉.教师口语训练教程[M].郑州：郑州大学出版社，2007.

[10] 周兢，余珍有.幼儿园语言教育[M].北京：人民教育出版社，2006.

[11] 袁爱玲，何秀英.幼儿园教育活动指导策略[M].北京：北京师范大学出版社，2007.

[12] 姚梅林.幼儿教育心理学[M].北京：高等教育出版社，2007.

[13] 国家教育委员会师范教育司.教师口语[M].北京：北京师范大学出版社，2006.

[14] 国家教育委员会师范教育司.教师口语训练手册[M].北京：首都师范大学出版社，1994.

[15] 人民教育出版社语文二室.听话和说话[M].北京：人民教育出版社，1985.

[16] 教育部基础教育司.《幼儿园教育指导纲要（试行）》解读[M].南京：江苏教育出版社，2002.

[17] 罗英智，线亚威.幼儿园探究式活动课程教师用书[M].大连：辽宁师范大学出版社，2007.

[18] 唐树芝.教师口语技能[M].长沙：湖南师范大学出版社，2006.

[19] 郭启明.教师语言艺术[M].北京：语文出版社，1996.

[20] 陈翰武.演讲与口才[M].武昌：武汉大学出版社，2005.

[21] 夏中华.教师口语[M].沈阳：辽宁大学出版社，1995.

[22] 黄伯荣，廖序东.现代汉语[M].北京：高等教育出版社，1993.

[23] 王安琳，宋文翰.普通话口语表达教程[M].沈阳：辽宁古籍出版社，1996.

[24] 国家语言文字工作委员会普通话培训测试中心.普通话水平测试实施纲要[M].北京：商务印书馆，2004.

[25] 辽宁省语言文字应用中心.普通话水平测试指南[M].大连：辽宁师范大学出版社，2006.

[26] 宋欣桥.普通话水平测试员实用手册[M].北京：商务印书馆，2000.